COUPLING
联与合
——金融与产业的数字科技推动力
Digital Technology empowers Finance and Industry

主编◎姚 良

中国金融出版社

责任编辑：李　融　李林子
责任校对：张志文
责任印制：张也男

图书在版编目(CIP)数据

联结：金融与产业的数字科技推动力 / 姚良主编. — 北京：中国金融出版社，2020.7

ISBN 978-7-5220-0694-9

Ⅰ.①联… Ⅱ.①姚… Ⅲ.①金融业—研究—中国 Ⅳ.①F832

中国版本图书馆CIP数据核字 (2020) 第120954号

联结——金融与产业的数字科技推动力
LIANJIE: JINRONG YU CHANYE DE SHUZI KEJI TUIDONGLI

出版发行	中国金融出版社
社址	北京市丰台区益泽路2号
市场开发部	(010) 66024766，63805472，63439533 (传真)
网上书店	http://www.chinafph.com
	(010) 66024766，63372837 (传真)
读者服务部	(010) 66070833，62568380
邮编	100071
经销	新华书店
印刷	保利达印务有限公司
尺寸	169毫米×239毫米
印张	19.25
字数	243千
版次	2020年7月第1版
印次	2020年7月第1次印刷
定价	68.00元
ISBN	978-7-5220-0694-9

如出现印装错误本社负责调换　联系电话 (010) 63263947

编委会

主　　编：姚　良

编写人员：陈　戈　冯　笠　郭仕易

　　　　　张文龙　李吟秋　顾连书

　　　　　孙世俊

后疫情时代,国际上孤立主义意图"脱钩"(decoupling),逆全球化而行。但在数字科技的推动下,世界只会变得更加"联结"(coupling),无论是在政治层面,还是在经济层面,抑或是在产业层面,均是"你中有我,我中有你",愈加融合。本书深入探讨了如何通过数字科技手段有效促进金融与实体产业的良性联结,思路清晰专业,值得一读。

——中国证监会科技监管局局长 姚前

产业数字化并非万能的灵丹妙药,经营者既要对数字经济有深刻的洞察力,也要有坚定的战略定力与高超的产业管理能力。只有围绕着客户的需求精耕细作,形成良好的"辨鱼、抓鱼、养鱼"与增值的商业模式和执行基础,产业数字化才能够做得实、做得长远。《联结》这本书,希望能够达到"授以鱼,更授以渔"的目的。

——中国人民银行金融研究所所长 周诚君

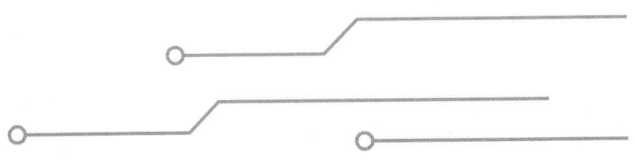

从"数字产业化"到"产业数字化",数字经济的发展变化已经成为新时代的鲜明特征,姚良博士的这本书为我们展示了这些多姿多彩的变化趋势。

——中国金融学会副秘书长、中国银行业协会原专职副会长 杨再平

"数字化+云运算"为互联网生成了智慧之翼,打开了数字化时代万物互联的浩渺星空。《联结》这本书以一家数字科技公司作为切入点,为我们呈现了数字化时代"联结"在金融和产业领域所产生的巨大能量。

——中国证券业协会党委书记、执行副会长 安青松

数字技术,促进可持续发展。

——中国期货业协会党委书记、会长 洪磊

序言

以科技为美，为价值而生

2020年是个让人类崩溃的年份，新冠肺炎疫情引发全球危机让世界停摆，财富以迅雷不及掩耳的速度缩水，全球经济遭受重创，疫情已在全球带走数万鲜活的生命。虽然我们在党中央的指挥领导下，取得了抗击新冠肺炎疫情的阶段性成果，但放眼世界范围，疫情仍有愈演愈烈的趋势，模糊了我们对于世界当下与未来的认知和判断，我们分不清当下的每一天是坏的终结还是坏的开始，风险一眼望不到底。世界为此停摆，时间为此停摆。

以色列历史学家尤瓦尔·赫拉利的《人类简史》《未来简史》《今日简史》横空出世，以全新的视角重构了人类的进化史，引发全球热议，勾勒了人类的未来图景，被评论为"细思极恐"的烧脑力作，IT界视之为必读之物，好比新时代的IT圣经。赫拉利提出人能统治地球是因为其超出其他物种的认知和想象力，他把7万年前起源于东非的拥有认知和想象力的人类称为智人，把未来不受算法控制且能控制算法的人称为神人。科学界认为，在21世纪，死亡可以通过改写基因来避免。科学界认为，幸福愉悦感是由人体的生化系统掌控，这些都能通过算法制成化学药品或改写基因来实现，科技可以随心设定人的情绪，寿命的延长与幸福感都能通过算法实现。同时，人的许多功能将被机器取代，比如你生病后的解决方案是来自机器和算法，而不是你的认知。而取得主动权唯一的方法就是从智人变成神人，神人不受算法控制，他们就是控制算法的人，站在算法系统背后，做最重要的决策。他们不是普通的"智人"，而是利用生物技术主动升级了的人，成了"神人"。赫拉利认为，进入21世纪后，曾经长期威胁人类生存发展的瘟疫、饥荒和战争已不存在。未来，人类将面临三大问题：生物本身其实就是算法，生命是不断处理数据的过程；意识与智能的分离；拥有大数据积累的外部环境将比我们自己更了解自己。这一切的论断，影响了人类对未来的想象，在科技至上的神人梦中，每一个人都希望自己快速升级成为拥有算法的神人，由数据、算法、产品三者构成的智慧被认定为是通往未来地球的唯一出路。新型冠状病毒魔幻般面世，面对威胁人类美好生命的病毒，生物科技、算法统统束手无策。

写至此，想到我的老师曾经对东、西方智慧的描述，老师说中餐与西餐的餐具可以表述东、西方智慧的区别：中国人吃饭一根竹子掰成两段，加上舌头食之，谓一生二，二生三，三生万物。西方人吃一餐饭，各种刀叉匙等少则七八样、多则十几样地摆一桌。中国人的智慧叫高度概括，而西方人是无限解析。人类的未来如何算？能算出来的，中国人称为术，术只是个技能。约2500年前，圣人老子用5000多字的《道德经》告诉天下人何为道：道可道，非常道；名可名，非常名。无，名天地之始；有，名万物之母。中国人的智慧不局限于有形的东西，不执念在无限解析，而是识大道。大道通常是无形的，比如风，没人看见过风，但风不仅存在还发生巨大的作用，比如我们常说的民风、作风、党风、家风，"大象无形，却力量无尽"。倒置术和道，天下必大乱。时至当下，面对人类的美好未来，科技是术，美好的科技是通往人类美好未来的大道，何为美好的科技？有德的科技才是人类美好生生不息的术，缺此，谈任何技术的进步都会使人类通往灭亡。审美不是一种选择权，更不是一种判断力，而是人类生生不息的底层逻辑。《易经》有云：地势坤，君子以厚德载物。生活在地球上的人类，当以生生不息的价值而存在，而德是人类美好必须具备的基础。

党的十九届四中全会提出数据将作为生产要素，生产关系与生产方式都将发生变化，数字时代全面开启。以数据为要素构建的数字化新生态将成为人类物理世界通向美好未来的重要工具，在新冠肺炎疫情期间，我与我的伙伴们，以价值实现为投资银行的审美，以互为中心共同生长为我们的初心与使命。遵师宅而不闲训，以数字科技公司为例，与诸位分享数字时代的联结。

朱光潜曾经告诉我们，实用的态度以善为最高目的，科学的态度以真为最高目的，美感的态度以美为最高目的。对真和美的需要也是人的一种饥渴——精神上的饥渴。疾病和衰老的躯体没有口腹的饥渴。同理，遇到一个没有精神饥渴的人或民族，则可以断定其心灵已经是疾病或衰老的状态。借用一家顶尖数字科技公司领导人的理念"以科技为美，为价值而生"作为本书序言的标题，以示尊敬。

祈愿地球厚德载物，生生不息！是为序。

姚良
2020年春分，于京

目录

1 PART ONE
第一篇　从一家数字科技公司谈起

- 002　应运而生
- 014　动力引擎
- 032　动力输出
- 048　未来已来

2 PART TWO
第二篇　数字化时代的联结

- 054　新的信息革命
- 063　新的生产要素
- 073　主要技术
- 097　主要特征
- 108　机遇与挑战

3 PART THREE
第三篇　联结与金融新生态

- 122　金融新生态简述
- 136　促进金融稳定
- 142　解决普惠金融难题
- 149　形成新供应链金融生态
- 175　推动个人消费金融发展
- 182　助力商业银行迎接利率市场化挑战
- 192　实现投资银行数字化转型

4 PART FOUR
第四篇　联结与产业互联网

- 210　数据与联结
- 221　数字加油站
- 234　数字知识服务
- 248　智能城市
- 268　数字钢贸
- 277　科技抗疫

- 295　后记

1 PART ONE
第一篇　从一家数字科技公司谈起

> 雾气弥漫的清晨,并不意味着一个阴霾的白天。累累的创伤,是生命给你的最好的东西,因为每个创伤都标示着前进的一步。
>
> ——罗曼·罗兰(Romain Rolland)

◎ 应运而生

艰难探索

2013年冬，即将实现在40岁财务自由前退休目标的C总当时可能并没有想到，这段前往美国的旅程将成为他人生下一段新征程的起点。

当时，同在美国的L总邀他去纽约吃饭。在去曼哈顿的路上，L总突然问道："你要不要做金融科技？"C总此前一直在做财务工作，这对他而言是一个全新的挑战，做什么？如何做？需要达到什么目标？这些全都是未知的。他问L总做金融科技有什么要求，L总提了两点要求：第一，要做行业里最脏、最苦、最累、最难的活，因为这是最有价值的事情，也是最长久的事情。第二，如果有100元可赚，赚70元就可以了，剩下30元一定要分出去，不管是给上游供应商还是让利给你的客户或者分给公司的员工，反正只能赚70元。

这两点要求使这家公司从诞生之日起，就深深地烙上了"基础与共享"的印记。面对再一次艰难的创业与拓荒，C总心中的斗志被点燃，他想看看，能不能做些不一样的事情出来。回国后，C总出任这家数字科技公司（以下简称J公司）的CEO。就这样开始了他在数字化时代星辰大海中的新征途。

2013年，距我国互联网电商诞生已超过15个年头。在这15年中，中国电商产业从无到有、从小到大，已经茁壮成长到令世人咋舌的庞大规模，这一已步入"青春期"的新产业仍在飞速发展。然而随着电商产业化的形成，当时零售供应链上最重要的两类用户——供应商及消费者各自都有亟须解决的金融领域痛点，为了满足用户多元化需求J公司应运而生。

1. 中小商家的现实困难

当时，对于银行来说，大客户的保理业务和信贷业务占据了很大一部分业务量，中小客户贷款并不通畅。那些在银行难以贷到资金的商户，很多是零售的直接供应商或供应链环节的参与者，融资难、融资贵成为掣肘它们进一步扩大规模、提升经营能力的重要因素。

以用户需求为中心的J公司自然要全力解决这些中小供应商的需求痛点。基于自身独特的闭环生态，J公司拥有大量的生产、采购和物流数据，可通过数字风控技术手段，利用供应商在平台上清晰可见的流水及运营状况进行分析，能够做到尽量在控制风险的同时，缩短放款时间。

2. 消费者的现实需求

与中小供应商融资难、融资贵等现实困难不同，零售消费者在购物时面临消费计划与金融服务严重脱节的情况。当时，J公司每天都收到大量用户信用卡申请不下来、额度不够用、希望得到分期付款服务的留言。

J公司注意到这些用户现实而迫切的金融需求，为解决这一难题，J公司需要找银行合作，希望银行能够提供更加便捷的方式来满足客户的消费金融需求，真正做到"提升用户体验"。但彼时的银行仍然固守传统的"三查"逻辑与业务实践，银行向J公司提出合作方式只能是银行开放入门，J公司推荐的客户在银行网站填申请表，3天内用户去银行线下网点提交收入证明。这与传统的信用卡"揽客"别无二致，仅是将J公司作为流量导入口。有资格办理信用卡的用户根本不需要申请两次，通过J公司来申请信用卡的客户，银行又要按照办理信用卡的流程与要求对其重新审核。客户的体验感不会提升，消费者痛点也没有被真正解决。

J公司认识到互联网与金融元素的简单相加无法带来金融行业的深度改造，只能提升金融行业上下游的对接效率。这种无法深入金融行业本身的做法非但无法长久持续地带来金融行业的发展，反而还将会在一定程度上给金融行业带来伤害。我们现在看到的金融行业乱象就是这种做法的直接体现。J公司依托强大的科技实力、完善的风控能力，使用户的体验得到了明显的优化，实现了在线审核、快速审批、智能风险识别、秒级确定授信额度、无感嵌入支付等。通过2014年"6·18"活动，市场一方面认识到互联网公司在金融科技领域具有很好的禀赋与优势，另一方面产生了J公司是一家"头部"互联网金融公司的印象与定位。然而随着用户日渐增长的金融需求而迅速成长的J公司紧紧抓住用户在体验方面的痛点，已远不同于大家的最初印象。

坚守初心

2013—2015年，大量互联网金融公司"野蛮生长"。2013年，余额宝诞生并一炮而红，中国金融市场遭遇了一场资金短缺，货币市场利率飙升，流动性高度紧张。同年，一大波"类余额宝"平台诞生，现存现取、高转化的模式不仅刷新了人们对互联网货币基金的普遍认知，而且对传统金融理财形成了巨大打击。互联网金融走进大众视野，实现惊人增长。

2014年，微信红包、百度钱包、积木盒子全面上市，脱胎于支付宝的蚂蚁金服就此诞生，互联网金融首次被写入政府工作报告。在政策支持下，互联网金融产物——众筹，迎来最重要的发展机遇。人人友信获得的1.3亿美元融资给整个P2P行业打了"一针鸡血",各式各样的投资者和创业者进入,鱼龙混杂。2014年末,全行业平台数量累计达到2000家左右,其中就包括火遍全国的"e租宝"。

2015年,在"大众创业,万众创新"的号召下,互联网金融创新的步伐逐步加快。2015年7月,人民银行等十部委联合印发了《关于促进互联网金融健康发展的指导意见》。按照"鼓励创新、防范风险、趋利避害、健康发展"的总体要求,提出了一系列鼓励创新、支持互联网金融稳步发展的政策措施。

然而,2015年末,在大家都以为鱼龙混杂的互联网金融在黄金时代平稳度过之际,"e租宝"因涉嫌非法集资爆雷,互联网金融行业迎来当头一棒,互联网金融的虚实善恶面临社会舆论的重大考验。

在大量互联网公司通过"流量""资金池""非标"等赚得盆满钵满的时候,理应发展更快、赚钱更多的J公司反而变得没有那么"显著"。表面的繁花锦簇、烈火烹油并未让J公司忘记"以用户为中心,提升用户体验"这一初心。它始终坚定地选择将数年探索与磨炼出的数字金融科技,毫无保留地向金融机构输出的经营方式。因为J公司深刻地认识到,互联网金融注定是昙花一现,最为主要的原因在于互联网金融非但没有解决金融行业本身的难题,还将金融行业的痛点和难题放大到了一个较高的水平上。若非相关监管主动刺破了泡沫,互联网金融或许还将把金融行业带入更大的危机之中。

一位股份制银行的高层曾透露:传统银行信用卡获客成本在100~300元,但是跟J公司合作,信用卡成本可以降低一半,而且不良率非常低。目前很多银行将J公司一整套的大数据风控体系作为针对互联网零售的个人消费金融风险控制管理技术体系。

新旧玩家纷纷投入金融科技浪潮的现实告诉我们，无论是互联网金融还是传统金融机构都已经到了非变不可的阶段。对于J公司为代表的科技公司来讲，它们拥抱金融科技的方式是通过自身建构起来的强大的技术资源来实现的，赋能成为它们投身金融科技浪潮的主要方式。对于金融机构而言，它们加入金融科技浪潮的方式凭借的则是其对于金融行业本身运行体系的精准把控、优秀的金融风险理解与控制能力以及对于金融行业的深度了解，自我革命成为它们投身金融科技时代的主要方式。

无论是科技公司的赋能，还是金融公司的自我改造，从本质上来看都是在解决传统金融行业的问题和诟病，从而把金融行业的运行与供给和需求再度对接，最终让金融行业变成一个驱动外部行业和提升用户体验的存在。通过以下J公司在整个业务流程中的作用，我们更加明白金融科技的内涵，更加明白金融科技的方向。

一是J公司从事的是通过数字科技手段与金融机构一起满足传统金融服务满足不了的新生需求。

二是J公司不是传统金融产品的代销渠道，而是要发挥其基于大数据的基础优势，通过数字科技的动力输出提升金融机构的运营效率与风控能力，为用户提供更多有价值的、策略化的产品，追求更好的用户体验。

三是J公司扮演的是一个专业、安全与可靠的数字科技伙伴的角色，金融的归金融、科技的归科技，坚定推动科技与金融机构的融合，合作共赢。

在国内互联网金融像一列停不下来的列车高速狂奔的时候，2015年底，C总却发了一条朋友圈："J公司不是'互联网金融公司'。金融科技的这一现实注定了决定其发展的不是流量的多少，而是对金融行业改造的多少。只有那些可以对金融行业进行深度改造的玩家，才是未来真正可以在金融科技市场上笑傲江湖的赢家。相反，如果仅仅只是把金融科技看成是一个获取流量的概念，缺少了对金融行业的深度改造，所谓的金融科技只能是一个虚假的概念，等到这个概念被捅破，一切又将从头开始。经过2年的初心坚守，我们渐渐开始下一步的蜕变与进化。化茧成蝶，J公司要选择站在下一个时代的前列。"

初露锋芒

在数字化时代下发展金融科技，真正决定市场地位的不是流量，或者不是仅仅依靠流量，而是对金融行业深度的理解与改造的能力。真正能够对金融行业进行变革的关键依然在新技术上。无论是科技金融化，还是金融科技化，出发点都是科技，落脚点都在金融。同时，一味地强调金融，抑或是一味地强调科技都是偏离正确的发展轨道的，只有真正理顺金融和科技两种元素之间的关系才能实现真正意义上的金融科技。

科技依然是金融科技的主要驱动力，更是决定谁能够在未来的金融科技市场笑傲群雄的关键。所以，无论是科技公司，还是金融公司都应该把抢占新科技的制高点作为出发点，以科技为出发点来看待这场金融科技的新进化，用科技的手段去解决那些互联网金融和传统金融的痛点和难题，从而把金融行业的发展带入一个全新的阶段。

J公司的定位，是水到渠成、顺其自然的。数字化时代的来临，将使数据成为最重要的生产要素。它将像水一样流动在各个产业中，为产业的生产、经营与发展带来全新的活力与价值。其中，推动数据这一生产要素输出到产业中的动力就是科技。早期金融产业的特殊要求与环境，以及J公司多年的初心坚守，令其更专注于技术研发，而金融领域海量多维、全类型的数据环境和严苛的实战标准，则是锤炼技术最好的练兵场。

在迈向"成为全球顶尖数字科技公司"的征程中，J公司将最早的"基础、共享"烙印具象化，主要表现为以下几大特征。

1. 守正

保持科技的专注度、金融牌照的必需性、自有资金的小用量、类金融业务的低盈利水平，坚持自身作为数字科技公司的定位与职责。在初期，J公司就专注于对风险定价技术的打磨，搭建了一整套底层风控和信用生态系统。例如，在金融反欺诈方面，J公司通过建立机器学习模型，结合按压度、机器视角等多维指标和生物行为数据，将用户本人识别的准确率提高到业内顶尖水平。这些技术都成为J公司金融科技的一部分，整体将数字科技的动力持续输出给金融机构。

2. 共建

数字科技公司一定要与实体产业去共建，而不是向产业方简单地输出技术或互联网流量。"金融机构要发展科技和实现开放，与已经建立起核心数字科技能力和场景能力的科技公司合作，将是一个效率最优、成本最优和社会资源价值最大化的共赢模式"。J公司的思路正是优势互补，帮助金融机构建立属于自己的核心能力，在实现新增长的同时，又能守住风险底线。J公司将"共建"作为其产业数字科技输出的基础理念。

3. 基础

在很多人的印象中，J公司并不是一家擅长打技术牌的巨头，互联网上流行一时的技术名词大多与它无关。相比那些习惯高喊技术赋能的互联网巨头，J公司之所以能在产业数字化赛道中扎根，除了技术上的沉淀外，还有骨子里的务实基因。从金融科技、资管科技、数字农牧、数字乡村、数字营销再到智能城市，J公司在不同产业数字化服务模块中提供的服务虽大有不同，但实际上，所有模块都有着一样的底层逻辑，即它们有着共同内核的数字化操作系统。这意味着J公司数字科技能力的输出并不是简单的技术复用，而是从产业的底层开始做起，这是构建"数字化生态"的基础与必由之路。

4. 专业

对科技发展与未来展望，C总认为，未来是物理世界与数字世界孪生的时代，而数字科技是驱动物理世界数字化至关重要的一环。数字化时代下数字科技在更丰富、更复杂的产业场景中的高效应用，将彻底释放数字科技的动能。但是产业数字化绝不是简单的软件化、自动化或者数据化，而是一场产业的变革甚至是革命。数字科技公司产业数字化动力的实现，不仅仅在于其科研人员的比例或者技术的先进性，更是要基于对产业需求的深度理解，具备产业洞察（know-how），并尊重产业规律。

"不忘初心、牢记使命"。J公司作为一家随着多元化需求而生的公司，不随波逐流，在关键战略节点上始终执着地前进。在7年的发展历程中，J公司打造出了一个又一个的爆款产品。通过科技产品创新，J公司将数字科技动力源源不断地输出到各个产业，J公司正大步朝着以构建产业数字化操作系统为核心，在数字化时代下提升各个产业价值的顶尖数字科技公司前进。

迈向卓越

之所以说J公司有机会迈向卓越，一个关键的逻辑在于，其所预见的、其所选择的和其正在实践的事情，与正在变化的这个时代所需要素恰好匹配。

当前，我国整体经济已经从增量时代转向存量时代，以时间换空间，切换新的增长动能。对于企业来说，如何提升经营效能，用最快的刀去切更大的蛋糕，成为接下来的竞争关键。在这个巨大的存量空间中，几乎所有产业都需要数字化、智能化的升级。这种升级，不是过去那种简单以信息化、SaaS化来实现效率的提高和成本的降低，而是要真正通过数据驱动实现全链条的数字化和智能化，不仅要提高效率、降低成本，还要挖掘更大的客户价值，实现高质量、可持续的增长。而这恰好就是像J公司这样既具备用户和数据，又具备技术能力和产业洞察的新型科技公司的机会所在。

1. 以客户为中心的组织

想要牢牢抓住这样的历史机遇，需要有足够强的应变能力和进化能力。在消费互联网时代，以产品为核心形成闭环快速突击，从而实现高速增长；然而到了产业数字化时代，再希望通过单打模式、流量模式实现增长的思路已经走不通，必须要以客户为中心，打破原有思维和内部格局。

一个以客户为中心的组织，需要改变思维方式，不是有什么产品就销售什么产品，而是要看客户有什么痛点，客户到底需要什么；一个以客户为中心的组织，需要让听得见前线炮声、看得见前线炮火的人来做决策，因为他们更了解客户的需求，对未来更有洞察力；一个以客户为中心的组织，需要整合内部产品和技术资源，建立整体服务能力和高效服务机制，快速响应客户。

2. 以科技为美

面对未来，J公司有自己的价值判断。数字科技的归宿是为人与产业创造价值，最终实现人与产业的共生长，让科技创造美好未来的愿景成为现实。"以科技为美，为价值而生"，这句话为J公司的业务发展明确了有所为，有所不为的边界，是J公司独有的价值观，也是J公司的精神信仰。

习近平总书记曾说："前进道路上，我们必须始终把人民对美好生活的向往作为我们的奋斗目标。"科技之美，就是借助科技的力量赋予我们美好生活。每个人心中的美好或许不同，但更便捷、更人性化、更智能、更轻松的生活一定是人民心中的美好生活。

从我们每个人的身边谈起：走哪条路才能错开拥堵的上下班高峰期、用尽多少力气才能挤上人满为患的地铁、为什么去医院总是排那么久的队伍、为什么办个证明却要跑那么多趟、我们的城市能不能更加宜居？要想回答这些问题，基础其实是数据。每个人、每辆车、每个地铁站、每幢楼、每个部门，每时每刻都在产生着海量的时空大数据。时空大数据是智能城市的根基，是数字化孪生世界的基石。

以J公司为某国家级新区打造的智能城市操作系统2.0为例，我们看看J公司如何帮助创造孪生城市，怎样做到以科技为美。

在诸多数字城市建设项目中，有一个基于大数据和新一代人工智能的开放式智能城市大数据平台——块数据平台。这个平台将扮演新区的数据汇聚中心、数据管理中心、数据服务中心和AI赋能中心，承担着汇聚新区全域数据、统筹新区数据管理、实现新区数据融合应用的重要使命，是新区打造数字孪生城市的数据基底。未来，新区投资建设的所有数字化、智能化系统都将直接生长在这个基底之上，各个应用场景的数据不需要再汇聚，也不需要再打通，因为从一出生它们就已经生长在一起。

J公司依托自身在城市计算领域和智能城市操作系统搭建层面的深厚积淀，成为这个块数据平台的建设者。从技术上看，智能城市操作系统包含时空大数据引擎、模块化时空AI算法以及基于联邦学习的数字网关技术等诸多前沿科技，这些是承接智能城市底层数据平台建设的关键。以其中的时空大数据引擎为例，它的计算速度是传统数据平台的数十倍，并且还在不断迭代。只有这样的硬核科技，才有可能承接一个未来数字孪生城市海量的时空数据处理要求。

未来的新区可进行跨部门、跨领域、跨区域的即时数据处理和数据融合应用创新，包括政务、安全、交通、医疗、物流等各领域在内的应用系统都将生长在这个数据基底之上，最终实现整个新区全要素数字化和孪生化，让新区24小时的运行状态呈现实时化和规律化，由此探索出全新的社会治理模式、公共服务模式及数字产业经济的发展模式。这就是J公司认为的"美好"城市。

打造数字孪生城市只是科技之美的一种表现形式，我们相信，未来是物理世界与数字世界孪生的时代，而数字科技是驱动物理世界数字化至关重要的一环。以科技缔造数字世界之美，让每一个用户都能真切感知和欣赏科技之美，是J公司的使命和前进的方向。

3. 为价值而生

价值一词，不同的人会有不同解释，但在J公司的业务中，价值具体体现在社会价值、长期价值与价值共生三个方面。

首先，J公司坚持做对社会有价值的事情。例如，J公司成立的2013年，正是中国互联网金融爆发式增长的一年，当时基于线上渠道的流量生意热闹非凡，但J公司并不看好这些业务的社会价值，而是选择了面向中小企业的供应链金融与面向大众消费者的消费金融服务，J公司认为这才是对客户、对社会都更具有价值的业务。在面临做一家自营金融机构还是做一家科技公司的抉择时，J公司最终选择了做科技公司，这也是因为相比于做一家金融机构，帮助产业进行数字化提升的科技企业是更具社会价值的选择。

其次，J公司坚持做具有长期价值的事情。"最苦、最累、最难的才是最有长期价值的"，J公司很早就聚焦在风险管理、防欺诈等金融行业最重要的核心能力的积累上，而不是去做那些更简单、更容易获得短期商业利益的事情。正是因为在风险管理、防欺诈等金融核心能力上的突破，J公司获得了更长期的价值。

最后，J公司坚持价值共生，而非价值独享。在这个时代，"企业要兼顾每个跟自己发生联系的利益相关方的利益，并找到整个生态系统的痛点在哪里，从而加以解决"的互惠经济学开始兴起。J公司从自营金融到数字科技，再到涉及多个产业的数字科技，正是践行了这种互惠经济学的"价值共生"。其在金融、农牧等多个产业的布局，并不是在与传统产业争夺利益，而是去帮助传统产业与科技更好地融合，进而创造全新价值。

◎ 动力引擎

时代大潮

随着信息技术的不断发展，数据正在从技术中独立出来，成为一个单独的生产要素。数据在国民经济运行中越来越重要，不但能促进生产效率，很多时候，其本身就是生产力的重要组成部分，是推动许多新兴产业发展的基础。

2019年10月28日至31日，中国共产党第十九届中央委员会第四次全体会议在北京举行，审议通过了《中共中央关于坚持和完善中国特色社会主义制度、推进国家治理体系和治理能力现代化若干重大问题的决定》（以下简称《决定》），《决定》中提到，要鼓励勤劳致富，健全劳动、资本、土地、知识、技术、管理和数据等生产要素按贡献决定报酬的机制。

这是官方第一次将数据作为生产要素。从农耕时代开始，在传统的生产分配中，人们最初只认识到劳动与土地的作用，这是最基础的生产要素。后来，随着工业革命的开展，资本和技术等成为了新的生产要素，资本的引进加速了工业化生产规模的扩大，技术的螺旋式上升激发了新工业爆炸式增长。

2020年3月4日，中央政治局常务委员会会议再次提及新型基础要件建设，这是中央20天内第4次部署新基建，各省市投资清单相继发布，以数字基建为支柱的新基建即将进入加速实施阶段。新基建作为新兴产业，一端连接着巨大的投资与需求，另一端连接着不断升级的消费市场，必将成为未来中国经济社会繁荣发展的重要支撑（见图1–1）。

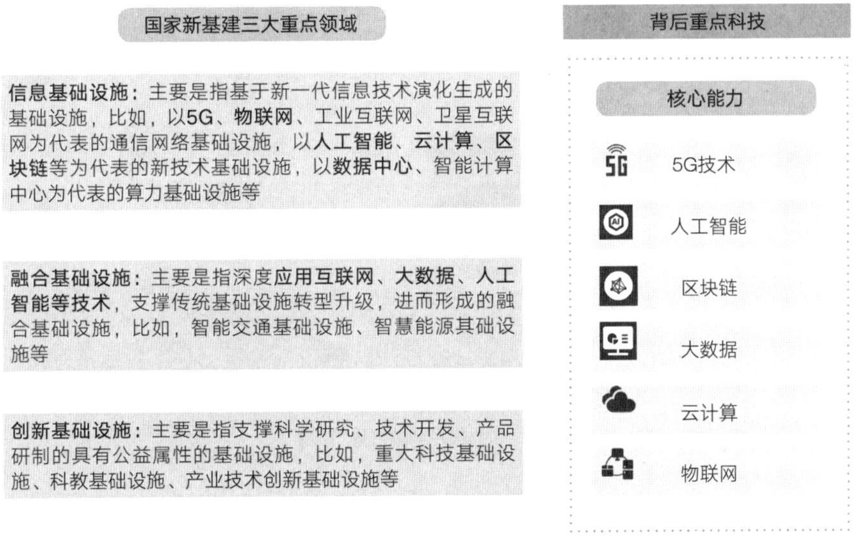

国家新基建三大重点领域

信息基础设施：主要是指基于新一代信息技术演化生成的基础设施，比如，以**5G**、**物联网**、**工业互联网**、**卫星互联网**为代表的通信网络基础设施，以**人工智能**、**云计算**、**区块链**等为代表的新技术基础设施，以**数据中心**、智能计算中心为代表的算力基础设施等

融合基础设施：主要是指深度**应用互联网**、**大数据**、**人工智能等技术**，支撑传统基础设施转型升级，进而形成的融合基础设施，比如，智能交通基础设施、智慧能源基础设施等

创新基础设施：主要是指支撑科学研究、技术开发、产品研制的具有公益属性的基础设施，比如，重大科技基础设施、科教基础设施、产业技术创新基础设施等

背后重点科技

核心能力

- 5G技术
- 人工智能
- 区块链
- 大数据
- 云计算
- 物联网

图1–1　国家新基建主要领域以及相应的重点科技

与由铁路、公路、机场和房地产等组成的传统基建非常明显的重资产表征完全不同，数字基建基于数据这一最重要的生产要素，对科技与产业理解的要求极高。这主要体现在一方面传统基建的价值拓伸往往受到物理空间的限制，而数字基建可以实现无限的价值延展；另一方面数字基建拥有天然的跨行业赋能特质，或者说可以从内涵深度为所及产业植入全新增长基因，且这种基因具有永续之力并可实现自我迭代，从而维系产业持久扩张与市场经久繁荣。因此，数字基建核心动力在于科技，并由此带动产业结构不断升级与新兴产业成长以及经济增长持续久远。

我国数字化大潮的澎湃到来，必将需要顶尖的产业数字科技公司。面对数字化与新基建的蓬勃发展，需要真正有基础、有能力、有理念的，以数字化为基础、以科技为动力的"基建"公司来做好数字基建。从最初直击用户需求应运而生的金融科技公司，逐渐成长为已构建产业数字化生态的顶尖数字科技公司，J公司的产品在不断拓展，构建的联结也在不断深化，其中关键性的动力来源，也就是"动力引擎"至关重要（见图1-2）。

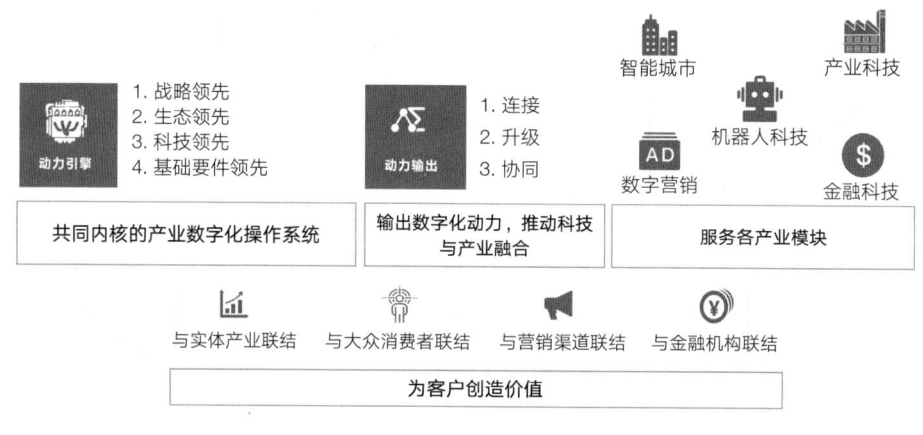

图1-2　J公司的数字科技动力传输

J公司要提供数字化时代下数字科技输出杰出的"动力引擎"，不仅在于对产业的趋势和时代的发展要有精准的判断，更在于其长期的战略定力和持续不断的聚焦与投入。J公司的核心竞争力在于其强劲的"动力引擎"，也就是共同内核的产业数字化操作系统。J公司的"动力引擎"具有以下鲜明特点：

战略领先：国内唯一致力于通过产业数字化操作系统构建产业数字化生态的数字科技公司；

生态领先：根植于全球最大综合性零售供应链生态；

科技领先：在大数据、AI、区块链、物联网等前沿技术部分领域达到国内甚至国际领先水平；

基础要件领先：业内领先的人才团队与完备的业务运营基础要件。

战略领先

J公司具备清晰领先的战略思维和坚强的战略定力，始终以科技服务实体经济为使命，做到拥抱监管、高度自律、合规经营、坚持创新，以领先的企业战略助力行业激浊扬清、健康发展。

2013年，随着客户金融需求更加多元化，大量互联网企业如雨后春笋般出现，开始大量从事金融服务。各地金融办与商务部等主管机关积极发放包括小贷、保理、融资租赁等类金融牌照。在互联网金融开展得如火如荼的时候，J公司则坚持以"自身场景+自有资金"做尝试，探索构建领先的数字金融科技能力。

2015年，互联网金融发展"大跃进"，几乎所有的互联网企业都参与或积极发展"互联网金融"业务。2015年7月，人民银行等十部委联合印发了《关于促进互联网金融健康发展的指导意见》。按照"鼓励创新、防范风险、趋利避害、健康发展"的总体要求，提出了一系列鼓励创新、支持互联网金融稳步发展的政策措施。在2017年小贷、保理、融资租赁等类金融业务量达到高峰的时候，J公司果断开始全面压降自有资金投入与收入比例，将其经过数年探索与锻炼的数字金融科技能力向金融机构全面输出，并取得良好效果。

2018年，互联网金融行业进入严厉整治阶段。2018年，国务院总理李克强在十三届全国人大一次会议上所做的政府工作报告中再次提及互联网金融风险，表示推动重大风险防范化解取得明显进展。保理、融资租赁等划归银保监会进行统一监管。而此时J公司已将自身定位为全面服务产业的数字科技公司，并向多种实体产业输出数字科技能力。

2019年，互联网金融"哀鸿遍野"，在很多从业人员不明所谓、不知所措的时候，作为国内最早致力于产业数字化的大型数字科技公司，J公司通过构建共同内核底层操作系统，其"产业数字化生态"初具雏形。可以说，回首过往，J公司几乎每一个战略选择都站在了时代的前列。

这个生态可以形象地通过"榕树生态"来展现（见图1-3）。

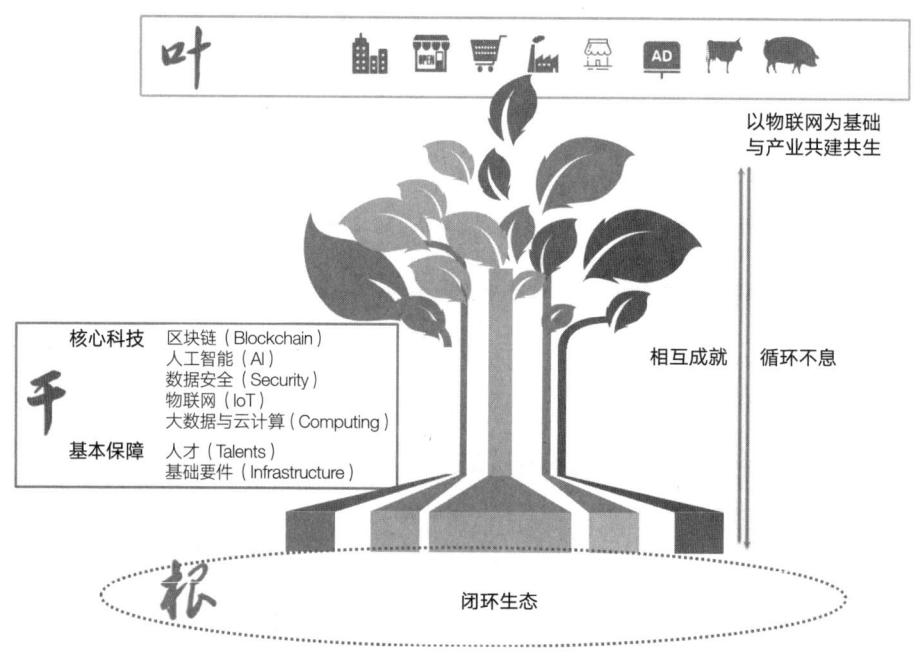

图1-3　J公司的"榕树生态"

具体来说，这一产业数字化生态具有以下特点：

- 根深蒂固，闭环生态：根植全球最大的自营零售与供应链综合生态；
- 主干强壮，科技突出：科技输出构建各个产业底层的数字化系统；
- 独木成林，相互成就：促进产业的数字化、产业模式升级；
- 叶落生根，设施安全：通过生态、底层技术与产业联结，构造区块链技术最佳的应用生态，为数字化时代提供信用与安全的基础设施。

因为与产业世界密切黏合，J公司清晰地展示出了技术进步所带来的红利：在J公司的业务中，客服机器人的转人工率已经大幅降低，在产品体系内，账户安全、实人认证、身份核实以及大数据风控等金融科技类产品、申请、激活等关键环节，应用计算机视觉的用户身份核验技术年调用次数达到了亿级以上……

这看似是当下大部分科技互联网企业正在实现的目标：利用技术改造产业，从中切实获得效率的提升，进一步获得商业上的收益。但这并非是J公司的目标，J公司的目标是从向用户提供服务发展到向产业输出技术，去挖掘更广阔的市场，成为世界变革中的重要推动者。

那么在关键一跃之后发生了什么？世界的运转从来不在某一界碑处停止，对于商业来说也是一样。J公司的关键一跃，仅仅是一个开始。我们可以看到，J公司的脚步仍未停止，它并不止步于通过科技为产业带来规模效应或成本效应。

J公司在底层技术上仍保持着投入，它正在通过各种内部竞赛的方式，驱动内部研发人员的热情，让他们利用自身在业务线上的经验优势，对各个环节的业务进行改造。同样J公司也支持员工进行一些更前卫的技术创新，也许这些创新并不能立刻投入商业应用，但只要这一项目拥有足够的数字化潜力和发展前景，以及商业应用空间，J公司都会给予支持。

随着这种开放性的支持态度，J公司技术能力也正在变得更加开放。智能城市、数字农牧、产业科技、机器人科技、数字营销、金融科技等产业的技术成果，一方面正在向外输出改变产业，另一方面也在对内开放，服务整个体系。

我们相信，未来的世界必将是一个由联结重构的世界，未来的商业逻辑必将在科技服务的基础上更加以用户为中心，创造更大的价值。J公司正在践行自身的初心和使命，对未来进行有益的探索。

生态领先

J公司所根植的零售供应链生态中有大量的自营电商消费者、商户和中小微企业，包括广泛布局的仓库及物流网络，以及智能城市、智能农牧、数字化营销等多场景沉淀的海量数据（见图1-4）。目前，J公司日均衍生数据量达到1PB以上，数据量大、维度多、隐私性强、实时性高。同时，J公司严格遵循数据获取、使用规则，具备极佳的数据重要基础和优势。

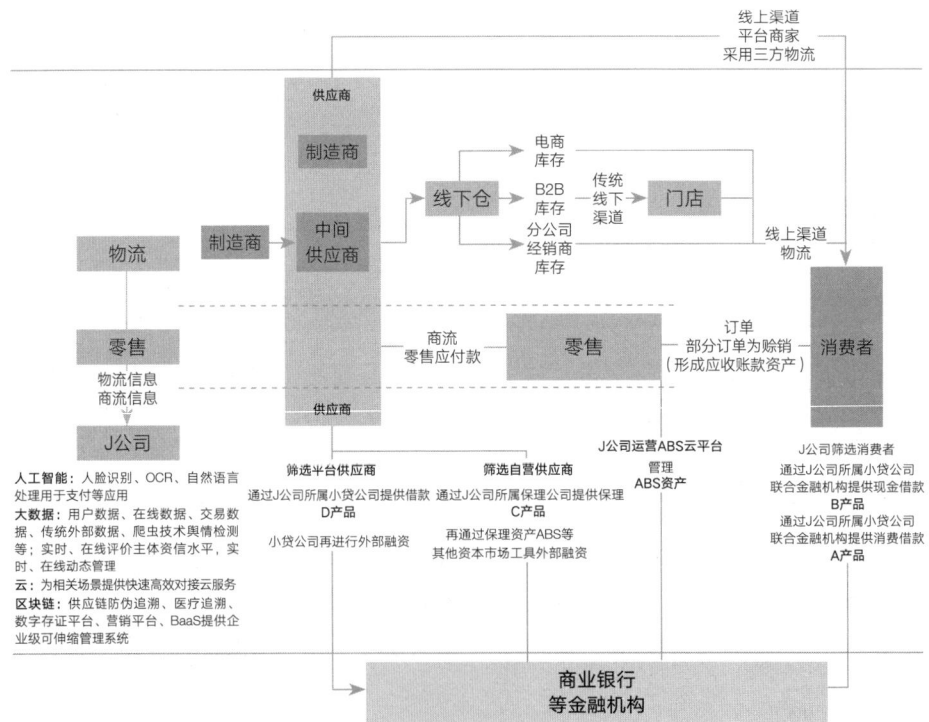

图1-4　J公司根植的闭环生态

通过零售、物流和三大核心驱动力，J公司所根植的生态建立了联结金融机构、消费者、供应商、制造商等的超大型闭环网络。下面以供应链金融为例，介绍闭环生态的三大特点。

1. 四流合一

"四流合一"，即供应链条中的物流、信息流、商流和资金流必须合一。原有供应链金融系统信用模式为一对一，但金融机构之间信息不对称，金融机构与商户间信息也不对称。在闭环生态中，M+N+X的立体模式提供了新的信用环境，各家金融机构、各家供应商和众多消费者紧密连接为一个立体闭环。在这一闭环中所有的信用违约和风险将完整实时触达生态中的每一个参与者，这增加了违约成本，有助于及时识别、防范和应对风险。

2. 数据真实、准确、及时、全面

传统供应链金融体系面临的另一大难题是过程管理，它一直都是困扰金融机构的痛点。传统过程管理强调"贷前调查、贷中审查、贷后检查"，如果真正有效执行这一原则，那么金融机构将不得不付出大量的人力成本和时间成本去进行详尽尽调和持续跟踪，这会严重影响金融体系的整体效率。闭环生态正是解决过程管理痛点的重要途径，通过科技赋能践行金融行业降本增效。

在闭环生态内，商流、物流、信息流、资金流完全透明，全部数字化，现有的大数据技术能够保证任何接入这一闭环的金融机构都可以高效快捷地实现"四流合一"；而未来随着区块链等技术的发展和应用，信息的安全性、不可篡改性将进一步得到增强。同时，在闭环生态下，由于所有信息可多方验证、实时共享，因此能够最大程度地保证交易的真实性、数据的准确性、信息的完整性和线上的实时性。

3. 直达企业与个人的最终端

传统供应链金融的关注重点仅在核心企业和其上下游一级企业，金融机构并非不想延伸其服务链条，但碍于交易信息难以穿透至上层供应商、消费者信用情况难以掌握等因素，现有的局面一直没有实现有效突破，消费金融与供应链金融存在显著隔离。

2019年7月，银保监会下发了《关于推动供应链金融服务实体经济的意见》，鼓励银行业金融机构在充分保障客户信息安全的前提下，将金融服务向上游供应前端和下游消费终端延伸，提供覆盖全产业链的金融服务。银行业金融机构应根据产业链特点和各交易环节融资需求，量身定制供应链综合金融服务方案。这一创新提法深刻展现了监管层智慧，针对传统供应链金融未有效触及供应前端和消费终端的局限性予以了完善和修正。

海量的用户数据是大数据技术的基础。通过线上的零售平台、自建物流体系、客户授权、与外部机构合作等途径，可以获得完整、高质量的用户信息、消费信息和信贷信息等。基于这些数据，使用大数据的技术手段，可分析、预测出核心客户、行业、区域乃至整个社会的经济运行情况，这有助于洞察市场变化，提前防范供应链金融风险，对核心客户的选择等决策提供重要参考。

闭环生态的特点正符合了监管的要求，在闭环生态内不仅包含原有的核心企业和一级供应商，还将上游供应商、消费者、金融机构、物流平台等全部纳入生态圈内。供应前端的交易情况、物流情况、仓储情况和资金情况在闭环生态内都成为了线上共享的数据；消费者的消费能力、消费频率乃至金融资产也成为了金融机构提供服务的数据支持。

更加重要的是，在闭环生态内，服务范围的扩大并非盲目扩张服务对象和信贷额度，而是在J公司的协助下，通过数据的支撑，对每一个参与者进行完整透彻的画像，将信用资质不佳或金融需求不强的主体予以剔除，使真正有需求、有能力、有责任的主体可以获得与其信用资质匹配的合适利率的贷款，从而实现真正意义上的负责任的"普惠金融"。

科技领先

J公司并不是一家擅于"炫技"的数字科技公司，其科技的领先性更多体现在产业性与基础性。"九层之台，始于垒土"，J公司的科技领先来自在各个系统层扎扎实实的积累与沉淀。

1. 数据层

同绝大多数科技企业一样，一切的开始都是数据。不少互联网科技企业有很多触达技术进步的先发优势，比如它们掌握着先进的技术人才、充沛的现金流以及丰富的应用场景。但关键的转折点，往往都出现在对数据的累积上。

2013年J公司刚刚成立时，正值移动支付、互联网金融高速发展的黄金年代，J公司的主要任务还是满足电商产业链中的金融需求，如支付、供应链金融、消费金融……在这一过程中，J公司所扮演的角色更像是一个参与者，通过"自有资金+自有牌照"获取收益，支持自我不断延续。

但在这一过程中，J公司就已经挖掘出了自身的数据优势，并将大数据应用于搭建风控体系当中。J公司大数据技术呈现以下几大特点。

（1）数据海量、多维

J公司以海量的用户基础信息为基础，帮助构建精准的用户画像，了解客户并进行客户细分。这些数据包括基本的个人数据、交易历史、浏览历史、服务等。

(2) 数据来源多样、全面

J公司的数据主要包括：生态内零售包含但不限于用户、订单、商品、供应链、售后、客服、流量、社区评论等合法数据；生态内物流包含但不限于仓储、分拣、配送、地理位置等合法数据；J公司内部业务产生的数据，如消费金融、供应链金融、保险代理、众筹、支付等；经过客户授权定向爬取的数据，如社保、电信或网络合法公开爬取的数据，如企业担保、企业公示、失信联系人等；因自身业务开展需要，合法外采的数据，如公安实名、学历学籍、外部涉黑、司法诉讼、银联画像、运营商画像、个人乘机等；与外部政府机构、企业单位合作，虽无法拿到明细数据，但可以驻场开发数据模型，输出非敏感数据；与外部合作伙伴联合项目沉淀下来的合法数据等。

(3) 应用覆盖零售与企业端用户

目前，J公司建立的个人用户标签达数千个，用户画像包括：基础画像，与场景无关的标签体系设计涵盖用户的人口属性、社会属性、空间信息、所持资产、行为兴趣偏好、社交关系等基础信息；场景画像，与场景相关的标签体系设计扩展以业务场景整合划分为主，着重描绘用户在体系内电商、金融等相关行为的信息。企业端用户建立的企业画像已有标签数百个，用户画像包括：企业基础信息，企业工商注册、资本金、法人、开业时长、行业分类等标签；企业经营行为，零售自营供应商及POP商家进销存、售后等标签；企业融资行为，主要涵盖自营供应商和POP商家贷前、贷中、贷后等行为标签。

2. 技术层

J公司的核心科技包括区块链、人工智能、物联网、大数据等，基础要件是J公司的类金融牌照和业务。二者相互结合,共同搭建了J公司发展的主干。核心科技与基础要件在底层形成互相促进、螺旋上升的特征。

在无数互联网科技企业感知到AI将近并着手推动时,J公司也找到了适合自己的站位——产业数字化。

正如上文提到的,J公司在铺设金融业务时,与不同产业进行深入结合,从中找到适合接入技术能力的端口,将底层技术创新直接转换为生产力提升。

例如,异构图神经网络,这种在图结构上运行的深度学习方法在节点关系建模上有着巨大的优势,理论上来说,这种技术在社交网络、知识图谱中都有应用价值。J公司选择将其应用在营销场景中,结合用户画像、购物行为、历史营销行为和风险画像等数据累积,建立起用户关系网络。通过图神经网络对用户的数据进行识别,可以输出不同的标签,帮助营销风控系统进行决策,从中识别羊毛党甚至黑产团伙等,为J公司自身以及其他合作伙伴的营销活动提供保护。

又如语音技术,这一几乎每一家科技互联网企业都有所涉及的技术门类,有着极高的难度。有一种说法,自然语言处理(NLP)是AI的明珠,虽然在机器翻译、语音识别等技术上不断突破,但在语义理解以及生成上,又往往不尽如人意。J公司的解决方式,是聚焦自身业务,在自然语言理解、语音识别、语音合成等领域进行深耕。深耕的成绩也显而易见:J公司语音识别技术在多个公开测试集的识别率和在自有客服场景中的识别率均在九成以上。在J公司的智能客服身上,就能看到这些技术的应用成果,其智能客服不仅能承担对话机器人的工作,识别用户意图提供客户所需的信息和服务,还能通过语义分析实现对用户情绪的侦测,对情绪比较激动的客户及时地将其转到人工服务。在对话机器人的工作过程中,客户的反馈被不断累积,机器人在工作的同时,也在完善知识库、优化自身的交互能力。

再如人们非常熟悉的案例——AI养猪，它背后依赖的是J公司计算机视觉能力累积。AI养猪是J公司在农牧场景的尝试，通过视觉方案实现猪脸跟踪、猪背关键点检测、猪只估重，让养殖变得更加高效和精细化。AI养猪尤其涉及现实场景的技术部署，J公司针对智能摄像头进行了算法优化，让计算可以在终端高效执行。J公司在AI领域三大层面的重点布局如图1-5所示。

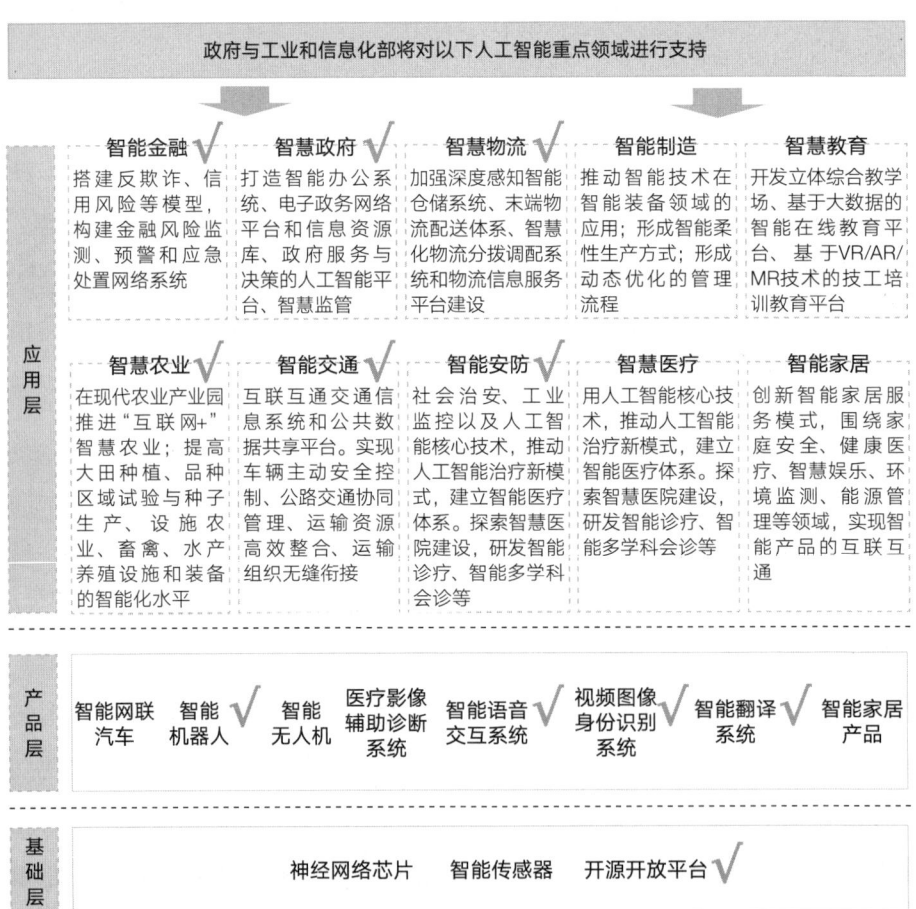

图1-5　J公司在AI领域三大层面的重点布局

再以大数据技术为例，来看看J公司如何在如此庞大纷繁的数据处理压力下，做到在7年内从未发生重大数据安全事故。

（1）优质数据原材料

如前所述，J公司的闭环生态能够提供其他生态无法提供的企业和个人完整、全方位的物流、商流、资金流、信息流的"四流合一"。同时，真实交易和真实客户使数据的独立性、实时性、完整性、真实性得到充分保证。基于独特场景的客户画像精度和信用模型准确性高，可以精准触达适宜客户、获得客户真实的金融需求。

（2）风控完整有力

从一开始，J公司便把风控技术放在第一位并将其做到极致，搭建了一整套底层风控和信用生态系统。基于数字科技的运用，个人消费信用类业务几乎全部实现了无人工审批、实时授信、动态风控，结果证明，其坏账率要比传统风控模式低得多。

（3）数据全周期安全保护

针对三大主要数据泄露来源：恶意攻击、人为因素、系统故障，J公司全方位、有针对性地解决与防范。

世界在科技的动力推动下持续前进，数据本身成为了技术的起点和养料，而J公司与各个业务场景的结合成为了让技术场景化的绝佳灵感与通路。J公司在数据中种植AI、区块链等前沿科技，再在产业世界中收获果实。

基础要件领先

1. 组织管理

组织的关键是将产业的专业性与数字科技的力量全方位互动与联结。首先，J公司根据不同行业特点和用户规模，分别组建灵活且贴近市场的前台部门，真正倾听用户的声音，成为用户可信赖的顾问和服务团队，整合J公司的产品和资源，提供为用户创造价值的解决方案。其次，把公司多年沉淀的业务和技术能力中台化，例如业务中台、数据中台、技术中台、风险中台、管理中台等，打破部门壁垒，灵活为前台部门所调用，成为强大的炮火支持。最后，J公司坚定地搭建了一个强大而有底蕴的技术底层，保持对核心技术的持续投入和行业领先地位。J公司在AI、区块链、IoT、图计算、生物特征识别等硬核技术能力上的积累深度，决定了J公司在数字科技的道路上能走多远。

以用户为中心绝对不是嘴上说说而已，它不是新设置一两个部门就可以实现的，也不是一两天就可以实现的，这是对整个公司组织能力的挑战，也是对组织能力的升级。J公司正是因为全力以赴，把所有事都做到了极致，才取得了今天的成就。

当前的互联网及高科技公司，很多仍是以产品为中心，通过打造1~2项爆款产品吸引用户，进而形成点对点的连接。而J公司以用户为中心，围绕提升用户的体验来开发产品，打破原有思维和格局，以用户需求为驱动，为用户提供整个产业价值链的数字化服务，形成解决方案的网状联结。它催生了以大数据风控为代表的一系列全方位服务用户的技术与产品，这些技术与产品又随着用户需求的变化而不断进化、拓展、变革，一步步发展壮大。

2. 科技投入

目前，J公司员工总数近万人，其中"科技层+产品层"的一线研发人员占全部员工的比例很高。公司通过自主培养、结合外部引进等方式不断扩大人才储备，已经组建了业内具有较强竞争力的研发团队，拥有一批经验丰富、创新能力强的数字科技领域的研发专业人才。顶级科研人才引进的投入力度不亚于硅谷一线科技公司的一流实验室。

3. 经营与管理数字化

毫无疑问，J公司是市场上少数既懂得数字化价值又掌握数字化能力的公司。一方面J公司正在帮助大量的外部客户实现数字化，另一方面它也在内部做手术，实现内部的全面数字化，即从2020年开始，在未来的2~3年内，要实现J公司整体经营和管理的数字化。重点是三件事：客户数字化、产品数字化和管理数字化，这样做的目的是让公司都用同一种管理语言、同一套管理工具、同一套评价体系，以数字化的方式来经营和管理。

在客户数字化方面，C端重在客户运营，B端重在销售管理。C端的数字化运营体系持续迭代，面对多渠道、多场景的复杂生态，J公司已初步建立起一套全流程的数字化运营体系，从渠道管理到用户洞察、活动策划、策略迭代，都在逐步向自动化、智能化升级。

在B端，J公司服务的90多万客户分散在十几个部门、上千个销售人员手里。这么多客户，除了直接接触的销售人员外，其他人几乎没有任何感知和触达机会，更谈不上通过协同去给客户创造更大的价值。所以，J公司已经启动B端客户关系管理系统的设计和建设工作，希望将数字化能力覆盖客户全生命周期，除商机、合约等管理功能外，也包括基于数据和AI能力的客户价值挖掘及客户运营。通过客户数字化，J公司希望可以为不同业务体系、不同职能部门的同事提供完整的客户画像，自动分析客户需求，实现多个产品的营销机会。

在产品数字化方面，建立灵活高效且标准化的产品供应链体系。相信大家都有这样的体验，当你的业务需要调用另一体系的产品时，痛苦的过程就开始了：不知道产品在哪，不知道找谁沟通，找到后反复开会，冗长的内部审批流程，痛苦的系统解耦，扯皮的业绩划分，最后觉得还不如自己开发。要解决这些问题，需要全面推进产品数字化建设，所有产品都必须组件化、平台化，公司的产品库将完全开放，有标准化的产品接口、产品说明、产品定价等，面向所有的前台部门开放。这样一来，所有产品都可以被灵活组合成各种解决方案，满足客户需求，为客户创造更大价值。

在管理数字化方面，J公司2018年已经开始建设管理中台，进一步把数字化能力应用于管理需求上，J公司希望在未来能够实现对业务的实时诊断、实时预警、实时预测。这样，每月可以不用那么痛苦地开经营分析会了，因为绝大多数问题已经在日常工作中被发现和解决。每周也不用花那么多时间写周报了，因为绝大多数信息已经在管理中台实时展现和跟进。

管理数字化的另一个重要价值是员工赋能，在这个管理中台上，不只是展现各部门和各员工的分工职责，列示公司各类规章制度和开展在线培训，期待这个管理中台能够成为每个人日常高频使用的智能助手：在项目进展缓慢需要提速时，可以得到大量的工具来优化项目管理，提升流程效率，解决协作障碍；在工作中碰到困难和障碍时，可以方便地获取专业的资源支持，如法务、财务、人资的帮助；在职业发展遇到瓶颈时，可以在线约谈专家、导师诊断问题，提供发展建议，制订有针对性的能力发展方案。

J公司希望通过经营管理的数字化提升，让信息在内部无障碍地流动，让人工智能在日常工作中也发挥价值。这样的数字化经营和管理，最大的价值就是解决内部效率的问题。只有内部做事情的效率足够高、流程足够顺，才有可能让人员专注于面向客户的解决方案创新，最好、最快地满足客户的需求。如果说正确的战略和产品创新是1，那数字化经营就是后面无数的0，数字化的水平越高，1后面的0就会越多。

◎ 动力输出

J公司的技术能力、业务场景、生态闭环能为更多行业产业有效构筑起联结。包括为传统行业构筑数字化的科技联结（科技赋能更多产业利用科技降本增效等）、用户联结（帮助产业提升精准用户客户触达，提升销售能力）、营销联结（赋能行业发掘新的拓展销售营销渠道等）与金融联结（赋能自身金融服务科技能力及为金融机构提升风险防控能力）。从成效来看，J公司这四类数字科技服务近三年均保持高速增长，说明其价值正在被市场认可。

J公司的发展和成功，源于其一直坚持"联结者"定位，通过产业洞察能力、互联网技术、运营和风控能力，联结产品和客户，帮助合作伙伴快速获得为客户提供多元服务的能力，积极共同构建万物互联的大生态。不仅是农牧、城市、营销等看起来是平行的场景可以与金融联结，通过积累沉淀的数据及AI技术实现金融业务的商业变现，各项非金融业务之间在未来也有"联结机会"。比如，J公司数字营销在做的线下广告领域也能和智能城市产生协同：利用城市计算的时空大数据技术等能力，提高投放精准性、降低成本，二者一起获得收益。

J公司的数字动力输出以及同产业的联结主要表现为以下三类形式（见图1-6）：

连接。通过互联网软硬件、网络通信、物联网、AI、区块链等技术应用，将物理世界的多维信息以及产业知识数字化，以数字连接打通线上与线下。

升级。以数据和技术为最大公约数，重塑产业流程和决策机制，实现产业效率的提升和成本结构的改变，通过降低边际成本来实现规模覆盖，并形成规模效应和网络效应。

协同。用共建共生替代自我封闭，实现数据和技术应用在多产业、多链条的网状串联和协同，进而创造更大的产业价值和客户价值。

需要强调的是，J公司追求的联结并非传统互联网时代的"互联"，而是在数字化时代下，研究如何在多种产业中进行深度的技术赋能与共建。关于联结的具体内涵和形式我们将在本书的后续章节予以深入的展开与探讨。

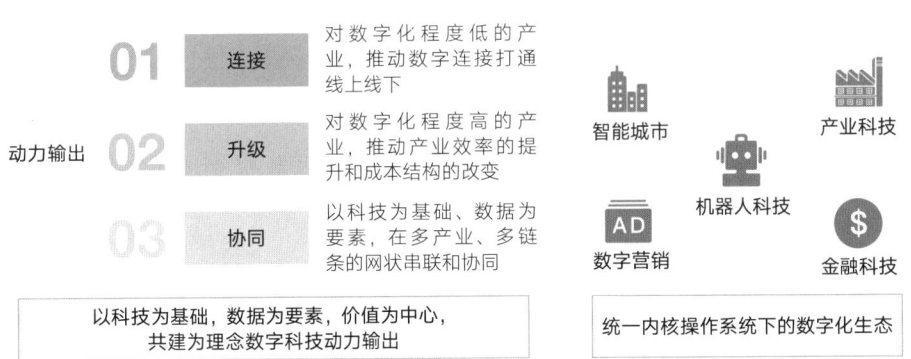

图1-6　J公司的数字科技动力输出形式与产业联结

智能城市

如上文所述，智能城市的目标是让城市更便利、更宜居、更美好。J公司的智能城市理念在于将城市中无处不在的感知系统与先进的数据管理方法、多元的时空大数据分析模型相结合，洞察城市过去、掌控城市现状，并预测和优化城市未来。J公司即为城市提供点、线、面结合的智能城市顶层设计，也为城市环境、交通、规划、能源、商业、安全、医疗、信用和电子政务等领域定制智能解决方案，推动城市从规划到运维，再到预测的可持续发展。

底层操作系统为智能城市操作系统，它是时空数据标准化、智能AI算法模块化的一个开放的、组件化的、标准化的，集采集、存储、管理、挖掘、分析、可视化于一体的AI智能大数据平台，是提供点、线、面结合的从合理规划到高效运维再到精准预测的闭环、可持续发展的智能应急指挥调度行业基础底座。平台通过将万千多源异构复杂数据归类为6种时空数据模型，统一了时空元数据标准，实现了时空数据的互联互通，并结合20多种独特的时空索引方式，极大地提高了数据储存和管理效率，使时空数据查询速度相比常规索引方式提升了百倍。

1. 科技抗疫

在此次抗击疫情的阻击战中，J公司为助力社会治理现代化，以智能城市操作系统为底座，以时空大数据分析技术为主要技术手段，建立起"疫情防控AI大数据智控系统"，在一切合法合规前提下，为全国各省市公安机关提供疫情预警防控相关的技术服务。依据重点（确诊）人员信息，利用政府机关、企事业单位、互联网公司等多源数据，完成重点（确诊）人员感染溯源定位，通过对确诊人员隔离前的活动轨迹、主要生活区域、驻留地点、防疫商品购买等数据的分析，追溯与挖掘密接人员，并预警高危人群及高危地点，实现疫情可溯源、可落位、可预测、可防控。以共同内核的底层操作系统为基础，J公司的"科技抗疫"体现在以下方面。

一是免费提供人工智能、机器人等技术。例如，智能咨询机器人已经在湖北孝感某医院、汉川某医院等多家机构落地应用，减少交叉感染风险。

二是提供无接触自助收银机、软硬件设备。为湖北、安徽、浙江等5个省份的200多家商户紧急铺设700多台无接触收银机。在7Fresh生鲜、爱客多、德隆、百尚辉煌、绿地G-Super等全国各大超市内设置了J公司无接触自助收银机，为线下新增商户免费提供支付收款软硬件产品。

三是技术免费开放给政府机关、公安部门、疾控部门。目前，相关技术已经在包括北京、广州、成都、南京等在内的13个省市落地，累计向各地政府部门提示数百次潜在高危人群、重点区域信息，提升政府防控效率。

四是向社区、街道、企业园区等捐赠智能筛查系统。智能社区疫情筛查系统已在北京、上海、湖北、陕西、江苏等地落地应用。

五是向企业、楼宇等提供机器人、AI等技术与系统。目前，咨询机器人及相关技术已经在多个大型企业与机构得到应用。

2. 大兴国际机场

在智慧大兴机场的项目中，J公司城市智慧工程以党委主导、政府监管、社会协同、公众参与为方向，以云计算、物联网、大数据和人工智能等技术为支撑，以系统联通、部门联动为基础，以专题运行监测、事件协同管理、决策AI辅助为目标，对城市运行状态进行实时监测、预警，汇聚全市各类事件，实现专业研判、智能分析、科学决策、主动服务，建立横向到边、纵向到底、协调联动、无缝对接的社会治理运行体系，有效破解超大型国际机场的治理难题。

数字营销：在大兴机场停车楼的互动媒体屏幕，旅客可通过该屏幕自助查看停车位信息、航班信息、定制化营销信息和新闻动态。

应用服务：在大兴国际机场实施的"旅客优享+"项目落地，完成"旅客优享+"平台和核心应用组件的搭建，在大兴机场和首都机场上线"旅客权益互通""积分消费""行李配送""动态广告"等创新服务应用。

大数据：构建旅客服务大数据平台。提升自助值机、行李托运、诚信安检、商业服务等关键节点的服务体验和运营效率。

智能支付：提供无感支付和电子发票，打通微信、银联、ETC等多种支付渠道，无现金支付，省时省力，解决了缴费烦琐的难题，也极大地提升了缴费通行效率。车主还可以享受预约停车、共享车位、在线办理长租手续等服务。这个APP还可以打通商圈会员系统，进行停车券的在线领取及核销。

AI：为大兴机场停车楼打造一套智能化的停车系统。在智能停车系统中，我们通过物联网技术实现停车场内数百个摄像头和数千个的车位的"时空互联"，利用时空大数据处理能力，分析场内车位调度、动态计价、天气信息、历史车流量、航班信息等时空数据，精准预测交通流量、车位闲置等情况，有效疏导机场内的交通。

产业科技

同样是提升产业的数字化水平，从而通过科技的力量推动产业提质增效，J公司选择的并不是所谓摧枯拉朽般的"颠覆"。产业互联网是浸润，是慢工出细活。在消费互联网中，消费者是可以喂养的、及时反馈的、决策简单的，这决定了消费互联网的颠覆效应、网络效应、马太效应格外明显。而在产业科技领域，J公司的产业科技核心在于聚集全要素、贯通全链路、专业化共建、打通关键节点，实现价值共创、生态共享、操作系统驱动。

1. 智能农牧

J公司把养殖巡检机器人、饲喂机器人引进猪场，和3D农业级摄像头一起构建24小时不间断监测体系。通过"图像识别"技术捕捉每头猪的身份、进食量。这些数据送至后台进行分析，随后可以反馈给温度控制器、饲喂机器人（见图1-7）。

J公司还采用了"猪声纹识别技术"来监测猪的身体状况。通过前端采集的大量猪叫声数据，J公司建立了"健康声库"，从而可以将实时数据和样本进行对比，一旦发现异常状况，迅速反馈给饲养员，进行进一步处理。

为了让每头猪成为业界的"优等生"，J公司为它们配备了智能化的"私人营养师"、"智能家居"以及"家庭医生"。这一整套高科技设备带来了更高效的成果。目前，这类技术也应用到了养牛、养鱼等领域。

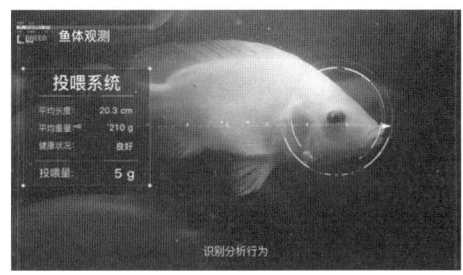
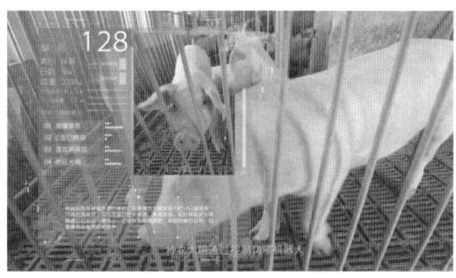

图1-7　J公司的数字农牧软硬件系统

2. 产业园数字化

J公司通过数字科技为传统的农业产业园带来了：产业操作系统，形成数字化中台底座；产业管理平台，为园区管理者提供管理数字化工具；产业贸易平台，为园区的企业提供交易平台的数字化工具；经济运行监测，为园区提供宏观分析、决策预警等支持。目前，该数字化底层系统已经在四川广安、福建福清等地落地实施。

3. 能源科技

J公司的AI技术帮助国家能源集团某电厂锅炉热效率提升0.3%~0.5%。这是在火力发电技术高度成熟的基础上实现的新提升，可以帮助一台60万千瓦火电机组一年节省燃煤3600吨，如果全国推广，每年可以为国家节约70亿元的燃煤消耗和污染治理费，J公司的人工智能火力发电智能优化系统如图1-8所示。

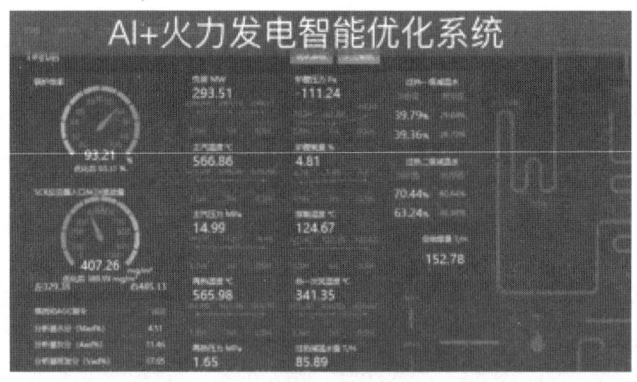

图1-8　J公司的人工智能火力发电智能优化系统

4. 企业数字化

J公司基于最强的零售供应链生态所锻炼出的数字科技，对企业，特别是线下零售企业，进行动力输出具有鲜明的特色与优势。

（1）增加客流

DT加油是2018年J公司为浙江某石油公司的300家加油站量身打造的"车主不下车加油"解决方案，保障车内随乘人员安全，缓解高峰排队情况。2018年12月12日，J公司与浙江某石油公司联合营销，DT加油单量达8万单/天，占该石油公司全部单量的1/3，单日拉新会员5万人。

（2）降本增效

J公司推出的集采系统、智能供应链平台、门店科技等能够有效帮助商超便利店降本增效。企业购较线下渠道降低成本达10%以上，服务700万企业客户，为企业节省成本45%，商品品类包括18种大类、200多种小类，超过10万种全品类商品。L超市全国超过60家已投放自助收银设备，自助收银交易笔数占全店交易笔数高达77%。

（3）拓宽渠道

J公司通过增加到家、主站等多种渠道平台，实现全时、全线、全渠道销售，增加线下零售网络的非到店收入。例如，在全国170多个城市有400多家门店的W和700多家门店的Y超市入驻了到家平台，这给它们额外带来10%的订单量。W最好的门店，到家平台订单占比达到25%。

（4）多元变现

J公司还能够帮助线下零售商增加多元变现手段，如广告营销收入、数据资产收入等。例如，从2019年9月开始，J公司与S店联合开展定制品类优惠活动，场内转化较上月提升40%

零售车品节广告投放项目是数字营销J公司在2019年5月3日至16日，基于其强大的大数据能力，在全国范围内筛选车品投放城市及投放社区进行车品广告投放的项目。新增浏览净增长量与购买净增长率均超过12%。

机器人科技

机器人是数字科技的综合性载体，包含计算机视觉、传感技术、智能芯片、边缘计算等一系列前沿科技。J公司做机器人科技，不仅着眼于机器人产品的研发，更重视针对用户的应用痛点提供量身定制的解决方案。以室内运送机器人为例，从产品层面看，它采用"激光雷达+机器视觉"的融合技术，可以自主导航、避障、识别并主动避开行人，最人性化的地方则是支持自动与电梯交互，独自乘坐电梯，实现跨楼层配送，将物品精准送达目的地。

1. 应答机器人

J公司从人工导购真实聊天数据中随机选择100个用户问题分别测试，自研机器人准确率远高于外部。J公司全业务场景服务占比超过80%，一次性解决率达87.2%，满意度高达95.5%。

2. 可穿戴仿生手

可穿戴仿生手综合运用了仿生学、机械电子、材料学、生物医学和信息技术，它拥有15个灵活的关节，可快速准确地识别和响应肌电信号，实现多关节协同控制，轻松实现精细操作。它可集成在机械臂末端，作为精细操作的执行器，适用于高危作业、特种任务等场景。

3. 实体机器人

铁路巡检机器人可以实现铁路轨道、站台、隧道的智能巡检，及时发现隐患。

室内运送机器人可以自主乘坐电梯,并能自动导航、避障,在医院、酒店等地点代替人工进行物品运送。

智能巡检机器人除了代替人工常规巡检机房外,在资产管理、人员安防、故障跟踪等方面,也形成了自动化、智能化的管理(见图1-9)。

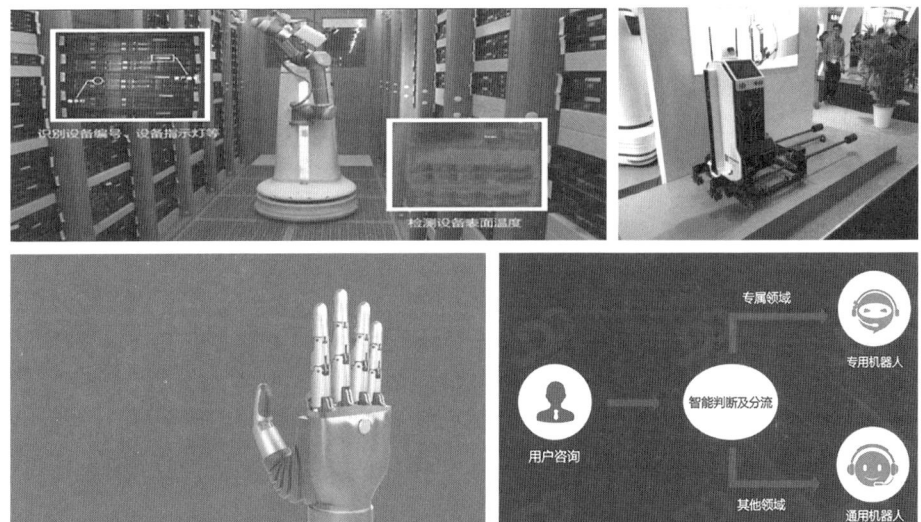

图1-9　J公司的机器人家族

数字营销

J公司的数字营销核心是依托数百万块线下屏幕,构建起屏幕共享与在线管理的媒体集群,让线下屏幕和线上广告位一样,能够实时、精准进行投放,为广告营销行业提供集成"线下屏幕IoT+大数据+AI技术"的全新数字营销解决方案(见图1-10)。

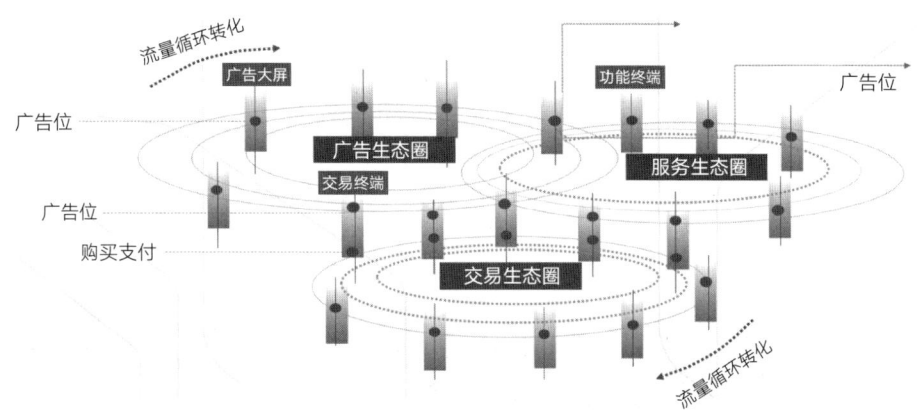

图1-10　J公司的数字营销生态圈

J公司的数字营销以线下数字化为核心，线上线下有机联结。主要基于其具备以下优势。

一是模式优势：以某数字营销运营商为例，其采用纯自营模式，商业模式为采购屏幕、向物业交租金，然后销售广告，该生态体系属于零和博弈；数字营销业务采用自营模式和联盟模式相结合的方式，自营模式定位于高流量点位，联盟模式快速吸纳线下屏幕公司加入，建立起数量庞大的屏幕资源。

二是数字化优势：在线下数据方面，数字营销的屏幕通过互动等方式快速识别线下用户，具备描述线下用户画像的能力；在线上数据方面，该生态具备丰富的场景数据，可以实现线上数据的快速连接。线上线下数据联动，使公司具备真正的数字化能力，为洞察用户和精准投放提供充分支持。

三是众多场景机遇：目前相对成熟的线下营销领域包括梯媒、出行场所、零售场所、电影院，学校、县域等下沉市场亦有大量广告机会。以某数字营销运营商为例，它目前主要定位于梯媒，电影院市场盈利状况较为一般；数字营销业务在交通领域、零售领域具备众多场景拓展机会。

在数字科技方面，数字营销业务分为底层硬件、中层数据、上层广告三个层次，具备全栈式的数字营销能力。

底层—硬件层：公司以智媒物联（硬件+操作系统）作为底层硬件构建业务护城河，通过自行开发的MOS系统，在支持户外屏幕基础功能的同时，还可以集成人脸识别SDK、广告SDK、大数据SDK，实现全套功能的随时调用。

中层—数据层：公司整合数据及外部数据，构建DaaS系统，形成涵盖地理位置、场景、消费、行为等多重数据的数据地图，实现对用户的全方位描述，进而实现精准投放。

上层—广告层：公司将线上广告模式迁移至线下，建立SSP、DSP系统，实现对媒体和广告主两端的有效连接，以互联网营销能力提供线下营销解决方案。

金融科技

经历了互联网时代的改造之后，用户的需求不再只是效率的提升，更多的是对新金融产品、新金融体验的需求。互联网金融是无法带来这些新的、深度的改变的，它只能充当一个流量的"收割机"。虽然在庞大的流量的支撑下，互联网金融可以获得较快的发展，甚至可以在资本市场上描绘一个美妙的故事，但是，如果仅仅是撮合，缺少了深度改变与适宜的投资者适当性匹配，这样的撮合其实不是在提升金融行业的效率，而是在放大金融行业的风险。当互联网金融平台无法承受这些风险时，爆雷和跑路便会成为常态。

经过对互联网金融市场的整顿与监管之后，人们开始对互联网金融有一个更加清晰的了解，对未来的金融行业再进化也有一个清醒的认识。对互联网金融和金融科技之间的关系同样更加清醒，所谓的金融科技并不是互联网金融的接棒者，而是它的合作者、赋能者与改造者。由此，金融行业的新进化将会进入一个全新的阶段。

J公司的金融科技是最能够体现其数字科技能力与沉淀基础的产业领域。特别是随着数字化时代的加速来临，金融产业与生态自身发生了潜移默化的极大变化。对金融新生态以及数字科技公司在其中发挥的作用会在本书后面的部分详细展开，就J公司自身来说，做金融科技特别是"金融数字基建"，其优势在于以下两方面。

一是根植于全球最强的供应链零售生态土壤。J公司的数字金融业务扎根于J公司的闭环生态，随着生态内消费者的需求应运而生，搭建金融场景新基建的地基是全球最强的供应链零售生态。生态内物流、商流完整的闭环使J公司具备搭建金融场景"新基建"的能力。

二是做好金融"新基建"基于J公司强大的科技实力。J公司投身数字金融科技业务多年，强大的科技实力和丰富的经验是公司新基建能力的保障。J公司已为大量金融机构输出"新基建"的科技能力和服务（见图1-11）。

图1-11　J公司的金融科技能力

1. 资管科技

J公司的资产管理科技平台是国内首个一站式、全方位、智能化的资管科技系统。实际上它并不是一个简单的资产管理系统与交易系统，它打通了资讯、交易、风控、产品设计、研究分析等业务流程，拓展了整个资管科技平台的广度、深度，助力资管机构、中介机构以及投资者，形成连接更加紧密的数字化网络联结。通过大数据分析、人工智能算法选取官方信息，为用户提供精准、专业、前瞻性的资讯产品，丰富资管科技生态圈。

其重点功能如下：

一是产品设计。证券化服务体系利用区块链技术，帮助投资人有效辨别底层资产状况，提高投资效率。

二是场外交易。提供固定收益证券、货币及商品期货（FICC）智能销售交易解决方案，可以将报价、询价、聊天工具集合到一个界面上，再利用自然语言识别技术将聊天信息结构化，彻底解决交易员每天复制、粘贴、核对的烦琐"脏活"。

三是资产管理。将J公司的大数据分析能力和机器学习能力对外输出，提供一整套智能研究体系与资产评价工具。

四是风险评估。FIQS系统运用大数据、AI等技术，对发债公司过去10年的基本面指标进行量化分析，给予投资者客观参考意见。

2. 银行科技

回顾银行数字化发展历程，技术对于金融的作用，正在逐步从辅助业务的地位，上升成为决定金融未来发展的关键因素。在下一个阶段，数字化能力将更加深入金融体系内部，降低行业成本，从根本上提升行业效率。数字化转型将成为决定金融机构未来发展的关键因素。银行在经营中的痛点与应对如图1-12所示。

获客与营销	产品与服务	合规与风控
痛点： ➢获取高收益资产越来越难； ➢如何高效吸收低成本资金； ➢如何宣传与推广金融产品； ➢个人客户精准低成本营销； ➢小微企业客户获客与经营成本高 应对思路： ➢提供场景金融服务 解决方案： ➢场景金融，衍生于场景服务； ➢服务带来消费，消费带来支付、融资、保险等相关的金融属性需求	痛点： ➢实现小额高频的普惠信贷服务； ➢为大众提供高效低价财富管理服务； ➢烦琐的支付与转账服务； ➢个人金融服务的客服与消费者教育 应对思路： ➢移动计算与大数据征信的配合使用 解决方案： ➢移动互联网和大数据技术为普惠金融的实现提供了商业可行性； ➢边际获客成本与营运成本趋零	痛点： ➢个人金融服务中的反欺诈； ➢针对中小企业信贷的传统风控手段乏力； ➢合规管理、反洗钱与客户评估 应对思路： ➢利用大数据、机器学习发现欺诈 解决方案： ➢互联网金融背景下的个人金融服务风控系统； 分析用户的交易轨迹、行为特征和关联信息
运营管理	**科技研发**	**风控为本，不忘初心**
痛点： ➢运营网点成本高效益低； ➢供应链金融信息流和物流的可靠追踪； ➢机构结算与清算领域的流程、时滞及成本 应对思路： ➢采用直销银行模式，设立虚拟网点；基于物联网、区块链技术 解决方案： ➢直销银行是移动互联网时代下的新型银行经营模式； ➢基于物联网的物流和动产追踪要充分利用科技手段	痛点： ➢科技投资巨大且扩展性差； ➢科技研发与创新效率低 应对思路： ➢基于分布式计算及云计算技术 解决方案： ➢基于分布式计算的互联网技术体系； ➢金融科技成为金融行业热点； ➢金融科技流程设计与业务整合	➢金融科技创新不会改变金融风险的实质； ➢银行业金融机构会因金融科技而产生变革，但所面临的七大传统金融风险：信用风险、市场风险、流动性风险、操作/科技风险、法律合规风险、声誉风险和系统性风险并未改变

图1-12 银行在经营中的痛点与应对

在数字化转型过程中，银行逐步意识到互联网公司/金融科技巨头有其独特的技术优势和获客优势。商业银行加强与互联网公司和科技公司的合作，双方在客户资源、科技开发与应用、风险防控、客户服务等各个领域进行共享，共同推进金融科技的应用与提升。

J公司建议以云服务作为数字化的突破口。云服务为银行提供了一体化开发、测试、部署、运行、管理、监控环境，减少了银行新业务品种的部署上线周期，大幅降低了银行新业务上线的时间和人力成本。通过分布式技术重塑业务应用，构建企业双模IT架构，降低应用开发成本，加速业务上线周期，在增加业务弹性的同时，大幅降低IT成本。

T产品是J公司为金融机构提供"技术+业务"的一站式金融数字化解决方案，不仅可以帮助金融机构搭建弹性供给、灵活调度、动态计量的私有云，还可以帮助金融机构搭建技术中台、数据中台、业务中台，提升产品和业务的数字化、智能化，助推数字化转型。

3.个人消费金融风控

在个人消费金融风控领域，J公司的科技输出直指银行进行个人消费金融的业务痛点。

贷前调查：如何能够在成本与效率可接受的前提下，尽可能地触达适当的客户，并确保其信息的全面性、真实性、及时性、准确性；

贷中审查：如何能够在成本与效率可接受的前提下，确保信息的完整性（信息闭环）；

贷后检查：如何能够在成本与效率可接受的前提下，确保放款后信息跟踪的延续性、即时性，以及预警触发的及时性。

◎ 未来已来

J公司是谁

根据上文对J公司商业模式、核心竞争力、应用领域和发展方向的论述，可以充分看出J公司并不属于以下任何一类IT公司：

J公司并不吸收外部资金以及提供相应的担保与兜底，类金融牌照发挥数字科技业务的基础要件，因此其不是一家互联网金融公司；

J公司并不销售数据，因此不是一家大数据服务公司；

J公司并不做某一个产业的简单APP应用或SaaS服务，因此不是一家软件服务或云计算服务公司；

J公司并不直接销售某一类技术或者系统，因此不是一家技术服务公司。

因此，用某一种概念的上市公司来做简单的价值比较是片面的，或者仅仅是作为一种价值的基本参考。那么J公司究竟是一个什么样的企业呢？顺着J公司的发展脉络、方向与愿景似乎可以看出这样一个清晰的主线：

第一阶段：以对产业洞察、专业理解、科技能力和资金管理能力要求最高的金融领域为发轫，形成自己独具特色的数字科技优势。

第二阶段：以底层数字化操作系统为主，在看似互不关联的行业板块上输出自己的数字科技动力。

第三阶段：通过数字科技的力量，将不同领域和不同合作伙伴联结起来。这如何做到？J公司用自身的动力引擎给出了答案，即在底层上拥有共同不变的数字化操作系统，在此基础上搭建行业的底层体系与平台，输出数字科技动力去实现产业数字化。一方面改变整个产业的成本结构，降本增效，提升客户体验，另一方面构建一个真正实现物理世界与数字世界孪生共长、创新迭代、持续进化的产业数字化生态，也就是J公司所做的"连接、升级与协同"，即本书所说的"联结"。

如果一定要给J公司做一个"画像"，它更像是面对未来数字化时代，在新的时代下应运而生的新物种，以"生态+数据+科技"为核心竞争力、以数据为要素、以科技为工具、以价值为中心、以共建为理念，面向未来的顶尖数字科技公司与数据生产要素的提供商与服务商。

新物种的价值

一个互联网科技公司，通常来说我们认为其价值主要体现在降本增效和促进规模成长方面（成本效应与规模效应）。此外，平台型互联网企业还会带来双边市场效应，少数企业会产生网络效应（梅特卡夫效应）。梅特卡夫效应是否显著，能否激发和活跃用户之间的互动，理论能否变为现实，取决于平台上有多少产品和服务，以及这些产品和服务能否很好地满足用户的需求，能否产生足够多的互动和交易。

传统的看法认为，以2B为主的产业互联网很难产生梅特卡夫效应[1]，主要原因是产业互联网具有极强的专业性与分工性。在这样的分工结构中，

---

[1] 许小年：《商业的本质和互联网》，北京：机械工业出版社，2020。

工业企业和软件科技公司各司其职，彼此不跨界，既在SaaS层发挥了用户企业know-how的优势，也在PaaS和IaaS层体现了技术公司的特长，并且避免了利益冲突。预计层级分工将成为工业互联网推广普及的主流模式。例如：华为公司向客户承诺，一不碰底层的数据，二不碰SaaS层的应用软件，以此吸引企业使用华为的工业云；通用电气放弃了自建底层基础设施的计划，与亚马逊、微软在IaaS层展开合作；西门子选择了亚马逊、微软和阿里巴巴作为云服务的供应商，自己则聚焦在SaaS层上应用软件的开发。

通过以上论述，我们发现J公司所致力于缔造的产业数字化生态不仅仅是提升效率、促进规模成长和降低成本，更重要的是在跨产业与跨领域中产生网络效应（梅特卡夫效应）。

具体来说，J公司通过数据与科技的力量促进物理世界与数字世界孪生共长，形成一个综合性的产业数字化生态。J公司致力于缔造的产业数字化生态具有以下鲜明的特征：

逻辑层：J公司致力于构建线上、线下完整的闭环生态，以共同内核的底层数字化操作系统来保持生态的底层逻辑与价值观统一。

基础层：通过闭环生态来保证物流、信息流、商流与资金流"四流合一"，以数据为要素，通过底层数字化操作系统实现产业联结，从而实现系统的封闭与高标准，从而体现了整体生态的纯净。

技术层：J公司具有区块链与数据安全等技术应用的良好条件与基础。通过这些工具，围绕产业底层实现IoT、AI等技术的产业实用。

应用层：J公司不直接做通用化、普适化软件应用，其以共建为理念，基于共同内核、统一标准、严格要求，针对产业实质进行深度定制与共同开发。

基于具有以上特征的产业化生态，金融与产业机构可以充分地进行价值联结与重组升级，创造以往无法达成与实现的价值。相较于传统的平台型或技术型互联网公司，J公司价值的提升关键在于：

能否保持既定战略与执行方向的完整统一性；

能否持续完善与丰富自身所致力于缔造的产业数字化生态，数字化动力输出的场景不断增加并同既有的生态产生积极的联结；

生态中的产业客户的交互与互动点是否持续地加强与扩展，以及是否能够通过J公司的产品与服务持续提升数字化时代下的价值；

J公司数字化动力的核心竞争力——"榕树生态"，是否持续增强，即数字化动力是否持续向所根植的生态外输出，并且反向助力闭环生态的价值持续增长。

结语

2020年以一个出乎意料甚至让人哀伤的开端到来，在这个新十年开启的时刻，对未来是悲观还是乐观，决定着今天的抉择。面向未来，数字科技必将驱动产业生态发生前所未有的变革，而J公司注定是这场变革中的一股重要的推动力量。

在此基础上，我们会详细介绍数字科技将对金融与产业形成怎样的推动力。

金融新生态：如何通过数字科技推动力来助力金融新生态发展得更快、更好，从而以供应链金融、个人消费金融、利率市场化挑战和数字化投行等来促进金融稳定与普惠金融这两大全球性金融难题的解决。产业互联网：从如何推翻"数据霸权"和区块链技术应用入手，构建符合互联网"平等、自由、共治、高效"精神的数字化生态。

2 PART TWO
第二篇　数字化时代的联结

渐进思想是创新的最大敌人。

——尼古拉·尼葛洛庞帝（Nicholas Negroponte）

◎ 新的信息革命

获得、处理、分析与运用信息的能力，是人类独创的奇迹，也是改变世界的根本力量。以信息技术为核心的技术进步和迭代，成为各个时代人类社会万事万物联结的底层逻辑。本书所指的联结具体是指人与人、人与物、企业与企业等主体之间，以信息为基础所建立的联系，并由联系对企业的商业模式与产业增值所带来的升级与协同。近年来，以5G等为代表的通信技术、信息技术，逐步成为在数字化时代下促进"联结"的最重要的技术。人类社会的信息技术进入新一次革命的阶段。

语言，联结的开始

语言成就了人类，进而造就了人类社会。低级动物之间也存在着信息交流，但方式十分单一，基本依靠简单的音节和肢体语言，因此，传达出的信息量非常少。动物之间无法进行复杂信息的传输，尤其是情感上的表达，这是它们与人类最大的不同。然而，猿人却走上了一条截然不同的道路：从最初的爬行到直立行走，制造工具，形成语言这套更复杂的声音传输系统，语言的产生让信息更加丰富。随着语言体系的逐渐完善，人类社会的信息技术发展开始了阶段性的革命历程。[1]

相比于动物，人类的语言具有多重功能，且运用十分灵活多变，其中

---

[1] 项立刚：《5G时代》，北京：中国人民大学出版社，2019。

最重要的功能就是信息分享：如果猿人发现前方有来自猛兽的威胁，它会把这个信息告诉给其他猿人，让大家可以采取防范措施。然而，一头猪如果发现同样的情况，由于没有较为复杂的可以分享的信息传输系统，因此无法清楚地将危险告诉给其他同类。这个对比已然说明，低级动物的生存经验无法分享，而猿人对世界的认知和经验，不仅可以自己拥有，还能分享给同类。照此发展其所产生的结果令人欣喜：一只猿人对世界的认识虽然有限，但众多猿人如果将各自的认知分享出来，信息就具有很大的价值，而语言就是帮助信息分享的载体，同时也促进了猿人的进化。对于进化后的猿人而言，语言的优势实在是神奇无比。

文字，联结的延伸

在文字发明以前，人们采用结绳等方法来记事。"上古无文字，结绳以记事"，上古时代的中国人和秘鲁印第安人都有结绳记事的习惯，并且各自有一套十分系统甚至复杂的记录方法。单靠语言传输会造成误传，这是由语言信息的不稳定性引发的。如果我们需要将某些信息一代一代地传承下去，就必须要有可以承担这个任务的新载体。文字的出现解决了这个问题，文字让信息不仅能够分享，还能记录。

比起单靠语言的面对面同步传输，文字的应用打破了时间和空间限制，引发了第二次信息革命。

文字的成熟和广泛应用，为人们的信息记录和远程通信带来了重要突破。古时候的人类社会主要用文字写信、记载历史等，配合语言传播，让第二次信息革命得以蓬勃发展。早期人类以各种石器、金属工具作为书写工具，后来西方有羽毛笔，中国有毛笔。在造纸术尚未出现和不成熟之时，西方人将文字写在羊皮卷和纸莎草上，中国则用简牍和丝帛作为文字载体。丝帛虽轻巧，但不易得到，价格也十分昂贵，因此古人多用简牍，其中以竹牍、木牍居多。借助简牍上的文字，加上古人的勤奋，许多历史信息和文学作品虽然在落后的传播技术下缓慢流传，但也得以保存。依靠文字记载，人类文明不断开疆拓土，留下许多珍贵文献，流传至今。

当人类创造了更为先进的文字后，便摈弃了落后的结绳方式，创建了人类文明；而简牍和丝帛作为文字的载体，随着更先进技术的出现而退出历史舞台，这种更先进的技术就是印刷术。

印刷术，联结的扩展

信息的远距离传输，即便在需求并不太多的古代，这个愿望也一直存在。为此，智慧的古代人民开创了很多远程传输的方法，比如狼烟、烽火、驿站快马和信鸽。

印刷术的产生，离不开造纸术的发明。在使用笨重的简牍过程中，人们不断探索新的文字载体以进行更为便利的信息传递。最早的纸以破布、旧渔网和麻绳头为原料做成，这种纤维纸由于做工粗糙，无法用于记录书写。到了东汉中期（公元105年），蔡伦用树皮对原有的纸进行了改良，制作出著名的"蔡侯纸"，并予以传授，使之从河南向各地流传。

造纸术的发明使信息记录的成本大大降低，《史记》等作品的传播速度终于得以提高，人们可以手抄图书将其流传下去。历史在不断演进，随着时间的推移，人们对信息传递提出了更高的要求，印刷术呼之欲出。

印刷术的发展，将大量信息远距离传输，使承载着知识的书籍得以批量生产，快速流入社会。成本的下降，使平民百姓可以从书籍中获取知识和思想。在没有电视，甚至连电都没有的时期，人们对信息的获取主要来自书本、报纸和信件，并通过其中承载的信息影响自己的日常生活。

书籍作为第三次信息革命的重要载体，不仅影响了人们的生活方式，还促进了新思想的发展。回顾历史，不得不惊讶于信息革命对人类社会精神构造的影响之深远，而印刷术的发展让曾经的优秀作品得以广为传播、世代传承。

第三次信息革命毫无疑问是信息革命史上浓重的一笔，人们通过文字和纸张实现远距离通信，通过阅读书籍了解社会事件，有了多样的娱乐，也产生了偶像崇拜的现象。在信息传递爆发期，人们日益增长的需求不断催生出更快捷的传播方式，当人们焦急地等待回信，又百般焦虑地担心信件在递送途中是否遗失的时候，无线电登场了。

无线电，联结的实时

作为第三次信息革命的传承，用纸传递信息的方式仍在广泛使用。然而，无论是信件邮寄，还是书籍出版，都存在延时的问题：信件从发出到接收需要好些天，甚至长达几个月；书籍从写作、修改、定稿到出版，需要的周期更长，而这种延时日渐难以满足人们对信息的迫切需求。无线电的出现实现了信息远距离实时传输，让人类社会告别了以往传统的生活方式，登上近代历史的阶梯。

无线电是世界科技进步的必然产物，它不是某个人的独创，而是科学家们共同努力的成果，它的应用推动了人类社会近代文明的发展。

1901年，马可尼成功完成横跨大西洋上3600千米的无线电通信，而在此之前，他的无线电报已经投入商用；与此同时，波波夫把无线电投入军用，并建立起40多千米的无线通信网。第四次信息革命宣告来临。在电报的基础上，后来又诞生了电话和广播，广播是无线电的一个重要载体。

印刷术让文字借由书籍得以传输；无线电成就了广播；电话和电台让语音突破了时空，可以进行实时传输。信息通信历经变革，在实现文字和语音的传输之后，将走向图像和视频传输的道路。接下来，大众传媒开始登场，将信息传播推向新的高度。

电视，联结的多元

每一次技术革新都伴随着争议，信息传递技术作为人类文明进步的标志之一，更是处于争议的核心。

电视的普及，标志着多媒体的诞生，它集声音、文字、图像和影像于一身，让信息实现了实时、大规模和远距离传输。更重要的是，大众有了直观感受，信息从此开始有了感情色彩。

电视机作为多媒体的重要载体，让信息传递的方式更加丰富、更有感情和冲击力。电视机的问世成为现代文明的代表之一，随着电视在中国的普及，它也成为平民百姓家的标配。

与传统纸媒、无线电广播最大的不同是，电视机所带动的节目开发，这些节目为人们带来了欢乐，也带来了寓教于乐的知识，人们对信息的获取不再局限于政治演讲、战况播报、新闻时事。作为第五次信息革命的载体，电视所传递的信息已不再局限于新闻时事，还包括多种具有娱乐性质的电视节目，电视剧产业也应运而生。

电视的兴起和普及推进了人类社会的现代文明，但随着时间的推移，电视已无法满足人们不断增长的个性化需求。当社会的物质条件相对富足，和平与发展成为时代主题时，普通民众的精神需求和信息互通的愿望便日益增长。世界文明的大融合以及经济全球化的最新趋势，对信息革命又一次提出了更高的要求。这一次，功能更强大的互联网登上历史舞台。

互联网，联结的交互

电视让多媒体强势崛起，但它的信息传输是单向的，我们只能接收给定的信息，却不能把自己的信息传输出去，双向互通无法依靠电视来实现。互联网的出现，让信息传输达到了信息革命史上的最高水平，它有效集合了之前信息载体的所有特征：实时、远距离和多媒体集成性，还兼具信息双向互通的优势。

1957年10月，苏联发射第一颗人造地球卫星Sputnik，美国政府惊慌不已，连忙让国防部组建高级研究计划署（Advanced Research Projects Agency，ARPA）。1969年12月，ARPA将加州大学洛杉矶分校与圣塔芭芭拉分校、斯坦福大学研究学院以及犹他大学的四台主机联结起来，建立起用于军事的网络Arpanet，也就是阿帕网。这是最早的网络，采用包交换技术，运行速度只有50Kbps。一年后，网络工作小组制定出主机之间的通信协议，用来控制网络信号传输。又过了一年，通信软件研发成功，实现主机之间的通信，这就是电子邮件。电子邮件的诞生让网络通信立刻变得高效快捷。至此，阿帕网的规模开始不断扩大，于是又有了广为人知的TCP/IP协议。

20世纪80年代初，计算机网络变得十分多样化，包括USENET、CSNET等。由美国国家科学基金会资助建设的广域网NSF的出现，对互联网的发展起到了较大的推动作用。早期的互联网用于高校科研，随着主机数量的急剧增加，越来越多的人把互联网当作信息交流的工具。到了20世纪90年代,随着浏览器和网页技术的出现,互联网迎来高速发展,1995年,NSF网正式投入商用,互联网开始席卷全球。

第六次信息革命随时准备引爆市场,为人类社会带来一场盛大洗礼。当互联网从PC端转向移动端,手机的作用开始大于电脑时,又一个崭新的时代呼之欲出。这一次,功能更强大的智能互联网不再是电影里的科幻场景,而是会逐渐进入人们的生活,并将继续改变这个世界。

IoT,万物联结

我们处于一个持续变化的时代,这个时代甚至让人目不暇接、心怀焦虑。从20世纪80年代开始的40年里,通信与计算之间的技术融合带动了全新的信息革命。互联网、移动设备已经从社会的边缘进入现代社会的舞台中心,电子商务、线上零售、虚拟娱乐、在家办公等这些在十几年前还处于补充地位的互联网业态,现在已经成为了满足人们交易、消费、娱乐的最重要的形式。

特别是经历2020年由于新冠肺炎病毒引发的令全国严防死守的重大疫情后,几乎所有的中国人都意识到数字世界与物理世界的联结同等重要。不仅如此,对一些纯线下的实体企业,由于缺乏更全面的联结形态与方法,既不能有效地触达目标客户,也难以融入以产业互联网为代表的产业新生态,从而导致其面对新冠肺炎疫情所带来的极端冲击所具备抗风险的能力非常弱。

很明显,过去40年中所发生的一切都几乎被信息技术革命所影响甚至主导。这些影响广泛的历史趋势至关重要,因为孕育它们的基础环境仍在活跃与发展。这也强烈预示着,这些趋势将会在未来数十年中持续增长。我们还看不到任何阻止或削弱它们的力量。

以雷神山医院的建设为例。10天从零开始完成一个传染病医院的建设，这家医院需要具备1600张床位，容纳2300名医护人员，还需要：

- 医患通道分割；
- 设立负压通风避免病毒泄漏；
- 铺设电缆、水管等管道；
- 建造钢结构的医学技术楼（安装CT、ICU、血液监测、尿液检测等仪器）；
- 开挖深基坑吊装污水净化、制氧等大型罐体和装置；
- 病人房间需要具备水电暖网和检测仪器……

实际上，除了高大模板工程之外，其他永久性建筑需要的工序，一个都没少。

不仅如此，由于工期太紧，需要1306台工程机械和近7000名项目人员进行交叉作业，整个设计、采购、施工、项目管理等环节，一点都不能出错，雷神山医院的建设说明中国在组织、管理、物资供应能力方面已经走到了世界的巅峰。人员动员与组织、物资的筹备与运输、方法的成熟与有效等方面体现了"基建狂魔"的实至名归，更不可忽略的是在整个建设中，数字化的建设与发挥的作用也同步开始体现并且极其重要。

雷神山医院建设的第一天，施工地点的5G基站的建设就已经开始。这是对近万名设计人员和专业管理人员高频率、高质量和高要求的通信要求的基础保障。管理整个雷神山的，是医院的运营信息系统。IT系统的同步建设，这是保证医生可以编写医嘱、设定病例以及进行远程医疗协同的基础。还有医疗影像系统、电子病历系统等，这些系统也将随着主体工程的进度一起完工。可以看出，高水平的数字化能力与电力供应、供水、燃气供应、油料供应等相同，是必不可少的基础设施能力。可以说雷神山医院不是一家简单的战地医院，而是一家不折不扣的数字化时代下的现代化医院。

我们在本书中所谈及的数字化时代是一种必然，也是正在进行中的科技变迁的方向与动能。过去40年里塑造数字科技的强劲浪潮还会在未来继续扩张、加强。数字化时代并非是简单的物理世界数字化，也并非仅仅是物理规律、数据、信息和网络的结合，更多的是物理世界和数字世界的"孪生共长"，或者说将会出现一个和我们所生、所长、所认识和所理解的世界相互交融的"平行世界"。毋庸置疑的是，新的信息技术革命所带来的更快、更强、更好的联结，是数字化时代的基础与前提。

◎ 新的生产要素

数据重建了认知世界的基础

数字化时代已经不仅仅是互联网本身或是更大的互联网，而是在传统互联网的基础上发展起新的信息技术革命所带来的新时代，是由移动互联、智能感应、大数据和智能学习等共同构建，其功能更为全面和强大，智能化特征更为明显。数字化时代令联结的场景成倍扩张，彻底打破空间的限制。

随着智能手机的普及，智能互联网初见端倪，各种移动智能产品开始影响着各个行业，并且将逐步实现人物互联和万物互联。在当下，物联网已经初见端倪，之所以还未全面开花，是因为5G网络等基础要件还未真正建立，一旦时机成熟，必将掀起新一轮信息革命风暴。这场风暴所带来的最直观感受就是更快、更强、更敏捷、更便利、更智能的联结，甚至是带来和物理世界同步变化、相融相合的数字孪生世界。特别是2020年这次新冠肺炎疫情，让很多人真切感受到在线模式的价值。在一个超长的春节封闭假期中，人们在大部分的情况下在线获得信息、交流、解决生活问题，甚至是在线调整自己的情绪与心境。人们前所未有地意识到如果离开身边和手中的智能设备，离开无处不在却又看不到的无线联结，自己的生活会变得多么的不便。

进入数字化时代，在高速度和低时延的信息传递下，人类对大数据的使用将有助于加深我们对世界的认知，在这个认知的基础上，走在时代前沿的机构和个人会研发出更多的应用，以满足人们的各种需求。随着5G的到来，大量的物联网应用被使用，这些物联网感应设备每天都会产生巨量的数据，这些数据远远超出了今天我们日常进行统计、管理的数据。联结的对象从人与人、人与物进化到物与物、数与数，真正实现了万物互联、无界联结。

大数据这个概念，之所以现在全面兴起，在很大程度上是因为数字化的迅速发展。强大的联结为它提供了滋养的土壤和飞奔的跑道。数字化时代的大数据，将重建人类社会秩序和人类认知世界的基础。

目前，我们对数据价值的挖掘，更多还局限在少部分的服务行业，比如金融、零售、衣食住行等；而在农业和工业领域，才刚刚迈出第一步，未来还有很长的路要走。如果用10分制来衡量充分应用的话，当前世界的数字化和智能化水平，可能还不到1分，未来整个实体经济都要从信息化向数字化迭代，空间很大。未来数字科技的发展将推动实体产业实现线上与线下一体化、生产与销售一体化、人类智慧与机器学习一体化，整个世界都会变成数字世界，全球经济也将随着数字化和智能化水平的不断提升，而不断找到新的增长动力。

以京东为例，其背后强大的供应链科技已经在潜移默化地改变了人们对传统购物的认知。当网购进入人们的日常生活并被广泛接受后，各种购物网站如雨后春笋般冒出来。与众多购物平台不同，京东的成功，一大关键在于它自主研发建立起来的一整套物流技术，这套技术囊括全部购物配送流程和全价值链：从前端交易，到产品供应链，再进入核心的仓储、配送、客服和售后体系，最终细化到每个用户的购物和浏览记录。在这一系列过程中产生的数据积累，是京东大数据应用的基础保证。京东技术团队甚至可以根据大数据判断出客户的购物情绪，从而为该客户配备擅长处理相关情绪的客服。如今，大数据库已成为京东的心脏，非核心技术人员无法接近。

目前，部分购物网站对大数据的使用还停留在早期阶段，以单向输出为主导，将产品按照主题划分，商品的种类、广告类别都是单线式的推广；而京东以客户为主导多管齐下，用户在京东除了能看到产品的主题划分和推广外，京东的技术团队还为每一个客户建立起只属于该客户的数据银行。比如，浏览记录、下单商品、何时取消订单、是否再次购买等，每一个客户在京东网上所有的细微行动，都被完整保留并存储，形成完整的数据链。

大数据在京东应用的另一个方面是将所有客户划分为不同群体，并针对不同的群体，推送不同的优惠券、相关服务和产品。还有一个方面是根据用户留下的数据进行预测，甚至可以精确预测出用户下一步鼠标会点击哪一个菜单。除了对用户的分析外，大数据的应用也直接决定着企业的运营环节。例如，配送站点和自提点的开放是否能全面覆盖某一个街区，整个物流链的成本效率能否有所提升等。强大的数据积累也直接影响企业高层的决策。

数据成为数字化时代最重要的生产要素

生产要素的形态随着经济发展的时代特征不断变迁。土地、劳动力是农业时代重要的生产要素，之后资本成为工业时代重要的生产要素，还催生出技术、管理、企业家才能等生产要素。随着信息经济发展，以大数据为代表的信息资源正在朝着生产要素的形态演进。

2014年，习近平总书记主持召开中央网络安全和信息化领导小组第一次会议时指出，"网络信息是跨国界流动的，信息流引领技术流、资金流、人才流，信息资源日益成为重要生产要素和社会财富，信息掌握的多寡成为国家软实力和竞争力的重要标志"。2017年，习近平总书记在主持中共中央政治局就实施国家大数据战略第二次集体学习时强调，"在互联网经济时代，数据是新的生产要素，是基础性资源和战略性资源，也是重要生产力""要构建以数据为关键要素的数字经济"。数据已和其他要素一起融入经济价值创造过程之中，对生产力发展具有广泛影响。

数据生产要素属性的提升，关系着经济增长的长期动力，关系着我们国家发展的未来。世界各国都把推进经济数字化作为实现创新发展的重要动能，在前沿技术研发、数据开放共享、隐私安全保护、人才培养等方面作出了前瞻性布局。我们也要推动实体经济和数字经济融合发展，推动制造业加速向数字化、网络化、智能化发展。同时，要运用大数据提升国家治理现代化水平，推行电子政务、建设智慧城市，构建全国信息资源共享体系。利用大数据平台，分析风险因素，提高感知、预测、防范能力。

基于此，党的十九届四中全会明确提出，健全劳动、资本、土地、知识、技术、管理、数据等生产要素由市场评价贡献、按贡献决定报酬的机制。这也是决策层首次提出将数据作为生产要素参与收益分配，这无疑是重要的实践探索，更是一次重大的理论创新。2020年4月9日，中共中央、国务院发布《关于构建更加完善的要素市场化配置体制机制的意见》，明确各要素市场的重点改革任务。其中一大亮点是，数据被作为新型要素写入中央文件，这也是首次勾勒数据生产要素的基本政策。这标志着我国正式进入数字经济发展模式，数据作为新的生产要素"红利"释放时代的到来。因此，要充分发挥数据这一新型要素对其他要素效率的倍增作用，培育发展数据要素市场，使大数据成为推动经济高质量发展的新动能。

农业经济时代，生产要素是土地和劳动力。在工业经济时代土地的重要性下降，生产性资本（比如机器设备）和劳动力被看成两大生产要素，经济学教科书在描述生产函数时把土地省略了，隐含的假设是土地包括在生产性资本之内。到了数字经济时代，在资本和劳动力之外，多了数据作为另一个生产要素。数据作为独立的生产要素，作为一种无形资产，与一般性的生产资本及土地等有形资产相比，在生产要素的价值形态与价值体现方面存在本质的差异。具体内容会在后面展开讨论。

一个浅显的表现就是传统的商品具有排他性，一个人使用了，其他人就不能用，比如石油，消耗了一吨就少一吨，这里有一个机会成本的问题，多开采一吨石油需要消耗更多的资源。但数据不同，今天信息的复制和传输成本几乎为零，数据及相关的一些应用具有非竞争性，一个人的使用不影响其他人使用，边际成本几乎是零。比如微信，所有人都可以下载，也不影响其他人使用。又比如在数字化时代医疗数据可以低成本由很多医生共享，提升诊断的准确性和治疗效果。

非竞争性的一个重要含义是规模经济和范围经济效应，经济活动的规模增加、范围扩大带来效率的提高。从供给端看，规模经济体现为规模的扩大降低边际成本，通过扩大规模来降低成本，但传统经济活动的边际成本不能降为零，规模效应也就因此受限，而数字经济的边际成本可以是零，其规模经济的潜力要大得多。另外一个体现是固定成本重要性下降，可变成本重要性上升。固定成本变成可变成本，灵活性增加，对中小企业尤其有利。[①]

数字经济还有来自需求端的生态联结效应。传统商业模式服务单边市场，而数据及其应用的非竞争性促进了生态型模式的发展，可以多维多边

---

① 彭文生.《彭文生谈下个十年：数字经济》，http://finance.sina.com.cn/zl/bank/2019-12-10/zl-iihnzahi6508484.shtml，2019-12-10。

地联结与服务。一个包括生产者、消费者、研发者等在内的生态系统，网络越大，使用的人越多，带来的需求越大，进而使跨产品补贴，甚至免费服务成为可能。

不同的时代，生产要素的表现形式也是不同的。农耕时代，体力是最重要的，每个人都是依靠体力满足生存需要。随着火种等的发现，生产要素也由完全的体力劳动逐步转向具有一定脑力因素的劳动力与土地等生产要素，并逐步释放出与劳动力和土地等密切协调带来的劳动"红利"。

进入工业时代，劳动力作为生产要素的特点依然保存，但是资本的作用在不断加强，并与劳动力等要素有机结合，产生比农耕时代高得多的生产力和生产效率，释放出工业时代到来的巨大"红利"。而随着信息化、智能化时代的到来，科技产生的生产要素"红利"，就更是潜力巨大。

从土地到生产性资本再到数据，生产要素的非竞争性越来越弱。土地就是空间，排他性最强，一个人占用的空间越大，其他人占用的空间就越少。生产性资本的排他性比土地小，比如同一台机器设备可以多个人使用，提高其使用率，但这个空间还是有限的，数字资产使用的排他性最小，规模效应和网络效应最大。这样的特征不仅影响效率，也对要素的收入分配有重要意义。党的十九届四中全会提出新纳入土地、数据两项生产要素参与分配，土地和数据的属性有根本性的差别，对分配及公共政策有不同的含义。

数据作为新的生产要素，正在改变着人们的观念，改变着生产方式。科技的力量实在让人目不暇接。信息化、智能化产生的"红利"尚没有全面释放，数据作为新的生产要素其所产生的"红利"又开始喷发。与信息化、智能化等相比，数据的生产要素功能和"红利"释放能力更强、更全面、更充满潜力和活力。在数字经济时代，不像传统基建一样，以巨额的实物资产进行投资，让大量的人力、物力和财力集中于钢筋混凝土等领域，数字经济下的基础设施建设，是完全建立在利用数据进行技术创新、技术升级和技术革命基础之上，是一种投入与产出更加合理、更加明显、更加协调的云智能投入方式。

基于数据具有可复制、可共享、无限供给、无限使用、无限增长的特点，只要市场有需求、用户有需要，数据科技公司就能够通过已经形成的海量数据，以及可以继续不断捕捉到新的数据，通过一定的技术方式和手段进行收集、筛选、加工、处理，这些数据就能成为决策的重要依据，成为创新的判断标准，成为用户和消费者选择的主要参考。也就是说，不管是供应方还是需求方，抑或是中间环节，都能通过数据来为自己的决策和选择提供强有力的依据。即便是对某种功能不是很了解的用户和消费者来说，即使面对海量数据，也能作出合理的选择和科学的决策。

数据作为虚拟的生产要素不能够直接变成实物产品，而是通过万物互联的"联结"让生产要素产生了"流动"。数据带给企业和用户的是产品质量的持续提升和数量的大幅增加，让原本已经存在的商品和技术在海量数据中品质和效率都得到大幅提升，影响和效应也得到大幅增强。数据通过联结能够让更多的企业与个人以更低的成本获得金融、营销、客户的触达与产业科技的支持，从而在整体的生态环境中充分体现自身的核心能力与价值。这在以往任何一个时代都是难以想象和无法实现的。

数据的确权与治理

1. 确权是数据成为生产要素的前提

如果数据停止了流动，就失去了价值。近期，为增强平台之间的数据流动，谷歌（Google）、脸书（Facebook）、微软（Microsoft）、推特（Twitter）四大互联网巨头联合发起了一项名为数据传输项目（Data Transfer

Project）的新标准，该标准旨在增强平台之间数据流动的新方法，允许用户将数据在不同服务之间直接转移，而不需要下载和重新上传。当前版本的系统支持照片、邮件、联系人、日历和任务的数据传输。

4家互联网公司之所以发起这样一个项目，是看到了数据流动对互联网发展乃至整个社会繁荣的重要性。在全球范围内，麦肯锡发现，在过去10年中，数据流动使全球生产总值增长了10.1%。与连通性较低的经济体相比，连通性较高的经济体获得的收益最多高出40%。全球的五流（商品流、服务流、金融流、人员流和数据流）对全球生产总值增长的贡献为每年2500亿~4500亿美元，相当于全球经济增长的15%~25%。

如上所述，数字世界的价值在于数据的流通和共享。没有数据作为原材料，人工智能、区块链、云都没有价值，5G等新技术也都是为了让数据更好地交互。然而，一方面数据是数字时代最重要的生产原料，另一方面数据与物理世界的交互迥然有别。数据牵涉安全、隐私权、保密性、包容性等，与实物生产要素的交易区别很大。

任何东西要实现交易，首先都需要确权，数据同样如此。由于数据很容易被复制、转换、修改，更应先解决数据的确权问题。在此基础上，数字经济的共享，必须保证合法、公平。但是目前的数字交易还处在相对初始的阶段——相当于以物换物，用户下载APP，将数据交付对方，但是这些数据无法定价，也不能确定数据如何被使用。数据属于谁、为谁所用、创造的价值如何计量、如何盈利，等等这些问题的回答，均离不开对数据权属的明确。

2. 数据治理离不开政府监管

数据流动、使用、交易的首要前提是数据确权，数据一旦被确权，就可以实现数据的合规交易与价值转移，也就拥有了资产属性。对此，要先让身份数据的自主权回归到用户手中，这样用户才有和互联网寡头们公平对话的权利；其次，有必要区分隐私和隐私数据，隐私数据的开放不等同于披露当事人的隐私，哪些数据可交易、哪些数据属于隐私，应该有明确的界定，保证个人隐私不被贩卖，这需要国家强有力的监管。

同时，隐私的再分类和隐私数据的保护与开放等级划分至关重要。在法律上要对隐私进行细分，针对不同的隐私建立不同的搜集、开放、交流程序，针对不同的隐私数据建立不同的保护等级。隐私数据的再分类和开放，核心是设定隐私的统一程序，以及不同隐私数据的开放范围。

在对身份数据进行流通交易时，还需要遵守以下规则：第一，搜集隐私信息必须经过隐私权人的同意。第二，无论是隐私还是隐私数据的开放，无论这种开放是有偿还是无偿的，开放者都负有同等的保密保护义务。第三，隐私和隐私数据的法律责任，应该与风险的控制能力相互统一，风险控制能力越高的，应该承担的责任就越大；获利能力越高的，承担的责任就越大。第四，可能存在的违法行为要并入刑事责任，通过明确的责任划分保护、规范隐私数据的开放。第五，在构建法律责任和相应法律制度时，需要把法律规划和区块链数字身份技术的发展统一起来。①

由于个人用户数据价值巨大，需要通过区块链等创新技术，进行数据加密、匿名化处理，这样保证了数据的原始性，不会导致数据关联时分析价值的降低；此外，应当实行市场准入制度和严格监管机制，对于参与和建设主体进行严格要求和监管，在这一点上国家层面的力量更是不可或缺。

3. 新的生产要素需要新技术的助力

在对数据确权的过程中，区块链数字身份技术对传统数据采集和交换

---

① 企鹅号-TDHub：《信任与流动创造繁荣，数据确权成为数据自由流动首要前提》，http://kuaibao.qq.com/s/20180214A07M5F00?refer=cp_1026，2018-02-14。

模式进行完全解构，帮助用户自主选择个人数据的开放程度，当任何组织或机构在网络上发起对个人数据采集的需求时，数据的交换主动权完全取决于用户自己。

作为回报，数据采集方需要支付类似价值交换的介质作为获取个人数据的回报，这个介质就是Token[①]，而将信用与Token进行绑定，则可以对身份数据、个人信用积分进行价值标定，实现数据和信用在不同平台的价值传递。

在以区块链和Token构建的新型信用网络中，每个人都可以创建属于自己的数字银行，并且这个银行是高安全性、不可篡改和可流通交易的，个人数字银行保存着每个人所有的身份数据以及围绕其身份所产生的社交、交易等数据，用户可以选择性地公开或者完全保密，并与外界形成相互的"数字信任"。

相对于将身份数据储存于众多服务提供商的系统中，今天我们更需要一种基于区块链数字身份的去中心化方案，让身份数据更加具有自主权，同时也让更多权益回归到用户手中。更重要的是，区块链让每个人的身份不仅仅止于单纯的身份证明，而是真正拥有可以自我掌控的数字生活。

对数据霸权、数据治理以及区块链技术的相关作用的论述在本书的相关章节均有涉及，此处不再展开赘述。

---

① Token（令牌），代表执行某些操作的权利对象。通俗来讲，Token可以被理解为"暗号"，在一些数据传输之前，要先进行暗号的核对，不同的暗号被授权不同的数据操作。

◎ 主要技术

数字化时代对联结的质量与效率的要求极高，要求支持联结的技术具备融合、协同、智能、安全与开放等特征，以帮助企业实现存储智能化、管理简单化和数据价值最大化。

5G

1.5G的主要使用场景

谈到5G，自然离不开场景，就是在什么地方使用。对此，国际标准化组织3GPP定义了三大场景：eMBB（Enhanced Mobile Broadband）——3D/超高清视频等大流量增强移动宽带业务；mMTC（Massive Machine Type Communication）——大规模物联网业务；uRLLC（Ultra-Reliable Low-Latency Communications）——无人驾驶、工业自动化等需要低时延、高可靠联结的业务。

eMBB：增强移动宽带是指在现有移动宽带业务场景的基础上，用户体验速度大幅提升。今天我们使用4G网络，一般的用户实际体验速度为上传6Mbps，下载50Mbps，这个速度远不能满足用户的需求，体验也不够好，尤其是不能满足一些对大流量要求较高的业务，如视频直播等。4G视频直播上传只有6Mbps左右的速度，无法提供高清视频，在一些人员集中的场所，即便是这个速度也无法保证。增强移动宽带的价值，就是把原来的移动宽带速度大大提升，达到理论1Gbps左右，用户的体验会发生巨变。

增强移动宽带对大量需要带宽业务的重要性不言而喻，比如直播、高清视频、高清视频转播、VR体验等。美国、德国等，因为光缆的部署较差，依然存在一定程度的上网限制问题，使用增强移动宽带可在一定程度上弥补光缆的不足，提升用户宽带上网的体验。eMBB可以在独立组网情况下部署，也可以在非独立组网情况下部署：主体网络是4G，但是在重点地区部署增强移动宽带。

mMTC：大规模物联网，实现海量机器类通信。5G的最主要价值之一，就是突破了人与人之间的通信，使人与机器、机器与机器的通信成为可能。大量的物联网应用需要进行通信，物联网应用的通信有两个基本要求：低功耗和海量接入。

大量的物联网应用比如电线杆、车位、井盖、家庭门锁、空气净化器、暖气、冰箱、洗衣机等都要接入网络中，相当多的物联网无法使用固定电源供电，只能使用电池，如果通信部分需要较大的功耗，这就意味着部署起来非常困难，将大大限制物联网的发展。mMTC提供的能力就是要让功耗降至极低的水平，让大量的物联网设备可以一个月甚至更长时间不需要充电，从而方便地进行部署。

大量物联网应用的加入，也带来另一个问题，就是应用终端会极大增加。预计2025年，中国的移动终端产品会达到100亿个，其中有80亿个以上物联网终端，这就需要网络有能力支持大量的设备接入，目前的4G网络显然没有能力支持这样庞大的接入数，mMTC将提供低功耗、海量接入的能力，支持大量的物联网设备的接入。

uRLLC：超高可靠、超低时延通信。传统的通信对可靠性的要求是相对较低的，但是无人驾驶、工业机器人、柔性智能生产线，却对通信提出了更高的要求，这样的通信必须是高可靠和低时延的。

所谓高可靠就是网络必须保持稳定性，保证在运行的过程中，不会拥堵，不会被干扰，不会经常受到各种外界的影响。而以前的4G网络时延最好只能做到20毫秒，但是uRLLC却要求时延做到1~10毫秒，这样的时延才能提供高稳定、高安全性的通信能力，从而让无人驾驶、工业机器人在接受命令时第一时间作出反应，迅速、及时地执行命令。这就需要采用边缘计算、网络切片等多种技术来提供技术支持，保证更多高可靠的通信场景。

上述三大场景基本上代表了世界移动通信业对于5G的基本愿景。

2. 5G有望成为工业革命的新动力

每一次的变革都是一场思维革命和技术革新。迄今为止，人类社会经历了三次工业革命。①

蒸汽机的出现是第一次工业革命的标志。在资产阶级确立统治地位的政治环境下，英国资本主义迅速发展，通过海外贸易、殖民统治，不断扩大生产，吸收先进的生产技术。1765年，哈格里夫斯发明"珍妮纺纱机"，英国开始了机器生产；1785年，瓦特将蒸汽机进行改良，大力推动机器生产，英国正式进入蒸汽时代；到了1840年，英国大机器生产基本取代传统的手工劳作，率先完成工业革命。18世纪末，法国和美国相继开始工业革命。19世纪中期，世界其他地区也先后走上了工业革命的道路。

工业革命的洗礼，让人们的思维方式从传统的手工思维向机械思维转变，进而带来了更多的发明和变革：19世纪初，英国人史蒂芬森发明了火车；1843年，英国发明家查尔斯·瑟伯创造出转轮打字机。机械思维让各行各业都迎来了产业革新，成为人们解决问题的思维模式：瑞士的钟表匠制造出精致的机械表；德国人利用机械制造出可编程计算机Z1，甚至还制

---

① 项立刚：《5G能解决中国制造业的哪些困境？》，https://www.quancha.cn/xiangligang/2019_06_27_507224.shtml，2019-06-27。

造出能够演奏音乐的雅典表。

第一次工业革命主要为纺织业、煤矿、冶金、机械制造工业带来了变革，也让一些曾经名不见经传的小镇急速扩张，一跃成为工业大城市，比如英国的曼彻斯特和伯明翰。走在技术变革前端的英国从中受益，成为世界的领头羊，保持着"日不落"的神话。

第一次工业革命打开了技术革命之门，紧接着第二次工业革命随之出现，人类社会从蒸汽时代进入电气时代。内燃机和电力的使用成为第二次工业革命的主导力量，带动了交通运输的发展，汽车、飞机和轮船制造强势兴起。

20世纪50年代开始的第三次工业革命，"计算"和信息技术成为了主导。电子计算机技术、纳米技术、航空航天技术、核技术和基因技术等尖端科技，引领着大国之间的综合国力竞争。2017年1月6日上映的美国电影《隐藏人物》，讲述了美苏争霸期间在航空航天领域的角逐，影片中出现了大量的计算、数据核实的场景，将"计算"在大国之间争斗中的重要作用体现得淋漓尽致。电子和信息技术的发展，让美国硅谷、中国中关村频繁出现在公众视野中。

当前的人类社会，正处于第三次工业革命的末端，而即将来临的5G时代或将开启第四次工业革命或技术革命的浪潮。与前两次技术革命不同，为了顺应时代发展，从第三次工业革命开始，交叉学科就相继出现，让工业与科技有机结合，给人类带来一场全新技术革命的盛宴。

2010年7月，德国政府发布《德国2020高技术战略》，首次正式提出"工业4.0"概念。德国联邦教育局及研究部、联邦经济事务和能源部联合资助，预计投入2亿欧元，全力支持工业和制造业的智能化进程。2014年，中国国务院总理李克强访问德国，双方发表《中德合作行动纲要：共塑创新》，正式宣告中德开展"工业4.0"合作。

"工业4.0"就是第四次工业革命，革命的主导力量就是智能，在经历了蒸汽时代、电气时代、计算机信息时代以后，人类社会将在第四次工业革命中走向智能时代。智能时代的三大主题就是智能工厂、智能生产和智能物流。

在电商发达、生产智能化的数据时代，消费者正在经历并接受一系列新的变化，对于诸多新奇的商业模式，人们从早期的惊喜到后来的习以为常，消费者的品位不断升级，消费需求也开始多样化。过去，制造商批量生产商品投入市场，对消费者进行单项的产品输出，如果这些产品中并没有客户期望的颜色、款式，那么会出现两种情况：一种是消费者凑合买了一件稍微符合自己期望的产品；另一种是消费者放弃购买。这样的情况屡见不鲜，对生产商和用户来说，都有一种十分无奈的感觉。如果用户把该产品买回家，但由于产品不是自己十分中意的，用不了多久便弃之不用。此外，一旦出现大量产品无人购买的情况，只能变成库存，造成资源浪费，对生产厂商来说，这无疑是一大笔损失。

到了4G时代，电商平台的普及、网店的全面开花、时尚潮流的个性标签，为大众带来了多样化的消费选择。随着经济飞速发展，年青一代倡导个性张扬，他们迫切需要彰显自己个性的产品，因此消费者的需求也越来越个性化。电子商务的出现可以满足这样的个性化需求，卖家通过与买家的沟通，了解买家对产品的需求，从而就可以进行定制化生产，而且这样的生产完全无须大规模量产。

除了直接与店家沟通外，在购买产品时，在线操作的页面上也会出现多种搭配菜单供客户选择。比如，如果我们在外卖软件上购买一杯咖啡，就会看到除了有各种调味品的选择外，还可以选择糖和奶的比例，以满足不同消费者的口味；如果没有选项设置，用户也可以在店家设置的备注栏里注明自己的口味需求。这种个性化的产品定制模式让外卖市场迎来大爆发。

在大数据和物联网的支持下,部分商品正逐步从大规模生产模式开始向个性化定制模式转型,生产商利用互联网为用户开设定制化平台,利用大数据对客户需求、原材料的成本和数量、库存、现金流掌控进行分类、统计,根据数据进行销售战略部署,根据不同客户的个性需求进行定制生产方案。许多一线品牌也加入了定制化生产的大军,包括耐克、阿迪达斯推出的个性化私人定制运动鞋;巴宝莉联合梦工厂动画公司,通过可视化技术,推出定制围巾;京东零售更是将消费者驱动生产(C2M)的模式定位为"无界零售"战略中的重要组成部分。

传统工业制造生产管理长期受到机械思维模式的影响,缺乏灵活性和可变性,导致生产管理十分"刚化",而"工业4.0"的概念,主打"柔性"生产。"柔性"将是未来工业加工和制造业生产的核心竞争力。与传统的螺丝钉式的生产流水线不同,"柔性"制造致力于加工制造的灵活性、可调节性和可变动性,以生产效率最大化为最终目的,进行资源的优化配置,将最大限度地降低成本、提高利润落实到各个环节。

"工业4.0"是数字化时代的产物,是人类社会发展的必然趋势。在大数据和物联网的强大支撑下,感应将成为下一代技术主导。工业加工、制造业生产的整个产业链会越来越精细化。产业链上下游、供应链并存于一个信息系统之内,各环节实现扁平化运作,任何信息都会被其他环节的相关工作人员知晓,所有的管理环节都会实现透明化。不仅如此,在大数据的存储记录中,优秀的管理人员会运用最好的数据建模,进行最佳数据核算来实现利润最大化,全方位无死角地高效管理每一个角落,将运营每一个环节的成本都降到最低,真正贯彻生产的柔性化。

"工业4.0"的目标,是实现定制化智能生产,让每一个消费者都能按照自己的意愿支配商品的生产,甚至无须亲自操作,通过智能家居的万物互联就能自动帮助用户接单,完成定制化生产。比如,家中的智能冰箱能够感应到里面食材的减少，根据数据库中记录的购买信息，精确判断出用户的饮食习惯和口味，自动向电商平台和产品商发送订购信息，店家接单以后，会及时发货送到家里。

大数据技术

从本质上看，大数据就是互联网发展到现今阶段的一种表象或特征而已，是从信息科技（Information Technology，IT）到数据科技（Data Technology，DT）的跃升和进化。

大数据也就是巨量数据的集合，指的是在固定的时间段内，通过常规软件工具无法完成捕捉、管理和处理的数据集合。具体内容包括结构化数据、半结构化数据、非结构化数据，必须利用新处理模式才能提升决策力、洞察力与流程优化能力的信息资产。

大数据的特点可以归纳为5个V：Volume（大量）、Velocity（高速）、Variety（多样）、Value（低价值密度）、Veracity（真实性）。麦肯锡是"大数据时代"的最早提出者，其为大数据作出的定义如下：一种大规模的数据集合，其在获取、保存、管理和分析等方面所展现出来的能力，是传统数据库软件工具无法赶超的，其特点包括数据规模异常庞大、数据流转速度极快、数据类型极其丰富等。

大数据产业分为大数据采集与存储、大数据分析计算、大数据交易和大数据应用。大数据采集与存储围绕数据如何获取，获取后的数据如何存储，对应的是数据资源—数据采集—数据中心—云平台。大数据分析计算围绕的是数据如何挖掘处理和分析计算，对应的是大数据加工—大数据分析—大数据可视化—大数据人工智能。大数据交易围绕加工好的数据如何实现交易流通，对应的是大数据流通交易平台—数据需求商。大数据应用主要是大数据加速向传统产业渗透，驱动生产方式和管理模式变革，推动电信、金融、交通等行业利用已积累的丰富数据资源，积极探索客户细分、风险防控、信用评价等应用，加快服务优化、业务创新和产业升级步伐。

分布式数据技术

2008年中本聪在《比特币白皮书》中提出"区块链"的概念，并在2009年创立了比特币网络，开发出第一个区块，即"创世区块"。

区块链的本质是分布式数据库或者说是分布式账本[①]。根据巴曙松教授（2019）的观点，区块链依靠分布式数据存储、去中心化数据传输、加密算法等技术创造了独特的新模式，将一个个区块以链式结构连接，构成一个分布式的共享账本。在这个账本中，由共识算法来决定记账者，由密码学签名和哈希算法保证账本中的交易不可篡改，由时间戳和哈希函数保证区块间的链接不可篡改。区块链技术不是一种新的技术，而是P2P网络、共识算法、非对称加密等技术的新型组合。由于其具有不可篡改和可追溯的安全特性，为我们提供了一种不同于以往的信用创造机制。

关于区块链的描述，虽然不同的报告有不同的阐述，但依然有以下四个共同点：一是去中心化（Decentralized）。不存在中介机构，无论是在权利方面，还是在义务方面，所有节点都是相同的，即便有节点停工，也不会对整个系统的运作产生任何影响。二是去信任（Trustless）。在没有信任的情况下，系统中的每个节点都能完成相互交易，这是因为无论是数据

---

① 巴曙松：《区块链新时代：赋能金融场景》，北京：科学出版社，2019。

库,还是完整的系统,其运作都具有公开性、透明性,受系统规则和时间范围的影响,不同的节点之间只能互相信任。三是集体维护(Collectively Maintain)。系统中具备维护功能的节点有很多,系统的维护工作便是由这些节点共同完成的,所有人都会参与进来。四是可靠数据库(Reliable Database)。系统中的所有节点都有最新、最完整的数据库拷贝,只对某个节点进行修改数据库的操作是不会产生效用的,究其原因是系统具备自动比较功能,出现次数最多的相同的数据记录才会得到认可。

区块链技术正在逐步走向成熟,但有不少组织对应用区块链仍有些顾虑,主要是因为区块链要落地到商业应用特别是金融应用仍有需要完善之处,目前各大金融科技公司在区块链技术方面仍处于研发、探索和实验阶段。

截至2019年末,中国的相关公司占有全球区块链专利权的八成以上。在2016年公布的《"十三五"国家信息化规划》中,就已经将区块链技术列为战略性前沿技术。2019年10月24日,中共中央政治局就区块链技术发展现状和趋势进行第十八次集体学习,会上中共中央总书记习近平表示,"区块链技术的集成应用在新的技术革新和产业变革中起着重要作用"。

在中国金融体系中,经过一段时间的探索,监管机构对区块链的态度呈现出鲜明的政策基调:一方面,坚决打击以虚拟货币、加密货币、首次代币发行(ICO)等为名义的非法集资活动;另一方面,肯定区块链技术作为新兴科技的潜力,鼓励以及规范区块链技术的发展。那么,在政策驱动以及金融机构期望通过技术手段赋能自身业务的大背景下,区块链技术到底能为金融行业带来哪些应用价值,是需要进一步探索的问题。

价值一:通过变"自证"为"他证"的方式强化信任关系。

金融业务的开展脱离不了对经济社会中的微观实体的了解。在对客体进行调研的过程中,最常用的一种方式便是收集的书面材料。比如当金融机构在给一家企业核定授信额度时，需要了解这家企业的收入及经营性现金流情况，在现有的操作模式下，金融机构会要求该企业提供财务报表、订单、合同、发票、货运单、银行流水等材料，然后用这些材料去核实财务报表中的信息。但其实，无论是财务报表还是佐证材料，都是由贷款申请企业所提供的，即贷款企业需要提供一系列的物证材料来进行自证清白，这就是"自证"。所以在自证的业务模式下，金融机构在用材料去校验财务报表之前，还需要去检验这些材料的真实性，这使操作成本和操作风险始终居高不下。

区块链技术的应用则可以彻底改变这种业务模式。区块链的分布式账本会同步各业务参与方的业务资料（以下简称资料上链），并且一般会将资料上链的规则设定为由业务源头方完成资料的上链并对资料的真实性负责，比如订单资料由买方上链，发票资料由卖方上链，货运资料由物流公司上链，银行流水则由银行上链等，拥有这些源头资料后就可以对资料完成自动交叉验证。对上述验证财报的任务进行聚焦，验证财报中的经常性营业收入的任务最终可以拆解为验证每一笔销售业务的收入，那么当金融机构需要验证一笔交易的收入时，可以用订单、发票、流水上的金额进行直接的交叉验证，更进一步地，还可以用发票上的单价与货运资料中的商品数量相乘后的结果一并参与交叉验证。

价值二：生态融合，实现跨生态的共赢。

每一个区块链网络，都可以视为一个子生态系统，这些子生态通常是以业务范围和地域范围作为边界，但它们之间并不独立，而是会与其他子生态发生交互，并最终融入更上层、更大的生态系统。上述生态间的融合就可以通过区块链的跨链技术来实现，从而在底层打通资料，催化出更具意义的资料应用。比如国内的市场监督业务以及供应链金融业务这两个子生态，最后都将融入国内贸易这个大生态。它们之间的交互可以为双方的业务带来更大的价值，甚至可以帮助金融机构解决一个通过其他各类科技手段都难以解决的难题：避免空转型的关联交易。市场监管业务需要对商品的流通和制造进行溯源，于是可以在链上沉淀从原材料到最终销售的整条供应链信息，而这恰恰能帮助金融机构在逐笔交易核查时避免空转型的关联交易，因为如果一批货物在销售后被投入生产或被最终消费了，那么便可以判定这笔业务大概率不是空转型的关联交易。同时，金融机构为链上企业提供融资的可能性也有助于提升各类企业上链的积极性，从而帮助监管部门更有效地获取监管资料。企业所处的子生态越多，通过跨链的方式打通生态之后就可以有越多维度的资料来描绘这家企业，帮助金融机构更全面地去了解客户和认知业务。

区块链技术一直被誉为是一种信任机器，但以往对信任关系缔造的阐述更多地停留在技术层面。实际上，区块链技术亦可结合金融业务场景，在业务层面帮助金融机构更好地识别或规避风险，帮助企业更好地证明自身的资质，最终帮助金融业务的各方达成信任关系，促成业务合作。

数据安全技术

1. 基本概念

数据基础设施应具备平台安全、数据安全、隐私合规三个层面全方位的安全技术体系，打造可信的数据基础设施，帮助企业实现在全生命周期中的数据永不丢失、不泄露、不被篡改，业务永远在线可追溯和隐私合规的目标。

平台安全是指系统自身的安全和防攻击性，是安全防护体系的基石，需要从产品的需求设计、开发测试交付和运维的整个生命周期进行管控，确保系统具备预期交付承诺的安全能力，满足交付质量的要求。基础设施平台安全，包括介质芯片、板卡等硬件设备安全，操作系统、数据库、固件等软件安全以及网络协议等安全。

数据安全是指基础设施为支撑数据存储传输处理等全生命周期过程，提供的数据安全保护能力，如数据加密、数据隔离访问、控制完整性校验的保障，在数据融合背景下，由于缺乏有效的安全控制访问，不同网络融合各种数据汇集，数据泄露及滥用风险成为主要矛盾。保障数据的安全要回答好三个问题：数据在哪里，安不安全；数据去哪里，该不该去；数据谁在用，该不该用。

隐私合规是指基础设施为保障数据存储移动在利用等过程中的合规，提供的能力，如数据脱敏、违规分析、密文搜索、同态加密等。2019年10月4日，欧盟发布《非个人数据移动条例》，放宽非个人数据流通限制以推动欧盟数据经济发展，在该条例下，个人数据的准确识别和数据脱敏将发挥重要的推动作用。二级存储设备将生产业务备份、复制、归档，数据统一存储、统一管理，并及时将副本数据用于开发测试和数据分析，在这种端到端多方使用数据的场景下，做好数据的访问控制和脱敏变得尤为重要。

现实世界信息的数字化，亦将面临信息安全的挑战。数据安全包括个人隐私、商业机密乃至国家机密，对个人隐私的保护、商事活动平稳有序开展、国家安全都具有至关重要的作用。相关信息成为金融机构尽调基本条件的前提是保障数据安全。

众所周知，现在人工智能的工作优化模式是基于数据的，也就是所谓的数据驱动，但是随着人工智能落地场景越来越丰富，社会对数据隐私也越来越看重，尤其是在一些对隐私保护比较看重的领域（如银行信贷）。

欧盟颁布了《一般数据保护条例》（以下简称GDPR）。该条例是近30年来数据保护立法的最大变动，它旨在加强对欧盟境内居民的个人数据和隐私保护。该条例强调，机器学习模型必须具有可解释性，而且要求收集用户数据，必须公开、透明。毫无疑问的是在这种情况下，数据孤岛会逐渐显现。

在这种情况下，互联网或者IoT对于公司来说也不是可以随意染指的蓝海了。有人就提出通过联邦学习（Federated Learning）的方法来解决问题。

联邦学习的思想认为，目前各个企业的数据之间就像不同的国家，它们各自有各自的体系，但是无法很好地完成统一建模。联邦学习则将它们管辖在"一个国家、一个联邦政府"之下，将不同的企业看作是这个国家里的"州"。这样，通过之前不互通数据，彼此之间都可以获得模型效果的提升。联邦学习是一种新兴的人工智能基础技术，在2016年由谷歌最先提出，原本用于解决安卓手机终端用户在本地更新模型的问题，其设计目标是在保障大数据交换时的信息安全、保护终端数据和个人数据隐私、保证合法合规的前提下，在多参与方或多计算节点之间开展高效率的机器学习。其中，联邦学习可使用的机器学习算法不局限于神经网络，还包括随机森林等重要算法。联邦学习有望成为下一代人工智能协同算法和协作网络的基础。

2.区块链技术与数据安全

数据安全问题早于区块链，甚至早于互联网，是一个专业性很强、涉及交叉学科的宽泛领域。在互联网诞生之前，数据安全问题相对单纯，主要指数据存储的安全。因为互联网的诞生，数据安全问题开始复杂化，涉及数据的生产、存储、计算、分发、流转、消费等环节。互联网与数据安全问题不可分割。互联网体系的良好运作的前提是通过各种技术管理措施来确保网络数据的可用性、完整性和保密性。一旦依存于网络的数据安全发生问题，网络系统也就无法正常运行。所以，在互联网时代，数据安全的目标是确保经过网络传输和交换的数据不会发生增加、修改、丢失和泄露。

迄今为止的区块链技术演进与应用的历史证明，区块链技术在数据安全方面的优势是显而易见的。

首先，区块链技术的核心内容强调分布式，不仅是账本存储采用分布式，共识信息的传递和计算，信息的分发和消费均采用分布式和加密技术。当然，在区块链技术产生之前，数据存储安全已经采用了分布式的方式，保证数据存储不会由于单一节点失效或出错而丢失。应该认为，分布式存储数据技术推动了区块链技术的诞生与发展。

其次，在数据的采集环节，数据来源与数据清洗可记录在链，区块链技术同时确保记录的信息不可更改。

最后，区块链使用多节点存储，同步信息依靠全网多节点广播。因此，攻击者很难确定攻击目标，传统单点攻击必然失效，这为针对数据源头的分布式拒绝服务（DDoS）攻击提供了解决方案。

但是区块链不是数据安全技术一劳永逸的解决方案，实际的应用中依然面临着挑战。例如：

如何保证区块链记录的账本可靠性？一方面，区块链的链上数据容量有限，更多的是记录资产，无法覆盖大数据；另一方面，区块链和数据安全都是面向数据本身的，而数据安全涉及的全周期流程包括数据采集、数据存储、数据流转、数据服务、数据治理。区块链技术在上述流程中可以起到数据确权和治理平权的作用，并不能涵盖全部周期。

区块链技术如何确认身份信息，监管数据的流转与分发？数据采集可能与人和物相关，使用区块链身份体系数据身份（digital identity，DID），可以将数据采集者的个人身份在数字世界一一对应。在数据流转过程中，可通过将数据加水印，在每一个流转步骤中，加入操作者的DID信息，从而实现个人信息记录上链。当数据泄露时，可以追查。但是，这些方法，在身份认证和数据流转的环节，依然都有着局限性。

区块链技术如何保护用户隐私？区块链结合隐私加密和隐私计算技术，可以实现在不泄露数据的前提下对数据进行计算和使用，并且帮助数据提供者、算法提供者、算力提供者根据贡献自动分配利益，这使数据确权成为可能。

区块链如何结合数据治理技术？目前已经有了很多尝试。例如，区块链的多重签名技术，改变了以往数据库管理员把持"生杀大权"的数据治理模式，为多方共同管理和运营维护提供了技术手段，实现了数据的去中心化、运维和管理的去中心化或弱中心化。

仅仅依靠技术手段远远不足以支撑数据安全的治理结构，还需要立法层面的支持。特别是在物联网日益发达，可信计算与医疗和家居数据不断上链的今天，层出不穷的新型信息安全事件以及不断升级的黑客攻击手段，都给传统数据安全体系带来了巨大压力。《网络安全法》《密码法》等顶层立法已相继出台，"数据安全法""个人信息保护法"等重点项目列入全国人大常委会立法规划并有序推进。相关部门积极研究制定数据安全管理、跨境流动、云计算以及关键信息基础设施安全保护等配套法律法规，构建完善包含设施层、网络层、数据层在内的综合安全治理体系。我国在构建自身数据安全治理体系的不断努力逐渐取得成效。与此同时，全球对数据安全的关注持续升温，我国的数据安全治理体系也必须顾及国际协作。

总之，数据安全是一个很大的范畴，涉及管理安全、平台安全、信息安全、运维安全、业务安全五个维度，每一个维度都可与区块链技术紧密结合，形成模块化的数据安全中台，便于用户开发和使用。以保证数据安全为主要目标的数据服务技术处于日新月异的发展阶段，当下正在普及的多重签名、隐私保护、隐私计算等技术，特别是隐私计算技术，都可在保证数据安全前提下发挥数据价值。从数据的生产到数据的消费进行全流程的上链数据监管，并且自动生成监管报告，区块链正在助力数据安全管理的无人化和自动化。相信在不久的未来，伴随国际社会的"数据主权"意识不断加强，相关法律法规和公共治理模式的持续完善，区块链技术会与数据安全深度融合，为数据安全的发展提供全新的工具。①

数据计算技术

1. 云计算

云计算（cloud computing）是分布式计算的一种，是指通过网络"云"将巨大的数据计算处理程序分解成无数个小程序，然后通过由多部服务器组成的系统进行处理和分析这些小程序，得到结果并返回给用户。云计算早期，就是简单的分布式计算，解决任务分发，并进行计算结果的合并。因而，云计算又称为网格计算。通过这项技术，可以在很短的时间内（几秒种）完成对数以万计的数据的处理，从而提供强大的网络服务。

现阶段所说的云服务已经不单单是一种分布式计算，而是分布式计算、效用计算、负载均衡、并行计算、网络存储、热备份冗杂和虚拟化等计算机技术混合演进并跃升的结果。

近几年来，云计算也正在成为信息技术产业发展的战略重点，全球的信息技术企业纷纷向云计算转型。举例来说，每家公司都需要做数据信息

---

① 朱嘉明：《从技术角度讨论区块链与数据安全的内在关系》，http://www.chidaolian.com/article-42941-1，2020-03-29。

化，存储相关的运营数据，进行产品管理、人员管理、财务管理等，而进行这些数据管理的基本设备就是计算机。

对于一家企业来说，如果一台计算机的运算能力远远无法满足其数据运算需求，那么公司就要购置一台运算能力更强的计算机，也就是服务器。而对于规模比较大的企业来说，一台服务器的运算能力显然还是不够的，那就需要企业购置多台服务器，甚至演变成为一个具有多台服务器的数据中心，而且服务器的数量会直接影响这个数据中心的业务处理能力。除了高额的初期建设成本外，在计算机的运营支出中，电费支出要比投资成本高得多，再加上计算机和网络的维护支出，这些总的费用是中小型企业难以承担的，于是云计算的概念应运而生。

云计算这个概念从提出到今天，已经差不多15年了。在这15年间，云计算取得了飞速的发展与翻天覆地的变化。现如今，云计算被视为计算机网络领域的一次革命，因为它的出现，社会的工作方式和商业模式也在发生巨大的改变。

云计算的可贵之处在于高灵活性、可扩展性和高性比等，与传统的网络应用模式相比，其具有如下优势与特点。

（1）虚拟化技术

必须强调的是，虚拟化突破了时间、空间的界限，是云计算最为显著的特点，虚拟化技术包括应用虚拟和资源虚拟两种。众所周知，物理平台与应用部署的环境在空间上是没有任何联系的，而是通过虚拟平台对相应终端操作，完成数据备份、迁移和扩展等。

（2）动态可扩展

云计算具有高效的运算能力，在原有服务器基础上增加云计算功能能够使计算速度迅速提高，最终实现动态扩展虚拟化的层次，达到对应用进行扩展的目的。

(3) 按需部署

计算机包含了许多应用、程序软件等，不同的应用对应的数据资源库不同，所以用户运行不同的应用需要较强的计算能力对资源进行部署，而云计算平台能够根据用户的需求快速配备计算能力及资源。

(4) 灵活性高

目前市场上大多数IT资源和软、硬件都支持虚拟化，比如存储网络、操作系统和开发软、硬件等。虚拟化要素统一在云系统资源虚拟池中进行管理，可见云计算的兼容性非常强，不仅可以兼容低配置机器、不同厂商的硬件产品，还能够外设获得更高性能计算。

(5) 可靠性高

倘若服务器发生故障也不会影响计算与应用的正常运行。因为单点服务器出现故障可以通过虚拟化技术将分布在不同物理服务器上面的应用进行恢复或利用动态扩展功能部署新的服务器进行计算。

(6) 性价比高

将资源放在虚拟资源池中统一管理在一定程度上优化了物理资源，用户不再需要昂贵、存储空间大的主机，可以选择相对廉价的PC组成云，一方面减少费用，另一方面PC组成云的计算性能不逊于大型主机。

(7) 可扩展性

用户可以利用应用软件的快速部署条件来更为简单快捷地将自身所需的已有业务以及新业务进行扩展。例如，计算机云计算系统中出现设备故障，就应用来说，无论是在计算机层面上，还是在具体运用上均不会受到阻碍，可以利用计算机云计算具有的动态扩展功能来对其他服务器开展有效扩展。这样一来，就能够确保任务得以有序完成。在对虚拟化资源进行动态扩展的同时，能够高效扩展应用，提高计算机云计算的操作水平。

通常，它的服务类型分为三类，即基础设施即服务（IaaS）、平台即服务（PaaS）和软件即服务（SaaS）。这三种云计算服务有时称为云计算堆栈，因为它们构建堆栈，位于彼此之上，以下是对这三种服务的概述。

（1）基础设施即服务（IaaS）

基础设施即服务是主要的服务类别之一，它向云计算提供商的个人或组织提供虚拟化计算资源，如虚拟机、存储、网络和操作系统。

（2）平台即服务（PaaS）

平台即服务是一种服务类别，为开发人员提供通过全球互联网构建应用程序和服务的平台。PaaS为开发、测试和管理软件应用程序提供按需开发环境。

（3）软件即服务（SaaS）

软件即服务也是其服务的一类，通过互联网提供按需软件付费应用程序，云计算提供商托管和管理软件应用程序，并允许其用户联结应用程序并通过全球互联网访问应用程序。

以金融领域为例，云计算应用已在以下领域广泛开展。[1]

（1）银行领域

在银行领域，云计算主要应用于IT运营管理和开放型底层平台等方面。应用云计算技术搭建开放云平台，可以借助API方式构建全面金融服务生态圈，提供生活缴费、资讯查询、网上购物等"金融+非金融"服务，依托金融服务与生活场景的结合提升金融账户价值。

---

[1] 朱勇：《云计算金融应用现状及标准化思考》，载《金融电子化》，2018（10）。

目的：增强数据安全性——推进零售业务、网上服务的运作模式发展以及客户需求个性化服务；增强银行数据的存储能力和可靠性；降低银行成本，提高银行运营效率。

(2) 证券基金领域

在证券基金领域，云计算主要应用于客户端行情查询和交易量峰值分配等方面。通过业务系统整体上云，在数据库分库、分表的部署模式下，可实现相当于上千套清算系统和实时交易系统的并行运算。

以国泰君安证券公司为例，其于2009年开始企业云计算平台项目并带来了新的业务和良好经济效益。该项目具有以下五个特点：一是应用虚拟化技术构建共享数据中心，实现了资源的按需分配和海量数据的可靠处理；二是构建了基于多点冗余和有效隔离原则的云计算可信网络平台；三是提供了面向证券行业的标准化业务平台云服务；四是构建了高性能应用基础平台云服务；五是实现了多种网上应用系统的部署和运行，形成了以统一化、标准化和自动化为特征的企业云计算平台运维管理体系。

(3) 保险领域

在保险领域，云计算主要应用于个性化定价和产品上线销售等方面。定制化云软件能够快速分析客户实时数据，提供个性化定价，还能够通过社交媒体为目标客户提供专门的保险服务。

云计算在金融领域的应用价值，主要体现在以下方面。

一是有效降低金融机构IT成本。

在性能上，云计算通过虚拟化技术将物理IT设备虚拟成IT能力资源池，以整个资源池的能力来满足金融机构算力和存储的需求。在物理设备上，云计算采用X86服务器和磁盘阵列作为基础设施。此外，通过云操作系统可以实现IT设备的负载均衡，提高单位IT设备的使用效率，降低单位信息化成本。因此，在IT性能相同的情况下，云计算架构的性价比远高于以大型机和小型机作为基础设施的传统金融架构。

二是具有高可靠性和高可扩展性。

传统金融架构强调稳定性，扩展能力相对较差。在基础资源上，大型机或小型机只能纵向扩展提升能力，不能实现更加灵活的横向扩展。因此，随着业务需求的增加，服务器越来越大，且交付时间越来越长。传统应用架构强调单体应用，数据库强调数据强一致性，可扩展性差。在可靠性上，云计算可以通过数据多副本容错、计算节点同构可互换等措施，有效保障金融企业服务的可靠性。在可扩展性上，云计算支持通过添加服务器和存储等 IT 设备实现性能提升，快速满足金融企业应用规模扩大和用户高速增长的需求。

三是运维自动化程度较高。

目前，主流的云计算操作系统都设有监控模块。云计算操作系统通过统一的平台，管理金融企业内服务器、存储和网络设备。通过设备的集中管控，可以显著提升企业对IT设备的管理能力，有助于实现精益管理。此外，通过标签技术可以精准定位出现故障的物理设备。通过现场设备更换可以快速实现故障排除。在传统金融架构下，若设备发生故障，基本每次都需要联系厂家进行维修，缺少自主维护能力。

四是大数据和人工智能的支撑技术。

云计算技术可以帮助金融机构通过统一平台，承载或管理内部所有的信息系统，消除信息孤岛。此外，信息系统的连通可以将保存在各系统的数据集中到一起，形成"数据仓库"，从而实现内部数据的集中化管理。如果说大数据是金矿，金融云则可看作是矿井。矿井的安全性、可靠性直接决定了金矿的开采效率。此外，云计算还为大数据和人工智能技术提供便利且可扩展的算力和存储能力。

2. 边缘计算

边缘计算起源于传媒领域，是指在靠近物或数据源头的一侧，采用集网络、计算、存储、应用核心能力为一体的开放平台，就近提供最近端服务。其应用程序在边缘侧发起，产生更快的网络服务响应，满足行业在实时业务、应用智能、安全与隐私保护等方面的基本需求。边缘计算处于物理实体和工业联结之间，或处于物理实体的顶端。而云端计算，仍然可以访问边缘计算的历史数据。

边缘计算并非是一个新鲜词。作为一家内容分发网络CDN和云服务的提供商AKAMAI，早在2003年就与IBM合作"边缘计算"。作为世界上最大的分布式计算服务商之一，它当时承担了全球15%~30%的网络流量。AKAMAI在其一份内部研究项目中提出"边缘计算"的目的和拟解决的问题，并在WebSphere上提供基于边缘Edge的服务。

对物联网而言，边缘计算技术取得突破，意味着许多控制将通过本地设备实现而无须交由云端，处理过程在本地边缘计算层完成。这无疑将大大提升处理效率，减轻云端的负荷。由于更加靠近用户，还可为用户提供更快的响应，将需求在边缘端解决。

全球智能手机的快速发展，推动了移动终端和"边缘计算"的发展。而万物互联、万物感知的智能社会，则是跟物联网发展相伴而生，边缘计算系统应运而出。

事实上，物联网的概念已经提出有超过15年，然而，物联网却并未成为一个火热的应用。从一个概念到真正的应用有一个较长的过程，因此往往不能很快形成大量使用的市场。

根据Gartner的技术成熟曲线理论，2015年，IoT从概念上而言，已经到达顶峰位置。因此，物联网的大规模应用也开始加速。未来5~10年内，IoT会进入一个应用爆发期，边缘计算预期也将得到更多的应用。

AI 技术

当下人们对人工智能（AI）的关注度和期待值不断提高。美国调研公司CB Insights发布的《全球年度人工智能行业投资报告》（*AI Annual Global Financing History*）显示，AI行业的风险投资在过去5年中增加了约7.5倍（从2012年的5.89亿美元到2016年的50.21亿美元），获投企业数量增加了约3.70倍（从2012年的150家到2016年的698家）。谷歌的控股公司Alphabet等大型IT企业也在大力收购AI相关企业。

在这一浪潮中，金融业的AI投资同样十分活跃。美国IT行业调研公司IDC称，在2016年AI支出的约60亿美元中，有1/4来自金融机构。毕马威还预测，对AI投资最多的会是金融业，2020年将达到100亿美元的规模。

过去曾有"高盛集团通过证券交易自动化将600名操盘手缩减为2名"的先例，因此人们自然会对加速实现自动化的AI寄予厚望。

1. 改变销售渠道

传统的金融销售渠道主要是金融公司直销和第三方机构代销，之后随着互联网金融的普及，保险的销售渠道转为官网直销或者专业的第三方代销网站，但是无论哪一种方式，在后台还是需要金融销售人员提供服务。随着人工智能在金融中的使用，智能机器人会代替人，通过智能算法，帮助用户制定更适合的风投组合，并为用户提供风险评估、风险防范和管理、资产组合再平衡等增值服务。

2. 提高效率

一方面，人工智能的计算速度较快，无论是构建投资模型，还是对实时新闻的分析，都具有较大的优势，能大幅提高客户经理的工作效率。另一方面，基于人工智能的虚拟服务，相比于传统的人工服务，拥有丰富的知识库，能够根据用户提供的情况，迅速提供解决方案。此外，智能服务能够同时服务多个用户，成倍地提高虚拟服务效率。

3. 降低风险

人工智能在金融业中的应用能够有效地降低风险。一方面，通过机器学习对大量新闻和历史交易数据进行学习之后，可以得出特定新闻给市场带来的风险，就能对网上的实时新闻进行分析，得出风险发生的趋势，从而能够有效地对风险采取预防措施，降低风险带来的损失。另一方面，人工智能严格按照投资策略进行交易，只有满足特定的条件时，人工智能才会执行相关操作，操作及时准确，这可以有效降低人工操作风险。

4. 提供个性化服务

传统的金融公司都是基于既往历史数据，根据客户经理的判断，构建出符合某一类人需求的资产组合，但是机器学习技术的发展，能够更好地了解每个投资者的需求，根据其特定需求配置最合适的资产组合，通过这种方式构建的金融投资方案，无疑更加符合投资者的需求。

◎ 主要特征

我们认为，数字化时代所带来的绝不仅仅是人与人、人与物、物与物之间的衔接或者是双向、多向的互动，而更多的是实体与实体、实体与虚拟、虚拟与虚拟之间的重组、结合与整体化。因此，我们强调数字化时代的"联结"而非"连接"。这种联结具有以下特征。

价值形态的转变

数字化时代的第一大特征在于衡量价值的标准发生了变化，非物质形态的价值得到前所未有的体现。[①]早先的经济，建立在堆满实体货品的仓库和工厂之上。这些实体库存仍然必要，但只有它们已经不再足够。我们的注意力已经从实体货品的库存上，转移到了无形产品（如复制品）的流动上。我们考察一样东西的价值，不再仅仅针对它所包含的物质部分。这件东西的非物质成分、设计，甚至是它根据需求灵活变化的能力，都会成为衡量其价值的因素。从这个角度来看，价值的形态逐步"液化"，相应的商业模式也不断演进与变化。

我们个体所拥有的房屋、车辆、艺术品、奢侈品、食物等，是耗费了大量实体原材料，通过专业经验或者复杂的流程创造出来的实物产品。这些产品完成度高、独立性强、使用目的单一清晰，通常以高质量产品的形

---

① 凯文·凯利：《必然》，北京：电子工业出版社，2016。

式出售，如此才能补偿创造者付出的艰辛。与此对应的商业模式就是如何创造高质量、高附加值的产品来满足人们对该产品的需求。

工业化大生产，使以往高毛利或者高附加值的产品可以迅速低成本甚至免费复制与生产，如丝袜、金属制品、家用电器等。这种复制令之前的商业模式遭到了大范围的破坏，最早的破坏来自对第一阶段产品的杂乱复制，其量级之大，使产品变成了日用品。廉价、完美的复制品近乎免费，哪里有需求，就会在哪里开枝散叶。与此对应的商业模式就是如何在单位时间利用有限的资源尽可能地提高生产效率、提升销量，促进整体收入与利润的最大化。

互联网时代的协同与分享。这一阶段的核心在于"解构与跨界"，通过互联网时代的联结赋能，以往的产品开始分解为每一个基础的原件，并且跨越工业化时代的传统分工界限进行重构。产品拆散后的每一个原件，都会流动寻找新的用途，并和其他原件绑定在一起形成新的产品。价值的体现并不依赖于某个产品的实体，而是回归到个体对价值的本质评价。例如，满足出行的需求，并不一定需要有一辆自己的汽车，根据自己的资源与需求可以选择更加细分的出行服务。与此对应的商业模式就是形成优秀的协同与分享平台，同时确保产品原件的高质量、重组流程的顺畅以及触达的高效。

数字化时代的流动与进化。通过强大的通信、电子、计算等综合技术，整个物理世界将朝着全面数字化的方向飞速前进，数据作为这一时代最重要的生产要素将联结的对象进一步穿透需求的本质。强大的信息流和低廉的"原材料"令需求更多地通过"服务"与"使用"的形式来满足。亿万被动接受产品的个人只需要很少的专业技能就能创造出新产品和全新品类的产品。创造的地位发生了转变，受众和生产者的界限变得模糊，产品与服务的输出、选择和质量都会突飞猛进。例如，一位古琴爱好者，可以在抖音与"B站"上观看优秀的古琴艺术家的表演，同样也可以轻松地向全世界展示自己通过古琴来创新的表达。与此对应的商业模式可以称为"商业生态"，谁能够提供更专业、更适宜、更符合进化方向的联结，谁能够在这个生态中更加"利他"，谁就具有更高的商业价值。

以上四种形态并存在这个世界，甚至大部分的价值仍然体现在前三种甚至是前两种形态。我们相信，随着数字化时代的到来，"液化与流动"的趋势会进一步持续与加强，联结的力量不可阻挡。

价值体现的转变

数字化时代的第二大特征是重混，即对已有事物的重新排列和再利用。实际上在数百万年的进化过程中，重混持续进行。但是数字化时代所带来的联结令重混的速度、效率与范围、程度都前所未有地增加。如果说互联网上半场只是改变了消费端和零售渠道端，称为消费互联网。那么从2015年开始，线上线下打通，数字科技开始赋能传统产业，产业互联网或互联网下半场拉开序幕。

数字化时代的联结，以实体经济和数字经济融合为基础，不断将前沿技术应用到产业发展中，提升效率、降低成本，打通产业链条，形成产业闭合。通过数字化赋能，解决行业中生产、服务、交易、物流、金融等环节问题，沉淀产业大数据形成产业智能数据大脑，协同产业周边服务商形成协同服务网络，通过大脑调度服务交付，实现产业的链条化、在线化、数字化、协同化、智能化，打造产业数字经济。

数字化深入各个产业，产业之间重组的联结成本大幅降低。各种新产业、新产品、新服务、新观点的组合层出不穷。这种重组与传统工业时代的产品组装理念完全不同。工业时代是原有生产要素的组合，而在新产业时代数字化把原有要素全部更新为数字的价值，出现了新的组合，新组合使各个产业的空间完全不同。当它把产业成本变得更低，生产效率变得更高的时候，成长速度也变得更快，这是数字化联结带给产业的根本变化，让整个产业链效率更高。数字化完全可以赋能产业，让产业的价值重新被调整。

互联网技术将会深入改变全产业链、全价值链的方方面面，从根本上提高全产业链运转效率、生产效率，此时，融合、打通是重点，"数据"这一数字化时代最重要的生产要素，其获取、传输、分析，将扮演更重要的角色。数字化融入产业价值，是新产业价值时代最重要的变化，数字化资源将通过各种形式源源不断地渗透进产业链的每一个环节，诞生无限可能的"新产业组合"。

但是我们需要充分认识到，数字化时代带来的是联结，虚拟经济价值和实体经济价值不存在谁冲击谁的问题，最终一定是相互融合为顾客创造价值。不联结、不融合、不为顾客创造价值，这两者都不存在。

产业互联网是重混的典型。但是在国内多年发展并不如消费互联网，主要的原因在于产业实现数字化联结的价值体现要比个人消费者更长、难度更大。首先企业要在研发、制作、组装、服务、营销、流通这六个比较重要的环节，先完成数字化的改造，再完成一个数字化的升级。当数字化改造完成之后，就产生了五个核心生产要素，或者说核心能力——数据的采集、数据的传输、实时的决策、资源的调配和供需的匹配。当这五个核心要素综合联结的时候，便开始实现价值的进一步增长。

联结的价值体现在以下四个方面。

第一，资源整合。通过数字化与科技的手段，让以往资源联结的障碍，如语言、工具、地域、业态等降低或消除。例如，美国第一代的SaaS

公司SalesForce，很大程度上解决了企业内部销售团队的管理问题，新上市的一个公司Zoom也解决了企业管理问题，整合了企业内部资源调配。国内的钉钉、飞书、腾讯会议、企业微信等工具在2020年新冠肺炎疫情中，在企业的远程办公与在线教育等方面发挥了重要的作用。

第二，效率提升。通过企业之间的产业链协作，提升产业链各类资源的匹配效率，比如美国的商品现货市场IT化程度很高，IBM等公司提供了大量成熟的供应链解决方案，Bosch等公司作为产业链整合者创造了巨大的价值。国内的京东等企业也逐渐成为世界领先的零售与供应链管理科技公司，为全社会的供应链与物流成本的降低作出较大的贡献。

第三，需求触达。通过数字化科技手段，生产商可以更快、更好地通过各种渠道触达客户，并且通过持续、实时的反馈同消费者产生有效与持续的互动，生产商可以更加精准地了解甚至激发与创造客户的需求。传统的产业链相当长，下游的可预见性、透明度相当差，所以经销商承担了对未来预测的风险缓冲，但随着数据采集、实时决策技术的完善，供应商的核心价值——对市场需求的预测和风险的承担，将会被弱化。产业链中的信息流、商流、资金流与物流均将面临数字化时代的联结所带来的重构。

第四，价值发现。一方面，整个产业互联网的发展，将推动整个经济运转效率的提升，由于生产力从根本上提高了，因此能够为消费者提供质量更高、价格更低的商品和服务；另一方面，数字化时代的联结令企业更加透明，经营、财务、信用等信息都可以得到更加准确与实时的反应，从而有助于资本市场与金融机构更好地进行企业的价值发现与定价，从而为企业，特别是中小微企业，得到金融资源的支持奠定必需的风控基础。

盈利模式的转变

数字化时代的第三大特征是一旦数字化就意味着可复制，或者说"凡是可复制的就不再有价值"。此时，整个商业的盈利模式发生巨大的改变。传统工业时代追求单位生产率与产值的目标失去了依托，如果这种产品或者服务本身极易数字化并进行复制的话，这种努力就会失去价值基础，从而盈利将变得尤为困难。科技告诉我们，复制品已经不再值钱。简单来说，当复制品大量存在时，它们就会变得没有价值，无法复制的东西反而会变得罕见而有价值。

因此，在数字化时代，盈利模式不再是去寻找大规模生产的方法与手段，而是通过数字化时代的联结为客户或者顾客提供无法复制的产品和服务。那么，什么是无法复制的呢？

以2020年新冠肺炎疫情为例，传播的力量前所未有的重要。"私域流量"的影响力不断地增长，甚至有可能超过公域流量的影响。在疫情防控期间，对于大众而言，最想得到的是透明、公开和及时的信息。这时，一些官方与大平台的信息得到更强的信任，另外通过朋友圈、微博、公众号等转发、传播、获取信息的作用也极大地助力或者干扰了真实的信息流动。这次疫情中，错误信息传播导致慌乱、不安情绪蔓延，也使信息真伪难辨，让很多工作无法有效、有序地展开。造成这种现象的原因之一，也许是没有充分认识到"私域流量"的影响力。

而这也充分体现了在数字化时代的联结中，信用的确认是无法复制的。信用既无法大规模生产，也无法购买。我们不能把企业或者个人的信用下载下来，然后储存在数据库或者仓库里。信用不能够简单地通过数字化的手段来确认，信用需要通过相当长的时间逐渐积累，伪造或者长期伪造信用的成本非常高。因此，信用在数字化时代下会变得尤为珍贵，能够形成、确认、促进和评估信用的产品和服务也将在数字化时代中充满价值。例如，日益崛起的"私域流量"，通过对新的媒介技术、新的传播技术的理解，利用好"信用"的价值产生了很多新的商业模式，如"网红带货""个人内容生产"等，也产生了很多新的特征性技术，如区块链。

在凯文·凯利的《必然》中，提出了八种"比免费更好的"原生性特征。[①]所谓原生性是指在交易时产生的特性或品质。人们无法复制、克隆、存储具有原生性的事物，也无法仿制和伪造原生性。原生性因实际进行的特定交易而生，独一无二。原生性为免费的复制品增添了价值，从而使它们变成了可以出售的商品。例如，信用就是一种典型的原生性特征。

比照凯文·凯利提出原生性特征，我们以金融为例，总结一下在数字化联结下，传统金融业的盈利到底来自哪里。一直以来，金融业的盈利主要来自四大方面：利差（如银行的存贷业务）；管理费（如资产管理业务）；手续费（如交易类/中间服务类业务）；投资收益（如自营业务）。在数字化时代下金融业的盈利模式可能不会改变，但是产生盈利的来源会有很大的变化。依靠牌照或者信息不对称的资源与能力来盈利越来越难，金融机构或金融从业在数字化时代的联结中更多地体现以下"原生性特征"。

金融机构可以更好地掌握客户的信用状况，并且可以通过区块链等技术真实、及时、实时和完整地对客户的信用进行评估甚至定价，从而可以个性化地为客户提供可靠的金融产品与服务。

数字化时代的金融联结是典型的虚拟性以使用而非拥有为目的的服

---

① 凯文·凯利：《必然》，北京：电子工业出版社，2016。

务。因此，对服务的即时性、可解释性、易用性、可寻性和可获取性的要求就会更高。客户已经不满足于金融机构利用自身牌照或者千篇一律的服务模式来提供给他们的传统投融资或交易服务，而是需要金融机构真正根据其自身的需求与实际禀赋有针对性地提供快捷、透明、易用与专业的金融产品与服务。而这些在传统工业时代可望而不可即的梦想，在数字化时代中均有望实现。在国内，特别是普通个人消费者的金融领域，已经取得了长足的进步。

使用重于拥有

数字化时代的第四大特征是对传统的财产观念和所有权概念产生了巨大的破坏。数字化的联结极大地突进了物理世界虚拟化的进程，这也导致了数字世界中的媒介或者"财产"通常是虚拟的、极易复制的、很难专属与独占的。例如，一种金融服务、一段音乐旋律、一个短视频或者一篇热搜文章。与此同时，我们对财产的观念还停留在农耕时代，财产更多的是看得见摸得着的物体，相应的法律与行政管理系统也多保护所有权，对使用权的理解远远滞后于数字化时代的发展。无论我们是否接受，数字化时代的联结都在推动这一趋势的加速发展。

需求的满足从传统的实体满足向服务流转变。我们现在已经习惯了各种视频、音频、图书、游戏等虚拟服务，我们并不需要占有它们，也没有想过获得它们的所有权。我们更在意使用权能否充分体现，能否得到持续更新、不断改进、同消费者互动的永久服务流。不仅是这些虚拟的服务，在物理世界生活中的我们开始逐渐接受了包括纸质图书、汽车、单车等物质实体的"非物质化"。我们更多地在意自己的阅读、出行等需求是否得到高效率、高质量的满足，而并不在意是否拥有图书、车辆等实体的所有权。

使用权地位的提升意味着服务流要持续与即时，就像工业时代的水、电、燃气、燃油、交通、车辆一样，联结是数字化时代中的"基础设施"无处不在。数字化时代的发展速度飞快，科技将推动每一项服务都朝着按需定制、即时使用的方向去发展。

一个典型的例子就是"云"。过去10年云计算给我们提供了令人惊异的可靠性计算、极快的速度以及不断拓展的深度，而使用者却无须承担维护的负担。使用平板电脑甚至智能手机就可以取代之前绝大部分必须要在电脑上才能够完成的工作。"云"并不是要取代电脑，而是要替代之前计算、存储的功能。个人终端越来越看重显示、拍照、便携、体验等以前并不是最重要的特征上。就像从电网买电一样，你并不会想拥有自己的发电站。云端使机构组织可以获取使用电脑的便利，而无须承担拥有它们的麻烦。以优惠价格出售的可扩展的云计算服务使创建一家新科技公司容易了百倍。创业者无须再构建公司复杂的计算架构，而是可以直接购买一个云端的架构。用行业术语来说，这叫作"基础设施即服务"（Infrastructure as a Service，IaaS）。作为服务的计算机取代了作为产品的计算机，使用权取代了所有权。通过在云端操作，以优惠的价格获得最好的基础设施的使用权，这是过去10年硅谷诞生出众多创新公司的一个主要原因。由于它们增长很快，所以也获得了更多对它们并不拥有之物的使用权。云端公司鼓励这种增长和依赖，因为人们越多地使用云端，越多地共享服务，它们的服务就会变得更加智能和强大。

另一个典型的例子是区块链。区块链的核心是实现数字化时代下信用证明的联结。以往的信用证明都需要一个中心化的组织才能够达到目的。区块链技术让这一中心化的组织向更加扁平化的分布式组织转变。这一后果是，每一个事物，无论是有形的还是无形的，都必须更快地流动起来，以保证整体在一起移动。流动是难以拥有的，所有权似乎正从指缝间流失。液态联系掌管着去中心化组织，对于它们来讲，"使用"则是更加合适的应对方式。

隐私与便利

数字化时代的联结一方面给个人带来了极大的便利，人们触手可及的不仅仅有空气、水、电力和通信，还有各种有形与无形的产品与服务。就像在原始森林中，随处可见的动植物。我们需要的是凭借自己的能力与这些资源来满足自身的需求和达到预期的目的，而不是去占有这些资源。

另一方面，数字化时代的联结一个很重要的特征是"有痕"。在未来5年，我国预计超过100亿台设备将联网，任何接触到网络的行为都将留痕，从而可以被记录、跟踪与使用。

例如，京东、淘宝、天猫之类的零售商不仅追踪你购买的东西，还包括你浏览或想买的东西。当我们使用信用卡的时候，所有的购买行为都被追踪了。信用卡和复杂的人工智能相结合形成模式，揭示你的人格、种族、癖好、政治观点和爱好。此外，金融机构APP的信息采集组织追踪你的贷款、房贷以及投资等完整的财务状况。类似支付宝和微信支付这样的钱包软件追踪你的购买情况。不仅如此，各种智能感应设备就像"千里眼""顺风耳"，人甚至物的移动、变化都会随时被记录、跟踪。

不难想象，这些海量数据会有多么大的价值。例如，在2020年新冠肺炎疫情中，大数据技术在易感人群的跟踪、监控方面发挥了极其重要的作用。此外，随着信息即时性、准确性和完整性的提高，个人与中小微企业可以得到更好、更准确和更负责的金融服务。

但是我们也要意识到，随着数据与信息的采集、聚集成本越来越低、效率越来越高，拥有甚至可以整合所有这些"流"的机构将拥有多么巨大的权力。尽管目前大多数"流"都是独立的，数据并没有被整合或关联。但是我们已经看到了好几类数据已经被捆绑甚至综合使用（例如大量的互联网平台类企业都多多少少采集甚至开展金融类业务）。相较于数据采集与使用的发展，政府的监管相对缓慢，并且在具体的管控领域仍然存在模糊或不适宜的动作。如何平衡数字化时代下联结所带来的便利与隐私，将是未来促进或制约数字化时代发展的重要因素。

◎ 机遇与挑战

人类对效率、即时、便利与多元的追求永无止境，对联结的质量、效率、范围和形式的要求也没有上限。但是我们需要承认，数字化时代的联结所带来的转变并不全都受欢迎。实际上，任何转变都会让很多利益方受损，旧的商业模式失灵，既有的行业将被推翻，很多职业会消失，一同消失的还有一些人的生计。与此同时，新的商业模式的出现会产生新的职业，而这些职业会造成不公和不满。不仅如此，数字化时代的"去所有权、去物质化、去中心化"等特征对现行的法律、司法、监管都是很大的挑战。由于数字化本身是无国界的，协调、统一的难度更是成倍地增加，甚至会造成冲突和混乱。

唯一不变的是永无休止的变化。无论我们是否欢迎或者接受，我们都要承认我们正在从一个静态的名词世界前往一个流动的动词世界。在未来30年里，我们还会继续使用汽车、鞋子这样有形的物体，并会把它们转化成为无形的"动词"。产品将会变成服务和流程，我们生活中每一项显著变化的核心都是某种科技，科技是人类的催化剂。因为科技，我们制造的所有东西都处在"形成"的过程中。每样东西都在成为别的东西，从"可能"中催生出"当前"。万物不息，万物不止，万物未竟，这场永无止境的变迁是现代社会的枢轴。

我们认识到，基于所有制的商业模式正在发生改变，虚拟现实正在成为现实，我们也无法阻止人工智能和机器人改进和创造新的商业，从而抢走我们现有的工作。面对变化、挑战，逃避、无视的"鸵鸟心态"不可取，我们应当拥抱这些科技的再造和重组。只有与这些科技协作而非阻挠，我们才能最大程度地获取科技所要给予我们的。阻止、禁止与否认很不明智，任何禁止的做法最多只能暂时有效，从长远来讲则违背了生产力的发展。但是任意放飞、随意滥用也不可取，我们需要对某些行为与模式加以监管，是从法律层面和技术层面，避免真正的伤害。因此我们要认真学习、深度参与、亲身体验、谨慎接受，这样才能够更好地驯服与使用好数字化时代下联结万物这条"巨龙"。

理解数字化时代联结的特征，可以帮助我们更好地理解变化的方向。例如，新冠肺炎疫情使很多行业遭遇冲击，但是也同时给另一些行业带来全新的机遇，企业微信、钉钉等在线开放工作平台，让千千万万的企业能够展开工作。当武汉封城，全国各地都在建议自我隔离，取消线下各种活动的时候，拥有线上平台的企业反而大展手脚，一些不具备线上平台，但是具有数字化能力的企业，也快速和平台对接，找到自己的机会。但是对于没有数字化能力的企业而言，在这段时间里，完全束手无策。应该充分意识到一个真正具备联结能力、拥有数字化技术、具备数字化时代的商业模式和组织运行模式的企业在关键时刻就拥有了在竞争中的"硬核实力"。

我们认为，数字化时代的联结所带来的机遇与挑战主要有如下内容。只有充分地接纳、理解和体会这些内容，才能够更好地感知数字化时代所带来的机遇，并且从容应对。否则，可能会面对更多难以预料的危险而产生各种手忙脚乱的应对。

利用新的生产要素

数字化时代的联结基础是物理世界正在向数字世界转化，一切都可以数字化，数据成为数字化时代最重要的生产要素，这就意味着：

第一，生产工具与生产方式发生了巨大的变化。以往的生产要素，例如土地、机器、工厂、人力甚至资本，都是有形或具有一定的迁移成本。而数据具有极高的可复制性和极快的迁移速度，从而令生产要素具有了"液态的流动性"。这至少意味着供应链的联结、客户的触达、需求的感知达到前所未有的即时性、联结性与协同性。

第二，数据来自用户，数据成为数字化时代下联结的基础，客户需求的满足需要通过企业与合作伙伴协同来完成，这些都是数据成为生产要素所带来的，令企业真正理解与洞察市场。

第三，协同成为组织与管理的核心理念。[1] 2020年新冠肺炎疫情以一种极为特殊的方式，改变了人们出行、沟通以及工作习惯，人们从开始的不适应，到想办法适应，到现在已经适应在线、独立、协同工作的模式。从组织而言，我们在疫情防控中看到，具有协同工作平台、价值网络与价值伙伴的企业，比如京东、腾讯、美的、阿里巴巴等企业能够在此次疫情中，快速反应、高效行动，不仅仅在疫情防控战中发挥着巨大作用，同时也在调整企业自身的应对措施中占有先机。智能协同是企业在今天需要拥有的工作方式，因为这种新的工作方式，可以让组织成员更加具有创造力，并可以发挥作用；可以让企业动态应对变化；可以让企业在价值网络中，与价值成员更高效地创造价值。

---

[1] 陈春花：《把危机变契机，需要在5个方面做出变革》，https://www.sohu.com/a/383886935_488677，2020-03-28。

智能协同的工作方式核心是每个个体更加独立,同时协同的关系更加便捷和高效,更多的人是在一个网络结构之中、在一个群组之中。每一个工作单元成员,可以是灵活便捷的组合,组织成员也可以同时在不同的组合之中,信息要求更加透明、对称,成员是围绕任务展开工作,而不是围绕权力或者流程展开工作,这就要求企业对传统的组织与工作管理模式进行彻底的变革。

智能协同的工作方式另一核心是精简组织结构,让组织成员可以更贴近顾客和价值伙伴成员,让企业与价值伙伴、顾客之间边界融合,而由此带来的是企业与价值伙伴成员更高效的协同合作,改变和重构价值链或者价值网的价值。这就要求企业对传统的、内化的组织结构进行彻底的变革。

第四,竞争的关键在于能否做好共生。[1] 数字化时代,企业核心竞争力不仅仅是满足需求,还在于为顾客价值创造需求。很多需求是被创造出来的,甚至顾客都不懂这个需求。我们在真实的市场中的确是竞争的,但是取胜的企业一定是离开竞争的。所以我们要思考的是怎样和大家共生,怎样和更多的人合作。究竟可不可以和更多人合作,能否把输赢放下,能否将供应商、同行等变成真正合作共生的关系,而不是比较和竞争的关系,这是关键。

数字化时代的联结让企业与个人有机会获得更多的资源和能力。虽然今天的经济环境和经济增长方式发生了调整,给很多企业带来挑战,但是对于单一企业来讲,发展机会变多了,因为完全可以重新定义,不断联结,跨界寻求新空间。在今天的技术环境下,企业发展要从竞争模式转向共生模式,要从规模增长转为价值增长,用创新驱动增长而不是投资驱动。对于今天的企业而言,核心是如何面对不确定性,如何创新价值空

---

[1] 陈春花:《数字化与新产业时代》,载《企业管理》,2019(10)。

间，协同行业内外的合作伙伴，为顾客创造新的价值。

第五，信用越发重要与珍贵。信用可能是数字化时代中最重要也是最难以复制与替代的要素。如果不能提供可控性、安全性，联结必然失败或难以持久，所谓的开放协同也很难得到真正的发展。例如，苹果公司，一直将用户的隐私、系统的安全与稳定、生态的纯净与可控放在首位，这也是其能够成为数字化时代翘楚的基础。

第六，回归价值创造的本源与初心。数据成为生产要素会让商业模式或盈利模式产生各种巨大的变化，无论是个人还是企业都要面对众多的不确定性。但是至少有一个是不变的，变化的目的是创造价值，否则这种变化就没有意义，而顾客正是打开这一确定性大门的钥匙。数字化时代的联结可以帮助企业更加贴近顾客，比如，数字化之前，制造企业并不知道是谁买走了产品，在数字化时代，企业就能知道这一点，而且回到顾客端，让战略逻辑更可靠。数据作为生产要素的核心是回到人的本性，回到对真善美的追求、回到承诺、回到信任。能够从人最基本的本性出发，就不会被淘汰。外部环境是不确定的，基于顾客的价值观可以帮助企业获得定力。一定要基于最重要、最基本的价值，推动社会进步，增强人类福祉，从这个角度去做，我们才可以保证可持续发展。

重启新的战略选择

1. 价值创造的出发点

用旧地图无法找到新大陆，数字化时代的联结同工业时代有相当大的变化甚至是跳跃。因此，用传统的以产品为核心，通过成本、规模与利润的考量来分析生产与战略发展已经难以在数字化时代中得到应验。数字化时代的重要特征之一是其并不在于生产率与生产规模，而是在于回归客户本身，回归到最本质的需求上，人们核心关注的是使用价值。

从用户的角度来看，简捷的生活方式是他们更需要的，这实际上是一种回归。从市场看，工业时代大家看到的是大众市场，如何覆盖更广泛的客户群来提供标准化、可复制的产品或服务，从而获得尽可能高的边际利润。而数字时代就是围绕一个人做到极致，它看到的是细分市场（人人市场）。To C 的概念变成了一个人人的概念，对产品、市场、客户、行业的价值理解都发生了重要的改变。由于数字化时代的联结令生产要素流动与协同、分享的成本大大降低，大企业更加难以守住自己原有的优势，与此相对应的是小企业更有动力和可能重新定义行业。企业的大小变得不再重要，因为一旦行业被重新定义，突破边界、打破了行业游戏规则，大企业会很快遭遇到巨大的挑战，庞大的体积、僵化的思维与复杂的管理体系反而成为其面对数字化时代挑战的累赘。

2. 企业发展空间的基础

在工业时代，企业的生存空间来源于"比较优势"和"满足需求"。只要一家企业比别人优势多一些，满足顾客需求做得好一点，就胜出了。在工业时代制定战略，大多都是用"比较优势"和"满足需求"去做的。

在数字化时代，通过联结可以更快、更准确、成本更低地触达用户，用户可以代表市场，但是不代表"顾客价值"。互联网企业能很快地拥有一个大市场，原因就在于它免费获取了大量用户，用户代表市场。再从用户中寻找顾客，把市场转化为空间，而找空间的两个动作，一个是实现"顾客价值"，另一个就是"创造需求"。如果不能在合适的时间内达成以上两个目的，通过高成本获取的流量反而会变成"烫手的山芋"。

3. 战略选择的出发点[1]

企业的战略选择需要确定自己的梦想和愿景，进行内部资源和能力分析、外部环境分析等。这些分析的核心出发点都是企业，企业自身拥有什么资源、能力，想做什么，在哪个产业，最后作出战略选择。而在数字化时代，联结令企业自身既有的资源不再是决定战略选择的最重要的考虑，战略选择的核心出发点在于顾客，这是一个巨大的调整。

战略的重点从"挖掘确定性"转向"探索可能性"。战略落脚点是要为顾客创造价值，没有顾客价值，所有战略都是空的。顾客才是解开战略选择谜题的唯一钥匙。因为所有东西都在变，只有顾客是明确的。技术发展让我们更容易贴近顾客、了解顾客、理解甚至创造他们的需求。这时你会发现，只有顾客逻辑是最可靠的。

数字化时代经营假设发生的一个重要变化是，价值不由企业单独创造，而是由顾客和企业共同参与创造。顾客更加关注自身的体验，更加关注消费过程的价值创造，而不仅仅是关注拥有的产品或是服务本身，在这种新的观念下，顾客和企业是互动联结在一起的，整个价值链不再是一个单向价值传递的链条，而进化成为一个多维、多向的生态圈形态，全过程价值创造决定了生态圈中的成员必须是共生协同的关系。

因此，当我们以顾客作为战略起点的时候，你对客户的需求、理解和对技术的掌握，就决定了你选择哪种实现路径。要特别强调的是，数字化时代的战略思考跟工业时代完全不同，数字化时代的起点是顾客，从顾客的需求出发，再通过技术的应用，创造性地加以实现。这是顾客主义[2]的

---

[1] 陈春花：《数字时代的战略选择，核心在于回答好4个问题》，https://www.sohu.com/a/302811737_479780，2019-03-21。

[2] 顾客主义（Customerism）是一种新型商业逻辑，在这套逻辑中，顾客是考虑所有问题的出发点，不是行业变量或企业资源。

共性规律。

迎接新的基建时代

新冠肺炎疫情以极端的方式,推动了整个中国经济的"在线"进程,不管企业是否愿意,或者是否准备好,都已裹挟在经济智能化的大浪潮中。数字化时代下的联结需要新的基础设施来支撑。

2018年12月,中央经济工作会议把5G、人工智能、工业互联网、物联网等新型基础设施建设,列为2019年经济建设的重点任务之一。随后,"加强新一代信息基础设施建设"被列入2019年政府工作报告。2020年3月4日,中共中央政治局常务委员会召开的会议提出,要加快推进国家规划已明确的重大工程和基础设施建设,其中要加快5G网络、数据中心等新型基础设施建设进度。

中央媒体的报道称,"新基建"指发力于科技端的基础设施建设,主要包括七大领域:5G基站、特高压、城际高速铁路和城际轨道交通、新能源汽车充电桩、大数据中心、人工智能和工业互联网。可以看出,就像通信和交通之于工业时代,新基建本身就是加强和深化数字化时代的联结。传统产业借助这些新型基础设施,尽快实现数字化、网络化、智能化转型。因此,新基建不仅仅是一种新增量,对存量更是具有很大的效率提升效应。在新基建推进的同时,传统产业的技术改造需要同步进行,这本身是一个规模较大的技术投资过程,有助于宏观经济整体效率的提升。

随着我国对数字经济基础设施的加大投入与加速建设,虽然"所有行业都值得重做一遍"是一种夸张的表述,但是可以预见很多产业与领域会随着数字化时代的联结产生巨大变化。

1. 生产与服务的"颗粒度"更加精细

受制于成本与效率不经济,以及信息不对称等原因,以往无法对生产要素进行更加精准的组织与安排的生产成为可能。更高效、更个性化、更能够满足需求的产品与服务不断地产生。中小企业融资难、融资贵,个人信用如何能够更好地评估与定价等传统难题有望得到有效解决。

2. 网络与渠道加快"下沉"

网络与渠道下沉已经是中国互联网领域的重要趋势。受制于疫情期间物理隔离等带来的影响,三、四、五线地区的居民,特别是较多农村地区的居民活动可能被迫转到线上,发端于湖北武汉的疫情将强化这一趋势。

3. "无接触经济"大大普及

较多企业在春节后复工,为了避免现场办公带来的传染风险,企业采取了远程办公的方式,视频会议、网络电话会议、在线办公等需求暴增。学校的推迟开学也加大了对在线教育、辅导类服务的需求。对直接到医院就医产生交叉感染的担心可能使很多患者开始尝试在线问诊、网络购药及远程诊断服务。

随着网络和渠道进一步下沉,更多的消费转到线上,外卖、快递、到家等物流需求潜力将进一步打开。出行、影院观影、旅游、购物等现场娱乐、消费的方式受到限制后,会更多地转到线上。这些趋势叠加5G网络的建设,可能推动对高清分辨率内容、沉浸体验等消费模式的需求,虚拟现实等技术可能会加速普及。春节期间部分影片撤档、将版权卖给线上网络巨头免费播放,也将进一步改变电影等分销、发售的方式。

4. 城市治理"智能化"迅速提升

本次新冠肺炎疫情的爆发也显示出高效的、基于数据的疫情管控和城市管理的必要性和重要性，未来对智慧型城市管理的需求将大幅提升。疫情显示了中国在快速城市化进程中，对人口大聚居带来的公共设施需求还存在预判和准备不足问题，医疗基础设施领域投入和卫生系统现代化可能提速。①

5. 自动化需求强化

本次疫情带来的用工中断也使部分依赖中国的全球供应链受到一定影响，减少对人工依赖的生产线自动化趋势可能会进一步强化。

数字化时代尽管给我们展现了一幅充满了希望与美好的画卷，但是光明的道路必然崎岖不平。企业享受到数字化所带来的优势与便利必然要克服重重困难与障碍。以往，企业进行数字化产业升级的初衷在于降低成本。在效率相差无几，人力单位成本要远低于机器的前提下，站在企业角度，用机器替换人是十分可笑的举动。

新冠肺炎疫情使企业对数字化的需求与迫切程度前所未有地提升。在病毒面前人类展示出的脆弱性，也让我们清楚地认识到，无人化操作、工业物联网是有必要的，也是大势所趋的。很多追求自动化的初衷，并不是为了降低劳动力成本，而是实现工业机器人所具有的高精度、高重复性、高效率与高质量，与此同时，改善工人工作的安全性，避免工人直接暴露在有毒环境下。

工业市场对远程在线协同软件在工业研发与售后服务上的潜在需求也

---

① 王汉锋：《疫情带来的十大潜在改变》，http://finance.jrj.com.cn/2020/02/07085728790823.shtml，2020-02-07。

大大增加。例如,很多车间的设备需要修理和调试,不少售后技术支持,都在尝试远程在线指导客户做机器故障诊断调试。所以,集成设备数据、设备管理系统与工业IoT平台,很有必要。

由于富士康的高端刀具设备制造车间全自动化程度非常高,因此工期并没有因为疫情受到冲击。机器可以不停运转,数据随时可以传到电脑。

数字化演进之路颇为漫长。很多的所谓"数字化"都是雷声大雨点小,重噱头、轻基础,一味强调机器的作用,忽略"人"的核心作用。实际上即便再高端的设备、再智能的机器,在没有"人"的前提下,始终无能为力。机器运转不起来,是因为缺人;物流受限,仓库无人打理,进而导致材料供应紧张,某种程度也是因为缺人;售后服务不能做及时跟进,是因为工程师被困在了家里;为各大公共交通卡口安装测温设备,仍然需要人去调试;为火神山医院搭建一砖一瓦,靠的也是人……

从2016年便开始炮制的各种无人化、智能化工业机器人噱头,在真正需要用到它们的时候,好像没有派上多大用场,甚至纷纷"销声匿迹"。以往常说的送货无人机与医院使用的无人小车算是一个亮点,但这些案例也并不具备普适性。

数字化威力的真正发挥,并非企业使用了多少机器人、拥有了多少自动化的办公系统或者电子化办公设备,而是在于对于"联结"的理解与践行,联结更多的是背后看不到的云基础设施的搭建、管理系统的改进、前后流程的打通。归根结底是企业经营思路的转变、管理人员的重视、产业环境的支持与市场条件的成熟,真正体现出互联网时代"联结、共享、平等"的精神。

在背景截然不同、个性迥异的公司中,总是会有经历了数次变革、度过各种危机、保持旺盛生命力的企业。我们很容易看出,这些公司都有一个共同的重要特征：在危机中确定增长的信心，在危机中彻底地自我变革。易卜生说："真正的强者，善于从顺境中找到阴影，从逆境中找到光亮，时时校准自己前进的目标。"愿我们面对疫情，在困境中找到光亮，战胜疫情，成为真正的强者；愿企业面对疫情，在逆境中找到光亮，变革自我，成为真正的强者。

3 PART THREE
第三篇　联结与金融新生态

事实上，如今的金融业就是一种IT产业。

——周小川

◎ 金融新生态简述

金融新生态的概念

对金融最简单直接的定义是货币资金的融通,在学术领域,不同学者对金融有不同的定义。《新帕尔格雷夫经济学大辞典》将金融定义为资本市场的运营,资产的供给与定价,主要内容包括有效率的市场、风险与收益、替代与套利、期权定价和公司金融。在《金融学》中,博迪认为金融是人们如何在不确定的环境中进行资源的时间配置。在《货币银行学》中,黄达将金融定义为货币流通和信用以及与之相联系的经济活动的总称。

从功能的角度来说,诺贝尔经济学奖获得者罗伯特·默顿指出,金融系统具有六项基本核心功能:清算和支付结算的功能、聚集和分配资源的功能、在不同时间和不同空间之间转移资源的功能、管理风险的功能、提供信息的功能、解决激励问题的功能。在2017年召开的全国金融工作会议上,习近平总书记深刻指出,"金融是国家重要的核心竞争力,金融安全是国家安全的重要组成部分,金融制度是经济社会发展中重要的基础性制度",明确提出了做好金融工作的四条重要原则:回归本源、优化结构、强化监管、市场导向。特别强调,"金融是实体经济的血脉,为实体经济服务是金融的天职,是金融的宗旨,也是防范金融风险的根本举措","防止发生系统性金融风险是金融工作的永恒主题"。

总而言之，金融就是以融通资金有无为过程，以财富增值为目标，以杠杆为手段，以信用为基石，以边界为风险，以服务实体经济为归宿。为实体经济服务是所有金融工作的出发点和落脚点，金融是实体经济发展的血液，实体经济是金融发展的最终载体，金融的核心功能和作用只能在服务实体经济的过程中得到体现。如果金融的发展脱离了实体经济，再多的繁荣也只是昙花一现，最终只是镜花水月。

专家学者们的定义从不同方面揭示出了金融的特征，随着信息技术的不断发展，近年来信息技术在金融领域的应用逐渐成为了金融行业新的趋势与特征。从目前金融科技的发展和形态看，金融科技并没有改变金融的本质与功能，解决的仍然是资源的跨时空优化、配置资产、定价和风险控制的问题。

现代金融的三大重要基石是制度、技术和信息。金融系统每一次的深刻变革都是因这三者的自我进化和相互作用而发生的。制度是金融的基础和规则，技术是金融的创新与驱动，信息是金融的核心和本质。[1]

经济新常态是我们打造金融新生态的良好契机。经济新常态带来了金融体系的种种变化，一方面，金融风险在短期经济下行的背景下变得格外值得关注。在过去的经济增长中，房地产和地方融资平台是中国银行业信贷资产的重要组成部分，而这两个领域在当前的经济背景下则可能产生区域性的不良风险。我国的长期经济处于增速换挡期，银行快速扩张期和利润高增长期已处于尾声，传统业务的盈利空间不断被压缩，新增值服务的重要性在这个过程中会不断凸显。总的来说，金融体系的利润来源于经济增长，经济下行期间实体经济活力下降、居民购买能力下降、还款能力也

---

[1] 霍学文：《新金融，新生态》，北京：中信出版社，2015年。

随之降低。另一方面，经济新常态将不断促进金融体系转型升级。金融的本质是为实体经济服务，伴随着经济转型升级，金融体系必然进行转型升级，使之与新常态相适应。反过来金融新生态体系会进一步促进经济转型升级。随着金融体系转型升级，金融市场结构也会发生变化，金融发展方向会发生变化，服务小微企业、服务创新创业、服务社会民生将成为金融业的新增长空间。总而言之，更多的金融新形态、金融新模式会随着信息技术不断创新发展而涌现，在大数据、云计算、物联网、智能城市发展过程中，金融与科技的连接将呈现出越来越多的结果，科技在与传统金融融合发展中越来越成为推动传统金融转型升级的动力。

以银行为主导的传统金融体系，正在积极适应金融新生态。传统金融机构主要服务于大企业、大客户、大机构，对数量众多的小微企业的服务能力和服务范围有限。因此传统金融存在的制度歧视、资源垄断、效率低下等问题，在金融新生态下将得到根本的扭转。

数字化时代所带来的变革，令制度、技术与信息发生巨大改变，从而形成了新的金融生态。金融新生态将促进我国形成金融推动科技创新发展又受益于科技发展的良性互助格局。各种借助高新技术支持的金融产品与服务应运而生，进一步促进中小企业融资和高新技术企业创新，而信息技术创新又促进金融更进一步创新以服务大众和中小企业，从而形成金融业发展与科技进步的协调发展的创新格局。金融制度也必然随着金融新生态的发展而改变和更新，使自身能更好地与创新业务协调，鼓励、包容金融服务的良性创新，对不良现象要严格打击，保护投资者利益。

金融新生态更强调利用数字化时代所带来的全新联结形式与全新数据生产要素，金融服务和功能更即时、更快捷、更精准与更安全地适应大众的不同需求，其核心服务能力和产品开发更趋向于为社会和大众的生产生活提供多元化服务。与传统金融相比，金融新生态有三个"变与不变"。

一是服务国家建设的本质使命不变，但服务内涵全面深化。金融新生态深入智慧政务、消费互联网、新型智能城市等数字化时代的各个领域，通过融合金融洞察能力、科技创新能力和数字治理能力，推动实现高效透明的政府治理、精准智能的城市管理和泛在便利的民生服务，助力国家治理体系和治理能力现代化。

二是服务实体经济的核心职能不变，但服务能级显著提升。以银行为主的金融机构不再仅仅是融资等传统金融服务的提供者，而是融智赋能的资源整合者。通过为企业提供专业解决方案、科技基础设施和集成金融服务，帮助企业提升资源配置效率、降低交易成本、全面防范风险，成为与企业共生共荣的全生命周期伙伴，推动数字产业化和产业数字化协同发展。

三是服务人民美好生活的初心不变，但服务方式更加灵活多元。金融走出网点柜台，作为底层服务和触角，广泛融入住房、交通、教育、医疗、养老等生活场景，有效感知需求，为普罗大众提供触手可及、无处不在、精准直达的温暖服务。[1]

金融新生态的主要特征

金融新生态是新发展理念催生的、与经济发展新常态相适应的、服务于经济社会高质量发展和人民对美好生活向往的金融新生态形态。[2]金融新生态是以数据为关键生产要素，以科技为核心生产工具，以联结协同为主要服务理念的现代金融供给服务生态，具有以下特征。

---

[1] 田国立：《建设服务经济社会高质量发展的新金融》，http://www.rmlt.com.cn/2019/1016/559294.shtml，2019-10-16。
[2] 同注[1]。

一是金融新生态必然是以建立在新技术应用基础上的新功能为鲜明特征。贯彻创新的发展理念，必然驱使金融新生态将创新作为引领发展的第一动力。数字化时代所带来的技术与联结推动了消费与产业结构升级甚至是工业革命，催生了科技创新和金融创新。技术对金融的赋能，使传统金融体系无法企及的领域和人群获取便捷安全的信贷、支付和财富管理等服务变得越来越容易。

二是数字科技的发展是金融新生态的重要标识。数字科技运用能力提升，数字化时代下联结的演进，可以消解资源壁垒，打造数字化生产要素跨界流动和共享的新生态，使以前无法覆盖和满足的服务通过网络、移动通信、自助设备、智能终端等金融新生态功能和生态得以实现，让每一个社会成员都可以分享金融资源、获取金融服务，使金融的现代性与普惠性得到充分发挥。

三是金融新生态着力提升对小企业和普通大众的普惠金融服务能力。更好地解决普惠金融发展中的难点与问题是金融新生态的显著特征。普惠金融的本质主要体现在社会成员对金融服务的可得性及金融服务的覆盖面与客群结构。传统金融体系主要满足经济快速增长过程中国企、大中型企业、重大项目、财富群体的金融需求。相对而言，中小企业、中产大众和弱势群体的金融服务并没有得到满足。金融新生态的鲜明特征就是通过普惠金融的发展破解上述难题。

四是贯彻协调的发展理念，必然要求金融新生态在解决不平衡不充分的发展问题上发挥更大作用。这不仅要求金融新生态要善于发挥各地区比较优势，促进生产力布局优化，还要求金融新生态要不忘初心、牢记使命，支持革命老区、民族地区、边疆地区、贫困地区加快发展，构建连接东中西、贯通南北方的多中心、网络化、开放式的区域开发格局，不断缩小地区发展差距。

联结在金融新生态中的作用和地位

近年来，信息技术发展非常迅猛，大数据、云计算、网络基础设施、移动互联网都在快速发展，特别是区块链、分布式账本技术（DLT）。从历史看，金融业的发展很大程度上依赖信息技术的发展。[①]数字化时代的来临丰富了人们获得信息的媒介，改变了人与世界的连接方式。随着整个社会信息化的不断推进，人与机器、人与信息、机器与机器、信息与信息的交互连接不断增多并呈几何式增长，创造了新维度、新社群和新模式，进而催生出社会方方面面的新生态，新生态又孕育出新的连接形式，形成螺旋闭环，不断盘旋上升，从而形成了新的联结生态。我们在此使用"联结"而非"连接"，是因为"连接"一般是指物体之间无生命体的连接，表示两种物体连到一起并接上，连接的物体本身并无变化。而"联结"一般是指整体有机的结合，物体不仅是单纯的连接，而是令彼此发生变化的联合与整合。因此，"联结"可以更好地体现生态的定位与价值。

金融与科技的联结，最明显的特征为信息科技在金融行业的普及应用。大数据、区块链、人工智能、云计算等数字科技为引领的新的科技革命，使金融行业传统的业务模式不断被更新、打破，通过"金融+科技"的模式提供新的产品和服务，有效提高了金融行业的运营效率。金融科技有助于转变经济增长方式，通过金融与科技的连接为传统模式下不易获得金融服务的主体提供了支持，包括股权融资、信用借款、场景消费贷款等多种形式，从而促进中小企业的发展，扩大消费、拉动内需，提升这些主体对经济的贡献率。

[①] 杨燕青，周徐：《金融基础设施、科技创新与政策响应——周小川有关讲座汇编》，北京：中国金融出版社，2019。

金融与产业的联结。通过应用数字科技，融入各类产业互联网生态中，传统金融机构创新了自身的商业模式与服务方式，有效拓展了客户群。在金融科技赋能金融机构的同时，通过与产业结合，也有效服务了实体企业，帮助产业链上、下游企业构建起协同发展的生态体系，实现产融共赢。科技与金融联结的本质是将金融资本倒流至实体经济，是推进普惠金融、扶持中小企业，扩大内需促进我国经济结构转型升级的必然选择。

金融通过联结解决难题。数字科技的进步极大地推进了普惠金融的发展与应用。以支付为起点，让更多、范围更广的人可以享受到金融服务，让偏远地区的人们可以快速达成交易，更广泛地普及了金融服务。通过渠道普惠、服务普惠和覆盖普惠等多方面来实现普惠金融。首先是渠道普惠，联结的发展为金融科技提供了广阔的土壤和渠道，使金融机构或其他通过金融科技提供服务的主体能够突破地理和物理的限制，更快、更低成本地为更多人群提供相应的金融服务。其次是服务普惠。联结为普罗大众带来了更好的产品，从改变人们的支付习惯，到各种理财产品的出现，再到各种场景消费贷、小企业供应链金融的兴起，都为一般大众接触金融服务、投资金融产品提供了便捷的平台，是大众理财时代服务普惠的直接体现。最后是覆盖普惠。联结将大数据、云计算、区块链等技术融合到金融服务的风险控制中，对过去因资质不符合传统金融机构要求而无法获得金融服务的人群进行更准确的风险评估，使这些人群获得适当的金融服务和投资机会，无论地理范围还是人群类型都覆盖得更加广泛。

多年以来，普惠金融的发展遇到诸多瓶颈，一个主要的原因是我国征信水平和覆盖有限，小微企业、个体经营者、农户、较低收入水平的个人等缺乏征信数据作为信用支持，银行等传统金融机构无法将其纳入自身的风控评估体系，不能对这些群体进行准确的风险判断，在贷前、贷中、贷后"三查"阶段也缺乏有效的风控手段。即便一些小机构为了冲规模，通过放款准入等方式扩大风险容忍度开展了一些业务，但在宏观经济形势发生变化时，这种行为极易造成风险聚集，形成不良。一直以来，民营企业都是我国经济发展中促进经济增长、解决就业、科技创新的最大的动力引擎，是保持社会经济活力的重要支撑。但是民营企业长期面临着融资贵、融资难的问题，其中小微企业最为严重，贷款申请难度高、周期长、贷款成本高，是小微企业融资面临的普遍现象。由于小微企业通常缺少可以用于抵押的固定资产，财务信息不规范、不完整，导致金融机构无法评估其风险，在这种情况下，很少有金融机构冒着潜在不良的风险给小微企业贷款。在小微企业和金融服务之间，需要专业化的连接，能够让金融机构更准确地理解企业的发展和风险，对各层面的信息进行高效、有效地整合，对各个领域的风险控制做得深入细致。

金融新生态下的联结主体形式

目前在我国金融新生态中发挥联结作用的主体以专业金融科技公司、传统金融机构、互联网金融科技公司和持牌综合型大型数字科技公司为主。

1. 2B纯科技模式（以同盾科技为例）

同盾科技是国内第三方智能风控与分析决策服务商，致力于利用人工智能、大数据、区块链、联邦学习等科技手段解决信用风险和欺诈问题，目标是成为一家卓越的科技创新企业。

同盾科技为多个行业的客户提供基于大数据的风险控制与反欺诈服务。在金融领域，同盾科技的风控系统运用了多项风险识别技术和模型，通过设备指纹、生物识别、地理位置检测等方式获取海量的用户数据与交易信息，利用大数据进行智能风控。基于用户数据与风险指标选取的差异,风险模型灵活多变,适用于反欺诈的多种场景。例如,在汽车金融领域,同盾科技将反欺诈识别、信用评估、风险网络等贯穿于从车辆贷款申请到车辆交易的各个环节,对可疑交易主动预警,形成风险处置的闭环。在此过程中,同盾智能风控系统对平台金融交易进行实时分析,丰富传统风控数据维度,实现了对实时交易的精准风险管理。

同盾的主要产品及服务分为五大板块:一是信贷风控服务,包括贷前审核、贷中复查、贷后监控、联合建模、同盾智信分、信贷保镖、逾期管家;二是反欺诈服务,包括业务风控服务(渠道、接口、账户、交易、支付、营销等)、欺诈洞察(欺诈情报、行业报告);三是信息核验服务,对应关系验证;四是核心风控工具,包括决策引擎、模型平台、复杂网络、案件管理;五是核心风控技术,包括设备指纹、代理检测、人机识别、地理定位技术、AI风控模型、黑产工具识别、全网黑产名单库、虚假号、小号识别、地址雷达、实时团伙检测。

同盾的核心优势在于:专注于数据与技术服务;数据源与数据技术优秀;对数据源需求方了解深刻与专业。

2.2 C为主综合性科技模式(以蚂蚁金服为例)

蚂蚁金服基于"支付宝"APP,建立了以支付为入口的综合开发型金融生态。蚂蚁金服旗下包含理财、消费、信贷、保险等多种产品,依托于基于海量数据建立信用体系和风控体系,以云计算、大数据、AI、区块链和物联网为主要技术手段和平台基础设施,连接日常生活中衣食住行各个场景,为消费者提供全包围式的金融服务。支付宝内不同的场景产生了不同需求,需求产生的数据驱动开发,开发的结果进一步满足需求。

移动支付是蚂蚁金服涉足金融业务的起点。在互联网以用户为中心的思维下,锁定支付即锁定了用户,蚂蚁金服进而将生活场景、消费场景和金融场景一并纳入，构建了包括理财、信贷、保险在内的全产品平台。蚂蚁金服的理财平台是面向金融机构的开放平台，以蚂蚁财富为载体，目前涵盖余额宝、定期、基金、黄金和股票行情五大板块。消费信贷平台主要以场景支付"花呗"和消费贷款"借呗"为载体，对场景和资金方双向开放。场景端覆盖了阿里系电商场景，还对外拓展至居民日常多种线上线下其他消费场景。保险板块与保险公司互为开放生态，包括场景保险和平台保险，涵盖退运险、账户安全险、乐业险、车险等产品。信用、风控、运营能力为产品平台的开放提供有力支撑。芝麻信用主要衡量交易对手的履约程度，更多聚焦于商业信用领域。向行业开放的"蚁盾"风控体系主要接入出行/航旅、电商、公共服务和金融等多个领域，服务于横跨交通、消费、金融领域的2000多家机构，为行业客户提供全网联防联控解决方案。2017年成立的Zoloz全球身份可信平台向全球开放领先的金融及生物识别技术能力，进一步丰富了蚂蚁的开放生态。云计算、大数据、区块链和人工智能是蚂蚁金服主要的技术手段和底层基础设施，通过提升对多场景、突发场景和复杂场景的应对能力，蚂蚁金服积累了扎实的技术能力和应变能力，这是其长期发展的重要基础和保证。

蚂蚁金服的核心优势在于打造了超级APP——支付宝，以支付方式锁定大多数用户，并在支付宝中接入多场景，极大地丰富了数据并快速获取了多样化的海量数据，以海量数据为基础不断训练模型，提升模型能力，提升自身风控能力，进入良性循环。

3.2 C为主金融机构科技模式（以招商银行为例）[1]

近两年招商银行加快实施"金融科技银行"战略，不断推进互联网、

---

[1] 陈善娜：《金融科技赋能　助力小微企业　招商银行打造普惠金融服务新模式》，http://finance.cqnews.net/html/2018-07/19/content_44651728.htm，2018-07-19。

大数据及人工智能技术在小微服务的全流程应用，探索解决小微业务"笔数多，金额小，效率低"以及"信息不对称，风险高"两大难题，通过建立零售信贷工厂实行集中审批等一系列重大创新举措，构建起快速、高效的普惠金融服务新模式。作为国内领先的股份制商业银行，招商银行率先走出了一条以金融科技为支撑、以服务小微为重心的具有鲜明特色的普惠金融发展之路。

早在2015年，招商银行就率先推出了PAD移动作业平台，充分应用了金融科技、大数据风控技术，改变了传统的贷款业务人工操作模式，实现了小微业务的轻作业、轻运营和轻成本。客户经理通过PAD大幅节省了纸质资料传递所耗费的时间，审批人员可通过PAD移动作业平台现场直接进行预审批，资料齐全现场就能报件，90秒获取预审批结果，24小时内完成审批，大幅提升了小微客户申请贷款的时效。在前端高效报件的同时，招商银行还建立起了强大的审批中心——零售信贷工厂，改变了以往小微贷款审批区域分散、标准不统一、风险难以集中把控的问题。截至2018年末，招商银行已完成全行44家分行全部集中审批，真正实现了"一个中心批全国"。同时，招商银行持续优化贷款审批前的中台作业流转程序，为小微金融服务打通全程高速公路。对小微客户的贷后服务，招商银行也充分应用金融科技的力量，将部分服务项目向线上分流，依托手机银行方便小微企业客户自助快捷办理。

除了快速、高效的普惠金融服务模式外，针对小微客户的行业特征、经营及融资特点，招商银行还建立起一套立体化的普惠金融产品体系。针对拥有优质房产的"有房"小微客户，设计了小微企业抵押贷款、小微企业配套贷款、小微企业月供贷款和小微企业小额信用贷款；针对小微客户的物流、信息流、资金流等"有数"小微客户，设计了小微企业POS商户贷款、小微企业供销流量贷款、小微企业AUM信用贷款。针对不同区域小微客户的特点，也开发了具有区域特色的创新产品。例如，东莞联合当地政府推出"小额创业贷款"产品，为在东莞创业人士提供20万元免息贷款资金支持，利息由财政局全额补贴给客户，借款人一次性到期还本即可。在加快实施"金融科技银行"战略的同时，招商银行也着力打造总分垂直化管理的普惠金融服务模式。截至2019年末，招商银行已在44家一级分行全部成立了普惠金融服务中心，设立有400多个小微金融服务团队，2000多名小微金融服务客户经理，为普惠金融客群提供专业化服务。

以招商银行为代表的传统金融机构的核心优势在于专业金融机构的地位，市场认可度较高，存量经营网点与人力较为充足，资金实力强。

4.2 B为主科技+基础设施模式（以京东数科为例）

京东数字科技控股股份有限公司（以下简称京东数科）自创立以来，便始终坚持"以用户为中心，提升用户体验"这一初心，牢记"以科技为美、为价值而生"的使命，坚守"旨在成为顶尖的数字科技公司、数据生产要素最佳提供商与服务商"这一商业定位，依托独有的数字化生态，打造其独一无二的核心能力。

京东数科具有独一无二的数字化生态，即"闭环+榕树"生态，其根基是超过3.3亿的自营电商消费者（全球最大自营电商）、800万以上商户和20万中小微企业，有超过600多个仓库、覆盖全国99%人口的物流网，以及智能城市、智能农牧、数字化营销等多场景沉淀的海量数据。京东数科的核心科技包括区块链、人工智能、物联网、大数据等技术，基础设施是京东数科的类金融牌照和业务，二者相互结合，共同搭建了京东数科发展的主干，其枝叶技术能力、业务场景、生态闭环为更多行业产业有效构筑起连接，包括为传统行业构筑数字化的金融联结（赋能金融、自金融、风险防控等能力）、营销联结（赋能行业、拓展销售和营销渠道等）、中介联结（帮助产业提升精准客户触达，提升销售能力）、产业科技联结（科技赋能更多产业、利用科技降本增效等）。最终落叶归根，以物联网、5G为基础，用共建共生替代自我封闭，实现数据和技术应用在多产业、多链条的网状串联和协同，创造更大的产业价值和客户价值。

此类机构作为独立的专业第三方技术公司，具有开放、共建、中性、科技专业与综合的优势。

5. 实现联结的基础要件

商业银行是金融市场上社会影响最大、资金量最多、涉及面最广的金融机构。安全性、流动性和盈利性是商业银行的基本经营原则，其中安全性是商业银行的第一经营原则，是流动性和效益性的基石。因此，金融机构与数字科技公司的合作基础首先就是考虑其安全性是否满足要求。通常数字科技公司的产品与服务若得到银行的普遍认同与接受，至少要同时满足五方面的条件：第一，数字科技公司需要在相关金融领域有丰富的经验积累和成功的经营模式，同时具备服务金融的实践能力；第二，数字科技公司需要有海量、多维度、真实、准确的用户信息；第三，数字科技公司需要具备广泛、多渠道的真实场景；第四，数字科技公司需要将产业与科技相融合，在行业内具备领先的技术优势；第五，数字科技公司的运营符合法律、法规要求，特别是在数据信息安全方面需要得到监管认可。在这样的准入要求下，要实现数字科技与金融机构（特别是商业银行）的共建，客观要求科技公司本身具有成熟的类金融运作体系与经验，而作为非金融机构的科技公司，想要获得经验，必须依靠类金融牌照先开展业务积累数据和经验，并在展业过程中不断通过实践数据训练模型，以达到可满足金融机构合作底线的要求和获得合作对方的认可。而通过数字科技的方式形成金融服务与终端消费者的连接需要长期的实践经验与"自有资金+

自有牌照"的运营，否则银行等金融机构很难一下接受新模式、新方法与新技术。

通常情况下，科技公司对类金融牌照这种"基础要件"的使用过程如下。

第一，牌照要服务增量金融需求需要新技术、新模式；

第二，公司通过"自有资金+自有牌照"的基础设施充分验证技术、模式的成熟与可靠；

第三，基础设施验证结果满足金融机构要求之后，公司逐步完成成熟转化并将数据与技术能力推向市场；

第四，类金融牌照使命完成，不管盈利有多高，坚决退出并再进入下一个新技术、新模式的实验。

在牌照的使用过程中，科技公司的主要诉求是训练模型、获取经验，不以盈利为目的，使用牌照的边际成本近似为零。全程坚持合法合规经营，接受强监管，严格控制杠杆率，不获取超额息差，确保风险管理与定价完全由银行自主决策。

金融与科技联结的核心基础要件是类金融牌照，这并不意味着金融机构以外的科技公司试图通过牌照来取代传统金融机构在金融新生态中的角色和作用。科技公司持有类金融牌照并不是为了做金融业务，这不仅因为金融业务不符合科技公司的业务定位与商业模式，更重要的是因为，科技公司持有类金融牌照是金融新生态初期不得不选择的一条发展路径。

◎ 促进金融稳定

金融稳定工作呈现新特点

目前,金融监管制度进一步完善,审慎经营理念得到强化,市场约束逐步增强,野蛮扩张等行为总体收敛,金融乱象整治取得阶段性成效,金融运行整体稳健,金融风险总体可控,守住了不发生系统性金融风险的底线。当前金融稳定的工作向"深水区"迈进,主要呈现以下特点。

一是新时代。数字化时代令各行业、各领域的生产要素与信息以数字化的方式互联互通,甚至数据自身已成为生产要素,这直接导致各个行业传统的生产方式与业务模式迅速地发生变化与变革。以往金融风险的管理与防范逻辑与方法受到不同程度的挑战。

二是新矛盾。小微企业与个人对金融服务需求的高速增长与目前金融供给侧的普惠性不足之间的矛盾,成为产生潜在系统性金融风险的重要原因。

三是新特征。在新时代下金融风险还出现了扩散性强、衍生形态多样、蔓延方式隐秘、发生速度快、受众范围广、监管相对滞后等特征。

如何在保证金融服务有序、务实、有效的同时,防止脱实向虚、防范金融乱象。以国务院金融稳定发展委员会与"一行两会"为代表的领导单位制定了行之有效的政策并取得了瞩目的成就。

但是我们也看到在数字化时代下优秀的数字科技公司在金融稳定中的作用没有被深刻与充分地认识到,并且有不少"妖魔化"的扭曲。实际上,充分理解市场中优秀的数字科技公司的业务模式与发展方向,不但有助于规范其在数字化时代中参与或协助金融业务的行为,还可以针对金融稳定"深水区"中的特点所产生的难点与问题提供行之有效的方法或解决思路。

数字化时代的联结对金融稳定的积极意义

1. 促进金融机构风控理念转型,推动业务发展

金融机构提供金融服务时会详细分析融资主体的资质信用,如果资质未能达到金融机构的标准,就要提供抵押、质押或保证等增信方式。但是市场中有极大一部分企业或个人不能满足金融机构的融资要求,金融机构失去了为这部分客户提供服务的机会,也错失了获取更多收益的可能,普惠金融客户就是典型。究其原因还是金融机构的风险管理理念和能力未能支撑其开发这类客户,但是数字科技可以为金融机构提供创新的管理工具,解决开发这类客户过程中的痛点问题,比如信息不对称、贷后管理缺失、客户综合营销成本高等。同时,合理运用先进科技,可以创新风险管理模式,挖掘数据等新类型资产的价值,实现对风险的提前预测、管理和承担,如数据质押增信方式的提出和运用。数字科技以及同产业的更好联结帮助金融机构对企业融资的关注点回归到了金融本质,助力金融机构结构转型,缓解收入增长的压力。

2. 推动全社会共享金融资源,促进社会公平、稳定

目前,大型企业、优质项目是金融机构资源支持的重点,众多金融机

构同时围绕同一目标客户提供服务,形成了激烈的竞争,也造成了金融资源的浪费。与此同时,小微企业、"三农"等弱势群体虽有金融服务需求,但碍于资质、易受行业环境影响等,与金融机构传统的风管理念不匹配,不能获得充分的融资支持,也限制了其发展。2020年2月,银保监会副主席周亮在国新办的发布会上表示,我国普惠型的小微企业贷款余额2019年增长了2万多亿元,增速达到了24.6%,远高于各项贷款增速;贷款户数增加389万户,综合融资成本下降超过1个百分点。虽然取得显著的成绩,但是我国小微企业的融资难、融资贵问题并未彻底解决,未来政府仍须努力,不仅要提升规模,更要提高质量,提高信用贷款、续贷和中长期贷款的比例,这也是困扰企业的痛点和难点。而在消费金融领域,根据国家金融与发展实验室发布的《2019年中国消费金融发展报告》,我国仅40%成年人可以获得银行的服务,远低于发达国家的水平。

让社会各阶层、群体都享受到适合自己的金融服务是普惠金融的初衷,在激发经济活力的同时,通过普惠金融在支持就业、帮助脱贫、教育等方面的重要作用,最终帮助实现社会公平;反之如果这些群体长期被排除在传统金融体系之外,融资需求长期被抑制,势必会促使其寻找新的渠道去缓解迫切的资金压力,这也是前期以P2P为代表的金融乱象主体野蛮生长的基源。科技与金融联结、产业与金融联结,为普惠金融赋能,目的是利用先进的科技技术解决普惠金融的难点和痛点,将金融资源提供给真正有需求的社会群体,从而帮助维护社会稳定和实现公平发展。

3. 促进社会创新,助力金融稳定、经济健康发展

中小微企业是国民经济和社会发展的生力军,是扩大就业、改善民生、促进创业创新的重要力量。《中国小微企业金融服务报告》披露,我国中小微企业贡献了全国50%以上的税收、60%以上的国民经济产值、

70%以上的技术创新、80%以上的城镇劳动就业、90%以上的企业数量，在稳增长、促改革、调结构、惠民生中发挥着重要的作用。可见，中小微企业已经成为我国社会创业、创新的重要载体。科技赋能金融，降低了中小微企业融资的门槛，为其生存和发展提供了保证，也进一步保障了社会的创新活力。

此外，我国金融行业迅速发展确实为经济提供了强大的支撑动力，但也催生了许多金融乱象，直接影响了经济发展和社会稳定。金融市场乱象频发，也对监管提出了更高的要求。在数字科技与数字化高速发展的背景下，利用科技成果满足更高治理要求、提升监管效率、降低监管成本，已经成为时代所趋。可见，充分认识与运用好数字化时代的联结，在保证社会创新、进步的同时，大大提升了政府的监管能力，对金融安全、社会稳定产生了不可替代的作用。

金融科技为金融稳定带来的新挑战与新机遇

金融科技的发展极大地推动了金融业的进步，但是科技本身也同样面临各种风险和不确定因素，这些区别于传统金融的新风险对监管提出了更高的要求。在科技赋能金融带来机遇的同时，金融服务也会面临新的风险或增加现有风险。与传统金融相同的是，金融科技也无法避免道德风险和逆向选择，同样会面临信用风险、市场风险、操作风险、流动性风险和声誉风险。然而，金融科技中含有特殊的科技因子，其所包含的风险更为复杂和隐蔽，出现了新的形态和特征，特别是技术风险，保证数据隐私和网络安全变得十分重要。

依据国际普遍经验，法治监管对金融科技的良性发展尤为重要，有完善监管体系、法治精神护航的国家，通常金融科技的发展相对比较稳定；

相反，如果监管制度对金融科技没有足够安排，或者索性不纳入现有监管范围的，通常从业人员也会缺乏足够的法治精神，金融科技反而会成为社会隐患，可能出现洗钱、涉恐融资等方面的问题。目前，监管政策主要在现有的法律、法规或指南中添加对技术监管的原则，防止各参与方利用科技监管套利。监管面临的挑战是如何在最大程度地提高金融科技收益的同时，最大程度地降低其对金融市场的潜在风险。

数字科技为金融行业带来了新的发展机遇，而监管、政策是保证金融稳定与健康的基础。为了数字科技和金融的良性发展，政府机构需要制定法律法规，提供基础设施服务，促进创新。2015年7月，人民银行联合十部委发布《关于促进互联网金融健康发展的指导意见》，拉开了金融科技监管的序幕。2016年4月起，由国务院部署、多部委共同行动在全国开展了对互联网金融专项整治工作。2018年，人民银行再次明确指出互联网金融风险是金融风险的重要方面。当前，各政府机构对互联网金融行业进行监管是为了防止行业的野蛮生长、监管套利，维持社会的稳定，更是形势所趋。特别要注意的是，大型金融科技公司拥有广泛的客户、技术、资金优势，具有市场竞争优势。所以，未来金融科技服务提供商集中度会越发提高，金融机构会越来越依赖第三方提供的技术支持，这也可能给市场带来新的风险和挑战，单个服务提供商出现技术、法律合规、运营等问题时，可能会破坏多个市场参与者的经营活动，甚至会发生系统性风险。因此，监管当局应该整体考虑设计顶层制度和政策框架，以解决相关问题。

金融是国家重要的核心竞争力，金融安全是国家安全的重要组成部分。党中央、国务院高度重视防范化解金融风险，多次对金融监管工作提出新的、更高要求。近年来，各类技术蓬勃发展，监管科技的概念随之产生，其目的是利用先进科技成果优化金融监管模式，提升监管效率、降低监管成本。在严监管的背景下，金融科技的发展要符合政策要求。金融科技是先进的生产力，也可以在政府监管中发挥作用，帮助金融机构更好地合规经营。监管科技的核心技术主要包括大数据、云计算、人工智能、区块链等，目前，利用技术助力监管已成为行业普遍做法，与各种科技结合，监管技术也迎来了新气象，未来金融监管将变得更加敏锐、实时、智能、标准。金融监管机构充分利用科技技术，可以实现自动化的数据收集、分析、处理；通过对数据进行快速分析，便于快速部署；实时监控各项指标数据，使监管更具时效性，及时识别风险和处置风险；实现数据共享、结构统一，便于后续形成标准化的监管体系，最终助力行业健康发展、社会稳定。2019年10月，人民银行等六部委正式批准在北京开展金融科技应用试点工作。

可以预期未来一段时间内，对金融科技行业的监管仍然趋严，严监管环境有利于行业的规范经营，降低系统性风险。而金融科技在助力金融监管、维护金融稳定方面，将发挥越来越重要的作用。

◎ 解决普惠金融难题

普惠金融，是指立足机会平等要求和商业可持续原则，以可负担的成本为有金融服务需求的社会各阶层和群体提供适当、有效的金融服务。小微企业、农民、城镇低收入人群、贫困人群和残疾人、老年人等特殊群体是当前我国普惠金融的重点服务对象。传统金融体系受经济的影响，主要满足了经济快速增长过程中国企、大中型企业、重大项目等的金融需求，相对而言，向中小企业等提供的金融服务还有所不足。

信息技术的高速发展是科技与金融联结的基石。这种联结极大地提升了金融生产力，提高了金融的效率，使金融资源不再局限于特定的地点、特定的人群，这些特性使科技与金融的联结在很大程度上改善了普惠金融发展中存在的问题。

普惠金融发展中存在的问题、痛点与难点

发展普惠金融是国际性难题，近年来，我国普惠金融发展稳步推进并取得了多方成效。但需要注意的是，传统模式下为小微企业、"三农"、贫困人口提供金融服务成本高、风险大的特点并未发生明显变化，商业可持续性仍然面临挑战（见表3-1）。

表3-1　　　　　　　　　　普惠金融与主要难题

普惠金融相关条件	达成目标	全球性难题
机会平等	降低信息不对称	成本高 效率低 风控难 商业不可持续等
商业可持续	适度盈利和可发展	
可负担成本	尽可能提升效率、降低成本	
有金融服务需求	准确识别真实需求	
社会各阶层和群体	精准触达目标客户	
适当、有效的金融服务	提供负责任的金融服务	

目前，国际上较好的实践经验主要有：德国的合作金融模式，通过建立个人、企业和各级合作银行自下而上入股、自上而下服务的合作银行体系，合作银行的股东即为合作银行的主要客户，其业务紧紧围绕客户的需要来开展，中央合作银行把推动合作体系的健康发展作为自己的主要任务。巴西推广的代理银行业务模式，由一些非银行机构为群众提供金融服务，但是所有的缴费标准、规则都严格按照银行的规定执行，银行会提取一定比例的费用给代理机构。

对于我国金融机构来说，普惠金融难以实施的主要原因如下。

首先是成本高、效率低的问题。中国很多偏远地区地广人稀，金融基础设施缺乏，银行新设机构面临着巨大的固定成本。同时，普惠金融业务具有批量化的特征，银行信贷业务的获客、申请、受理、授信、放款、贷后等一系列流程管理也大量依靠人工审批和操作，这种做法不仅人力成本高，而且降低了金融服务的效率。

其次，资质弱是普惠金融客户的共性。普惠金融面对的是中、小、微、弱群体，一般规模较小、资质较弱，易受宏观经济、行业变动的影响，抗风险能力较差，且缺乏房地产等价值高的抵（质）押物，不符合传统金融机构的融资要求，因此无法通过传统的融资模式解决普惠金融难题。

再次，风控难是普惠金融无法有效推进的重要瓶颈。银行信贷业务的核心是风控，普惠金融风控难主要是由于信息不对称。银行进行风控主要使用的信息是征信信息和部分资金流信息，缺乏对普惠群体商流、物流和信息流的获取渠道。目前我国的征信覆盖率约为40%，普惠人群往往是目前征信没有覆盖到的群体，对银行来说，在征信信息严重缺失且没有行为信息的前提下，难以有效识别和控制风险。

最后是商业的不可持续性。银行的资金来自普通储户，保证资金安全是银行的第一要务，在这个前提下，银行无法在征信信息不足的情况下为大量缺乏信用历史的群体提供金融服务。在传统融资模式下，银行更多地考虑融资主体本身的资质或者增信方式的可行性，是否能够保证第一还款来源，是否有足值、变现能力强的资产作为抵（质）押、作为补充还款来源。

数字化时代的联结对普惠金融的意义

普惠金融面对的目标客户群较为特殊，传统金融注重融资主体本身资质，其增信方式的授信理念无法完全在普惠金融行业复制。就企业类客户来说，一般的大企业和项目与小微企业的融资模式和融资规模显著不同，小微企业融资金额小且分散，单户集中度较低，但是户数总量大，需要依靠批量化的操作模式和风险分散的管理理念，这就需要传统金融机构转变风险管理模式，而金融科技的出现和发展为金融机构的结构化调整提供了技术支持。

在数字化时代下，数据成为了新的生产要素，而普惠金融在科技生产力的加持下可以实现新的跨越式发展。普惠金融重点面向小微企业、"三农"等客群，在科技赋能下金融机构能够破解投入大、风险高、风控难等问题，为其提供科技解决方案。通过科技构建的场景化服务，可以有效降低金融服务门槛，将服务延伸到传统服务模式下难以触达的领域，让众多小微企业和"三农"客户有机会享受到平等、便捷的金融服务。

首先，联结有助于形成闭环生态圈。在金融机构的传统服务模式下，普惠金融独立于生活、消费等场景，风险评估和管理依靠的是客户资质及其他增信措施，金融产品同质化严重。科技联结下形成的场景化服务可帮助借款人形成从满足基本生活到融资服务的服务供给生态，金融服务更具个性化、针对性。同时，配合借款人的消费、行为习惯，科技能不断完善和扩张这张网络，将单一场景中的服务、需求扩展至其他关联场景，最终涵盖全部生态。这种闭环生态越完善，涉及的角色、节点、流程就越多，客户的忠诚度和贡献度就越高。另外，金融科技以数据为依托，使金融服务蜕变成基于产业链的信用共享，并衍生了多种模式，原来产业链上分工明确、相互独立的环节也逐步形成相互依存的闭环生态圈。在产业链的闭环生态内，商流、物流、信息流、资金流实现数字化，所有信息经过多方验证后实时共享，因此也能够最大程度地保证交易的真实性、数据的准确性、信息的完整性、线上的实时性，真正实现了"四流合一""四性齐备"。

其次，联结可提升普惠服务效率。从客户触达角度看，科技赋能下金融机构的获客渠道呈现开放式、批量化的特点。目前，金融机构在客户获取上，主要通过物理网点、客户经理对外营销等方式，覆盖区域有限、获客成本较高，这是普惠金融发展的重要阻碍。金融科技具有技术、场景、数据的巨大优势，可以突破物理的限制，拓展客户渠道，帮助金融机构更快、更好、更高效地服务客户。从客户服务角度看，可帮助金融机构精准触达客户需求，进一步深挖客户需求，甚至创造出新的客户需求，增强客户黏性。例如，在消费、支付等场景内着潜藏着融资需求的目标客户，这些场景配合技术手段可成为金融机构批量转化客户的切入点。同时，相同场景下的客户特征比较一致，行为、能力、需求大致相同，较大可能具备相似的金融需求。因此，找到一个恰当的场景，金融机构可以批量获取目标客户，避免在市场上漫无目的地寻找符合准入标准的目标客群，极大地提升了获客效率及经济效益。

最后，联结提升风险管理能力。在当前利率市场化的背景下，可以预期普惠金融客户是金融机构未来高收益资产投放的重要客户群体。中小微企业长期面临融资难、融资贵的问题，信息不对称是金融机构面临的主要问题，银行获取客户真实、完整信息的难度和成本极高。信息缺失导致银行无法合理评估借款人的风险水平、为其匹配合适金融产品。金融科技通过场景化服务积累海量、多维的用户基础信息，包括基本的个人数据、交易历史、信贷、服务、支付等数据，帮助构建精准的用户画像，帮助金融机构逾越借款人单方面提供的信息，直接了解其经营状况、上下游供应商、物流信息、还款意愿和能力，为金融机构的信贷决策和过程管理提供坚实的基础。同时，配合大数据、物联网、人工智能等新科技，从精准营销、尽职调查、产品设计、审查审批、贷后管理、流程优化等领域，全方位为金融机构的信贷决策和风险管理提供坚实基础，解决普惠金融难题。未来，普惠金融要突破重企业资质和抵（质）押物的传统融资模式，用科技作为联结，以数据为新资产，实现创新金融模式。

供应链金融、消费金融是普惠金融的主要应用领域，是重要的战略阵地。供应链金融以核心客户为依托，以真实贸易背景为前提，为供应链的上下游企业提供的金融服务，主要解决的是中小微企业的融资难题（甚至可以拓展到终端消费者）。消费金融是基于消费行为向消费者提供的金融服务，满足个人正常的融资需求。目前在我国，无论是供应链金融还是消费金融的发展都遇到了瓶颈，甚至影响了市场秩序和金融稳定，显然只有解决好现实问题它们才会有健康的未来。实践证明，传统手段已经无法满足现实的需求，而数字科技的创新为供应链金融和消费金融开辟了新天地,提供了新手段、新方法。物联网、区块链、大数据等技术可以突破金融困境的束缚,帮助供应链金融、消费金融良性发展,落实普惠金融,让普惠群体真正受益,促进经济发展、市场稳定和社会公平。

下文将具体就数字科技在这两个领域所形成的联结以及重要的意义与作用展开详细的论述。

普惠金融的发展前景

当前,我国经济步入新常态,经济增长从规模速度型粗放增长转向质量效率型集约增长。经济背景的转变对金融的服务功能和运行模式业提出了新要求,金融新生态应运而生。金融存在的价值取决于其在合理的范围内能否为个人、企业及各类机构提供充分的服务。如果金融需求不能被满足或是服务不够充分,则说明这个体系可能存在着缺陷或问题。传统金融体系受绩效考核影响,主要看短期绩效,偏重于规模、收益和风险,对规模小、抗风险能力差的小微企业或"三农"群体的金融服务相对不足。

2013年,党的十八届三中全会将"发展普惠金融"确立为国家战略。小微企业、农民等特殊群体是我国普惠金融重点服务对象。大力发展普惠金融是金融业可持续均衡发展的必然要求,可以增进社会公平和社会和谐。

普惠金融一直是政策大力支持的金融服务,过去有很多企业打着普惠的旗号,做的是"空金融",没有做真正的普惠金融,没有真正地服务于老百姓和实体经济。近年来,监管机构的目标之一就是回归金融的本源,而对于普惠金融来讲,就是要以金融做实"普"和"惠"。所谓"普",是指在风险可控的前提下,让原先缺少机会得到传统金融服务的特殊群体通过金融科技赋能等方式,解决融资难的问题,展现金融的包容性、广泛性、可得性。"惠"就是金融机构基于风险偏好，对特殊群体的金融服务提供差异化风险定价，融资利率不搞"一刀切"，降低社会综合融资成本。

近年来，人民银行、银保监会将普惠金融作为服务实体经济、推进供给侧结构性改革、落实新发展理念的重要突破口，协同各部门、地区出台了一系列措施，目的是做好顶层设计，推进普惠金融发展。未来要做实普惠金融，需要从提升金融机构服务能力、完善信息体系、健全数据指标体系、加大金融消费者权益保护力度、强化试点改革创新等维度着手，围绕小微企业、"三农"等普惠金融服务重点，通过政策支持、绩效考核、监管引导等多种方式，引导金融机构提升服务质效。其中，如何提升金融机构对普惠金融的服务能力是金融机构、政府机构、普惠客群都十分关注的问题，可以引导各类机构借助互联网等现代信息技术手段，提升服务质效，创新产品和服务渠道，降低交易成本。针对普惠金融重点服务对象特点和需求，打造专属产品服务，提升服务可得性，培育普惠金融服务新动能。当今金融行业已经加速迈入"科技+场景"的创新发展阶段，金融行业大量运用云计算、区块链、互联网等推动产品创新、拓展服务渠道、实现降本增效，这些科技应用是未来做普惠金融的重要工具。但同时行业中也有一部分机构利用科技钻政策的空子，打着普惠金融的旗号做牟取暴利的事，各种骗贷、恶意催收等违法违规乱象频出，严重侵害了广大金融消费者的合法权益。加强监管、整治乱象、正本清源也是普惠金融正常发展的基本要求，未来也不可随便动摇。这需要平衡好普惠金融的金融本质和风险属性，要在防范好风险的前提下推进普惠金融发展，加强重点领域监控和管理，这样才能提升普惠金融发展的质量，才符合可持续发展的基本原则。

◎ 形成新供应链金融生态

20世纪80年代以来,生产的社会化分工模式发生变化,为了降低成本、提升效益,各类分工由企业内部转向企业之间。各产业链上的节点,在生产环节分化成为各级供应商,在物流环节分化出物流仓储企业,在支付及融资环节分化出专业的金融机构,各个专业化角色紧密合作。我国的供应链金融也起始于20世纪80年代,雏形是以票据贴现的方式支持供应链上下游企业,而随着社会经济、各行业的快速发展,我国成为大量跨国企业供应链的汇集点,供应链金融规模迅速增长。

在市场规模扩张的同时,供应链金融的形式也在不断演变。随着市场环境的转变以及各类信息技术的发展,供应链金融逐步完成了模式的迭代更新。供应链金融1.0时代以人工授信审批为主,一事一议,所以无法借助科技手段提升效率;供应链金融2.0时代以银企直联为核心,银行除了可以依托核心企业的信用对上游供应商与下游经销商授信外,还可以达到批量获客的目的;目前,我国的供应链金融正从3.0时代向4.0时代转变。3.0时代是随着电子商务行业的发展,供应链金融模式呈现出线上化发展趋势。通过电子商务平台可以实现大量个人、企业用户数据的积累,帮助金融机构加强供应链金融风控体系,从以融资为核心的传统模式,转向以过程管理为核心。而在金融科技的引领下,供应链金融已经迈向4.0时代,即充分利用大数据、人工智能、区块链、物联网等前沿科技来提升风险控制及资源整合能力,最终构筑供应链金融新生态圈。可预期,未来我国的供应链金融将更加成熟与稳定,这对解决我国普惠金融难题,促进国家经济健康、公平发展至关重要。我国支持供应链金融发展的相关政策如表3-2所示。

表3-2　　　　　　　支持供应链金融发展的相关政策

时间	会议或文件	相关内容
2016年2月	《关于金融支持工业稳增长调结构增效益的若干意见》	提倡探索推进产融对接融合，探索开展企业集团财务公司延伸产业链金融服务试点
2016年10月	《促进民间投资健康发展若干政策措施》	强调建立财产权利质押登记系统，实现信息共享，以便于金融机构改进和完善小微企业金融服务
2017年3月	《关于金融支持制造强国建设的指导意见》	提出鼓励金融机构依托制造产业核心企业，积极开展应收账款质押贷款、保理等各种形式的供应链金融业务，有效满足产业链上下游企业的融资需求
2017年7月	全国金融工作会议	明确金融服务实体经济发展要求，为供应链创新与应用提供良好政策环境
2017年10月	《关于积极推进供应链创新与应用的指导意见》	确定"积极稳妥发展供应链金融"是六项重点工作之一
2018年6月20日	国务院常务会议	部署进一步缓解小微企业融资难、融资贵，持续推动实体经济降成本
2019年7月	《关于推动供应链金融服务实体经济的指导意见》	坚持精准金融服务，以市场需求为导向，重点支持符合国家产业政策方向、主业集中于实体经济、技术先进、有市场竞争力的产业链链条企业
2020年3月	《关于加强产业链协同复工复产金融服务的通知》	鼓励银行业金融机构通过与政府机构、核心企业相关系统实时交互交易数据，建立交易风控模型，创新供应链金融模式。主要依靠互联网运营的银行可运用大数据风控技术加强对产业链上民营小微企业线上贷款支持

资料来源：根据公开信息整理。

供应链金融发展存在的问题及产生原因

随着市场和需求的迅速发展，供应链金融行业内部鱼龙混杂，许多机构缺乏供应链金融专业能力，风控意识淡薄、风控手段薄弱，甚至有些企业恶意借助供应链金融操作流程复杂、风控难度高、涉及角色多等特点，利用伪造、虚构、隐瞒、欺骗等方式骗取资金，导致近年来供应链金融"爆雷"事件层出不穷（见表3-3）。

表3-3　　　　　　　　近期部分供应链金融领域风险事件概览

时间	事件
2019年7月	**诺亚财富踩雷承兴国际事件** 这一事件的导火索是财富管理公司诺亚财富旗下歌斐资产管理的创世核心企业系列私募基金融资方实际控制人罗静因涉嫌欺诈被警方刑事拘留,之前创世核心企业系列私募基金为承兴国际控股相关第三方公司提供供应链融资,总金额为34亿元人民币。7月8日晚间美股开盘后,诺亚财富股价暴跌20.43%,市值损失约5亿美元。
2019年7月	**美克斯机械公司质押存疑事件** 2016年4月,美克斯机械公司与嘉兴银行海盐支行签订了一份最高额质押合同,约定美克斯机械公司以价值1.14亿元的应收账款作为质物,对美克斯机械公司发生在2016年4月至2018年4月期间的最高限额1.14亿元的主债权提供担保。其中质物是上海佳船机械设备进出口有限公司的购销合同项下的合同款和其他下游客户应收款。2019年7月初,浙江嘉兴市中级人民法院公布的一起二审民事判决书显示,由于嘉兴市美克斯机械制造有限公司的破产,嘉兴银行为美克斯机械公司提供贷款所对应的三项共计6725万元的应收账款质权遭到撤销。美克斯机械公司在嘉兴银行的贷款规模为3900万元,涉及应收账款质押共9笔,银行贷款时签订的最重要一笔应收账款质押金额为1.2亿元,但是经调查该质押并不存在。
2018年12月	**丰盛集团旗下公司巨额债务违约事件** 丰盛集团及其旗下南京建工集团、南京东部路桥工程在内的5家公司由于流动资金紧张,负有清偿义务的已到期债务金额累计有12.8011亿元未及时还款,已发生违约。丰盛集团2018年半年报显示,截至2018年上半年,公司对外担保总额为89.37亿元,其中为江苏明星企业三胞集团、浙江民企巨头新光控股集团担保的余额分别为10亿元、2亿元,而这两家企业,2018年都爆发了巨额债务危机。丰盛集团在公告中称,债务违约将严重影响公司后续的流动性,影响正常的生产经营,严重影响偿债能力。目前公司正在通过内外部加快资金筹措,包括回收应收账款、处置资产、政府介入引导、与金融机构积极沟通等措施。
2018年9月	**华业资本医疗金融供应链应收账款债权造假事件** 华业资本从2015年开始引入医疗金融供应链业务,运作模式为通过资管计划、合伙企业、信托计划等金融产品以折扣价收购供应商向三甲医院提供药品、设备、耗材等产生的应收账款,三甲医院会于到期日按应收账款原值归还资金,从而实现投资收益。然而,华业资本自2018年9月26日起的陆续公告,揭示了该业务存在的重大风险点——应收账款债权造假问题。根据公告,华业资本截至当时应收账款存量规模为101.89亿元,全部为从转让方恒韵医药受让取得,而恒韵医药尚无合理解释,且其实际控制人李仕林处于失联状态,直接导致公司存量应收账款面临部分或全部无法收回风险。
2018年9月	**润泰供应链业务瘫痪事件** 2018年9月,九有股份首次披露润泰供应链的相关风险,称润泰供应链法定代表人高伟因个人原因前往国外至今未归,润泰供应链业务被迫全面停止。此后九有股份要求润泰供应链提供相应资料未得到任何回复,高伟也长期滞留国外,无法正常履职。2018年11月,九有股份发现,润泰供应链办公场所已无人工作。实际上,从2018年上半年开始,润泰供应链的经营就已经恶化,仅实现归属于公司的净利润326.60万元,这与并购时作出的2018年全年扣非净利润4500万元的业绩承诺相去甚远。此外,由于九有股份为润泰供应链的银行贷款提供连带责任担保,润泰供应链银行贷款逾期,导致九有股份也被部分债权银行起诉。

资料来源:根据公开信息整理。

从表面上看，各类事件频发的原因是金融机构风控意识不强，风险控制流于表面，没有严格落实贷前调查、贷中审查、贷后检查的管理要求，没有及时识别及应对风险。但从深层次来看，供应链金融问题频发的根源主要是以下两个因素。

一是传统供应链金融第一还款人问题难以解决。供应链金融以自偿性交易结构为基础，构筑了相对独立于企业自身信用的第一还款来源。但这无疑对操作流程的规范性、严密性提出了极高的要求，并造成了信用风险向操作风险的转移，因为操作制度的完善性、操作环节的严密性和操作要求的执行力度将直接关系到第一还款来源的效力，进而决定信用风险能否被有效屏蔽。自偿性既是供应链金融最大的融资便利优势，同时也使金融机构对第一还款人的信用判断变得无比重要。这一问题还导致传统供应链金融对核心企业十分依赖，仅能服务核心企业及其一级上下游企业，对于核心企业供应商的上游供应商，信用保证将大打折扣；对于经销商下游的消费者，供应链金融网络亦无法触达（见图3-1）。

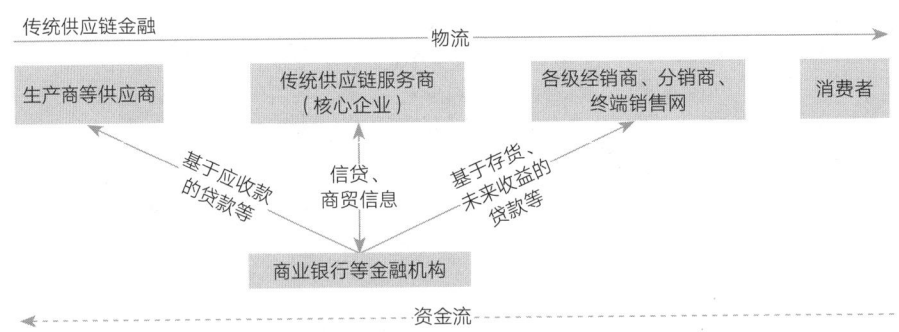

图3-1 传统供应链金融十分依赖核心企业

二是传统供应链金融在过程管理中也面临诸多难题。供应链金融的过程管理核心是"四流合一""四性齐备"。一旦其中某一个环节出现问题，就难以保证贸易真实性，将导致信用风险、操作风险。传统供应链的过程管理需要耗费大量的人力、物力，同时需要金融机构有丰富的风险管理经验。即便如此，由于供应链条长、交易频繁、信息透明程度低等因素，即使最有经验的金融机构在过程管理方面也会面临诸多困难，这也是传统供应链金融生态下监管难、风控难、贷款难的核心原因（见表3-2）。

图3-2　供应链金融业务模式及问题

供应链金融对解决普惠金融难题的特殊意义

在普惠金融学术研究领域，金融排斥理论和长尾理论是两个重要理论。金融排斥也称金融排除或金融排斥性，是指在金融体系中人们缺少分享金融服务的一种状态，包括社会中的弱势群体缺少足够的途径或方法接近金融机构，以及在利用金融产品或金融服务方面存在诸多困难和障碍。莱尚（Leyshon）和斯里夫特（Thrift）（1993）最早提出的金融排斥概念是基于金融地理学角度的，经过国内外数十年的研究，金融排斥理论的概念及维度不断拓展，现已成为研究普惠金融最重要的理论支撑之一。长尾理论由克里斯·安德森（Chris Anderson）（2004）最早提出，其通过对比谷歌、网飞、易贝、亚马逊等互联网零售企业与沃尔玛等传统零售企业的销售数据,得到一条以销量、品类分别为横坐标与纵坐标的需求曲线,其左端代表了销量最高物品,并向曲线右端销量逐渐减少的物品不断延伸,延伸的部分犹如拖着长长的尾巴,这是一种符合统计规律的长尾现象,长尾由此得名。这一理论认为畅销热品带领的需求曲线的头部不再是商业和文化的未来,取而代之的将是那条经常被人们遗忘的长尾中的冷门商品。之后这一概念逐渐延伸至金融领域,特别是金融体系相对发达的地区,长尾理论对金融机构拓展市场具有深刻的指导作用。

根据金融排斥理论,传统金融业依据利润最大化、风险最小化原则选择服务对象,会天然地将部分人群排除在金融服务范围之外,如中低收入人群和小微企业都是比较典型的被排斥对象。金融机构在提供金融服务时,一般根据"二八定律"来确定重点服务对象,即把服务对象主要集中在能够提供80%利润贡献的20%的少数高端客群。因此尽管存在传统供应链金融体系,小微企业融资难和融资贵的问题也并未发生实质改善。

然而随着金融业竞争的剧烈化,"二八定律"支配下的市场蛋糕已经分配殆尽,金融机构为拓展业务空间、增加利润来源需要开辟新的领域。在"长尾理论"下,"长尾客群"尽管不如高端客群拥有较多优质资产,但其庞大的客群数量完全可以弥补低利润带来的不足,低利润的规模优势成为吸引金融机构的重要亮点,开发"长尾客群"成为金融机构开展针对小微企业和中低收入人群金融业务的内在动力。

上述两种理论证明了金融机构存在拓展供应链金融服务的需求,即扩大针对供应链上小微企业及末端消费者的金融服务覆盖。这不仅是金融机构增强自身服务能力和扩大客户范围的需求,更对践行国家提出的普惠金融政策具有重要意义。然而就目前来看,由于供应链金融第一还款来源和过程管理两大痛点需要金融机构投入大量的人力、物力去应对和解决,因此在供应链金融业务的拓展上仍踟蹰难行，亟须寻找能更好帮助其降本增效的应对措施。

当前，科技在供应链金融中的合理运用已经得到了政府的支持。针对供应链金融潜在风险，2019年7月，中国银保监会下发了《关于推动供应链金融服务实体经济的指导意见》（以下简称《意见》），精准地抓住了根治乱象的"牛鼻子"。

《意见》明确了供应链金融的四大原则：一是坚持精准金融服务，以市场需求为导向，重点支持符合国家产业政策方向、主业集中于实体经济、技术先进、有市场竞争力的产业链链条企业；二是坚持交易背景真实，严防虚假交易、虚构融资、非法获利现象；三是坚持交易信息可得，确保直接获取第一手的原始交易信息和数据；四是坚持全面管控风险，既要关注核心企业的风险变化，也要监测上下游链条企业的风险。这四项坚持是对供应链金融风控体系的核心要求，也是从事供应链金融服务的企业所必须坚守的底线。

《意见》与时俱进，提出新供应链金融生态的要求。鼓励银行业金融机构在充分保障客户信息安全的前提下，将金融服务向上游供应前端和下游消费终端延伸，提供覆盖全产业链的金融服务。应根据产业链特点和各交易环节融资需求，量身定制供应链综合金融服务方案。这一创新提法深刻显示了监管层智慧，表明目前从最上游供应商至最末端消费终端的全链条供应链成为了有机整体，在监管思路中予以统筹综合考量，针对传统供应链未有效触及消费终端的局限性予以完善和修正。

《意见》鼓励创新，鼓励充分应用各种最新的技术解决供应链金融的问题。鼓励银行业金融机构在依法合规、信息交互充分、风险管控有效的基础上，运用互联网、物联网、区块链、生物识别、人工智能等先进技术，与核心企业等合作搭建服务上下游链条企业的供应链金融服务平台，完善风控技术和模型，创新发展在线金融产品和服务，实施在线审批和放款，更好满足企业融资需求。这一说法表明了目前监管政策支持和鼓励通过创新实用技术解决传统供应链服务、风控和效率问题，支持通过科技赋能切实满足企业融资需求。

《意见》中指出，银行业金融机构在开展供应链融资业务时，应对交易真实性和合理性进行尽职审核与专业判断。鼓励银行保险机构将物联网、区块链等新技术嵌入交易环节，运用移动感知视频等技术，对物流及库存商品实施远程监测，提升智能风控水平。由此可见，互联网、物联网、区块链、生物识别、人工智能等先进技术如何有效帮助供应链金融系统实现效率提升，如何完善整体系统风控体系，如何解决供应链金融对消费者覆盖不足等问题，成为了当前监管机构的关注重点，供应链金融业态的变革势在必行。

金融新生态下的新供应链金融

新供应链金融的实质是金融科技时代背景下，"新技术+新生态"的融合，其中技术是核心，生态是以技术为基点形成的外部环境。供应链金融经过多个阶段的发展，衍生了多种模式，但其本质还是各类机构基于真实贸易背景下向供应链条中的参与者提供融通服务，是整个产业链的信用共享。随着互联网的发展，原来分工明确、相互独立的多环节产业链开始形成完整闭环、相互依存、密切相关的全新生态圈。以线上零售业为例，新供应链金融生态如图3-3所示。

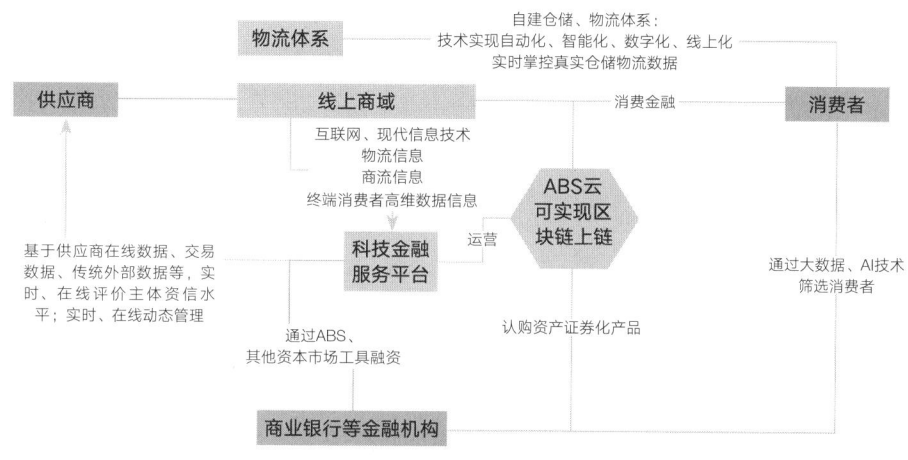

图3-3 新供应链金融生态

新供应链金融生态具有以下特征。

1. 模式创新

随着互联网、大数据等技术的发展,越来越多的机构参与到供应链金融之中,数据拥有者从核心企业逐步拓展到物流公司、电商平台和ERP厂商、工商、税务、海关等,融资渠道从商业银行逐步拓展到融资租赁公司、商业保理公司、小贷公司、担保公司和P2P平台等。供应链金融模式从以"银行+核心企业"为主导不断创新,出现了以物流企业、电商企业等为主导的新模式。

2. 技术创新

为了推动"四流合一",供应链金融需要积极拥抱技术创新。用物联网技术来提升存货监管的有效性,用区块链技术来提升数据的真实性和不可更改性,用AI技术提升供应链技术的服务效率和水平等。

3. 内涵创新

新供应链金融的内涵广泛，不局限于生产、流转阶段，同时包括零售、消费等终端领域。服务对象也从以往传统的核心企业上下一级的供应商向最上游生产商与最下游的个人消费者覆盖，真正实现"全产业链"的服务。

此外，新供应链金融生态的一大内涵创新是其独有的"闭环服务"，通过自营物流平台、自营线上零售平台和自营金融科技平台将上述所有服务对象以及金融机构都纳入新供应链金融生态体系，在长链条闭环内实现信息精准、实时、完整共享。

4. 体系创新

新型供应链金融需要新金融制度体系保驾护航，需要建设多元化的组织体系，形成金融服务协同效应。目前参与供应链金融的金融主体不断增加，融资渠道更加丰富，各类机构根据自身禀赋、风险偏好的不同，加深合作、资源互补、协同发展，形成多层次、多样化的金融服务体系。

这些发展趋势意味着新供应链金融要在更加复杂和广泛的范围内对供应链金融本质的问题进行更有效的解决与管理，需要"生态+技术"的共同作用。

新供应链金融生态是解决传统供应链金融问题的关键

1. 全链条闭环生态有助于解决第一还款来源难题

在传统供应链金融体系下，银行等金融机构最为关心的第一还款来源问题，其实质是对拟授信企业的信用判断和风险定价问题，即能否准确及时判断企业的信用情况，如何根据企业的信息对其进行风险定价。新供应链金融生态在上述两个方面都实现了突破。

（1）解决信息不对称，准确及时判断企业风险

原有供应链金融系统信用模式为一对一，但金融机构之间信息不对称，金融机构与商户间信息也不对称。

在新的全链条闭环生态中，构成了M+N+X的立体模式，提供了新的信用环境，各家金融机构、各家供应商和众多的消费者紧密连接为立体闭环。在这一闭环中任何的信用违约和风险将完整实时触达生态中的每一个参与者，增加了违约成本，有助于生态内每一个参与者都能及时识别、防范和应对风险。

（2）利用科技赋能探索风险定价

未来是数据的时代，数据将成为新供应链金融生态内的重要资产。网状"四流"数据能够为生态中每一个商户进行全面的企业画像，同时生态的闭环特点可以保证画像更准确、信息更丰富。

大量真实准确完整的数据将引导金融科技企业完善其风险识别和风险定价算法，为金融机构提供风险管理依据。随着供应链金融生态的不断扩大，与金融机构合作的不断深化，数据能得到进一步丰富，算法将不断迭代升级，提供的金融产品也将逐渐完善，从而帮助金融机构提升效率，协助其进行信用判断及信用定价。

2. 科技赋能帮助金融机构应对过程管理难题

传统供应链金融体系面临的另一大难题是过程管理，它一直以来都是困扰金融机构的痛点。传统过程管理强调"贷前调查、贷中审查、贷后检查"，如果真正有效执行这一原则，那么金融机构将不得不付出大量的人

力成本和时间成本去进行详尽尽调和持续跟踪，严重影响了金融体系的整体效率。新供应链金融生态正是解决过程管理痛点的重要途径，通过科技赋能推动金融行业降本增效。

在闭环生态内，商流、物流、信息流、资金流完全透明，全部数字化，现有的大数据技术能够帮助任何接入这一闭环的金融机构都可高效快捷地实现"四流合一"；而未来随着区块链等技术的发展和应用，信息的安全性、不可篡改性将进一步得到增强。同时在闭环生态下，由于所有信息多方验证、实时共享，因此能够最大程度保证交易的真实性、数据的准确性、信息的完整性、线上的实时性。因此，新供应链金融生态能够真正实现"四流合一""四性齐备"，有效解决金融机构过程管理的痛点，提升金融服务效率。

3.服务范围惠及全产业链及消费者

传统供应链金融的关注重点仅集中在核心企业和其上下游一级企业，金融机构并非不想延伸其服务链条，但碍于交易信息难以穿透至上层供应商、消费者信用情况难以掌握等因素，现有的局面一直没有实现有效突破，消费金融与供应链金融存在显著隔离。

如前所述，2019年7月，银保监会下发的《意见》鼓励银行业金融机构将金融服务向上游供应前端和下游消费终端延伸，针对传统供应链金融未有效触及供应前端和消费终端的局限性予以了完善和修正。新供应链金融生态的特点正响应了监管的要求，在闭环生态内不仅包含了原有的核心企业和一级供应商，还将上游供应商、消费者、金融机构、物流平台等全部纳入了新供应链金融生态圈内。供应前端的交易情况、物流情况、仓储情况和资金情况在闭环生态内都成为了线上共享的数据；消费者的消费能力、消费频率，乃至金融资产也成为了供金融机构提供服务的数据支持。

更加重要的是,在闭环生态内服务范围的扩大并非盲目扩张服务对象和信贷额度,而是在金融科技公司的协助下,通过数据的支撑,对每一个参与者进行完整透彻的画像,将信用资质不佳或金融需求不强的主体予以剔除,使真正有需求、有能力、有责任的主体可以获得与其信用资质匹配的合适利率的贷款,从而实现真正意义上的负责任的普惠金融。

4. 新供应链金融生态能够帮助解决我国中小企业金融线下线上融合难题

从更加宏观的视角来看,中小企业融资难、融资贵的问题是牵动我国金融整体环境的重要脉络。

目前,我国金融环境整体存在线上线下融合度低,主要金融服务集中于线下的情况。而新供应链金融生态利用科技的力量,推动中小企业金融服务线上线下融合,有效扩大中小企业融资范围,提升融资效率。同时对于资质优良、发展前景良好的中小企业,在更加精确的画像下,在"四流""四性"更加具有保证的条件下,融资成本有望实现明显的下降。

线下金融与线上服务进行融合,核心在于数据,可以重构行业的成本结构;重点在于风控,需要利用科技赋能打造有效的风控引擎。传统以银行为主导的线上融合尝试未取得明显成效,主要原因就是银行数据来源单一,仅能掌握资金流情况,同时线上风控科技水平不足。因此,新供应链金融生态,不仅能够成为解决中小企业金融线下线上融合难题的一把钥匙,更有希望成为重塑我国金融环境新生态的一颗种子,在国家政策的引导下,在多方机构的共同努力下,依托科技赋能,助力中国实现从金融大国迈向金融强国的理想。

数字科技赋能新供应链金融

传统供应链金融领域在没有金融科技的帮助时,银行等金融机构往往要求核心企业予以担保或小微企业提供抵(质)押以防范风险,监督过程管理的方式主要是金融机构详细的尽职调查,即持续的"贷前调查、贷中审查、贷后检查"。这些做法成本高、效率低,质量亦难以保证。而金融科技的出现,本质上就是作为帮助金融机构降本增效的工具,同时也催生了新供应链金融的诞生。

新供应链金融借助各种技术手段和科技工具赋能,从而帮助金融机构能够更加合理、高效、便捷地完成金融服务。

1. 数据质押

数据质押是数据成为生产要素的趋势与结果。所谓数据质押是指借款人在接受金融服务时,将个人与交易相关的数据以"质押"的方式授权给金融机构使用,以此为融资提供担保。数据质押是一种新型融资模式,特别将是供应链金融发展的一个新趋势。数据质押的核心是在贷前,对接监管、企业、金融机构等主体,实现商流、物流、信息流、资金流"四流合一",以整合企业的交易数据、行为数据、信用数据为基础,运用大数据、区块链、物联网等技术对相关数据进行分析处理,帮助改善信息不对称的矛盾,便于金融机构深入了解企业情况;在贷中,减少流程环节,降低成本;在贷后,实时掌控企业的经营情况及资金使用状况,有效控制风险。

(1)数据质押的现实意义

数据质押是新型质押行为,与金融机构分享企业数据,将与融资有关的数据全部提供给金融进行决策和管理。金融机构掌握了企业的生产、销售、上下游、物流等信息，作为其发放贷款的依据。其实，大多数互联网金融都具有数据质押的特征，特别是交易数据大多具有金融属性，可以反映用户的信用状况。无论是京东、腾讯还是阿里，都是依托其社交、电商平台来获取客户的交易、行为、信用数据等关键信息，通过模型对数据进行交叉验证，构建客户画像、进行信用评级，最后给予金融服务，实现数据变现。

以"数据质押"为核心，金融机构可构建金融新服务生态圈，开展综合服务。在金融新服务生态圈，客户端是覆盖企业、个人客户及物流等第三方的综合服务平台；金融机构端是集合了海量、多维的真实交易、行为数据的数据挖掘平台。金融机构获取客户真实数据后，可以线上数据质押为核心与线下抵（质）押为补充的模式，为客户提供各种综合金融服务。

①有效解决中小企业融资困境

中小企业面临融资难题的实质是在于金融机构与企业间的信息不对称。金融机构极难获取其真实信息，所以在不能全面了解企业的情况下，只能要求企业提供足值的抵（质）押担保等增信措施，增加融资成本。显然，数据质押可以帮助金融机构实时掌握企业真实的四流信息，有效解决信息不对称的矛盾，金融机构可以凭借掌握的信息提高风险管理能力。"数据质押"改变了金融机构注重传统抵（质）押物的融资模式，在尽调阶段就可利用四性完备的数据信息对企业进行信用分析和产品定价，将风险管理从事后处理向贷前预测、贷中管理推进，真正实现了对风险的提前预测、管理和承担。简而言之，银行可以通过"数据质押"确定第一还款来源的充足性、安全性、有效性；如果第一还款来源不能满足要求的，还可以补充传统抵（质）押物等作为第二还款来源。

②提升风险评估水平

数据信息具备综合性，可以全方位地展现业务或者融资人的概貌。交易、行为、信用数据是用户信用评价体系的重要指标，可以实时反映用户的信用水平变化情况。比如通过物流、交易、支付信息可以分析掌握用户的经营、财务状况。同时，数据也可以动态反映项目或交易本身的进展情况。例如交易、支付、运输等行为所产生的商流、资金流、信息流和物流等数据就是交易本身情况的真实反映，也是项目风险评估的最好依据。

③服务实体经济，推进普惠金融发展

数据质押可以降低融资成本，提高金融服务的覆盖率，帮助中小企业和科创型企业解决融资难、融资贵的问题。目前，国内绝大多数科创企业、小微企业处于创业期、成长期，企业自身资质较弱且缺乏合格的抵（质）押物，金融机构对其提供服务面临很高的风险成本，而这些企业是社会创新的重要动力，社会健康发展的主要载体，也是普惠金融的重要目标群体。以数据质押创新金融服务模式，助力这些企业发展，降低社会融资成本，真正服务于普惠金融和实体经济。

④拓宽金融机构收入来源

数据质押让金融机构对企业融资的关注点由企业规模、增信措施等因素回归到了金融本质，有助于解决普惠金融难题。同时在利率市场化和金融脱媒趋势的大环境下，金融机构同样面临巨大的转型压力，未来小微企业、零售客户等普惠金融群体或是金融机构的重要客群。数据质押这类创新金融方式的出现，推动金融机构真正探究客户的资质能力、金融需求，除传统贷款之外，还可以为客户衍生提供其他个性化综合金融服务，进一步拓宽收入来源。

目前，在个人消费金融领域，数据资产的理念已被广泛应用。比如京东白条这样的数字科技产品，已经无须提供纸质资料，全部线上操作，利用京东零售等平台的数据，通过模型可以分析出一个人的财务状况、消费倾向、行为特征等，完成客户画像，给予一定的授信额度参考评分，协助银行等金融机构为场景内有融资需求的优质用户提供了便捷、快速的在线金融服务，还可以对用户进行差异化授信和定价。

在传统的供应链融资模式下，企业以单据、动产等为抵（质）押品；而数据质押不同，银行是以完整、真实、经过验证的交易数据为依据开展企业信用评估和风险管理，用数据替代了传统的抵（质）押物，实现真正的数据变现，提升了融资效率、降低融资成本。在供应链金融领域中，贵州作为大数据发展的试验区也已开启了先例，创新出以交易数据为基础开展的新型金融模式。贵阳银行以某企业的水文数据为质押物，经过分析和评估，向其发放了一笔100万元的贷款，这是国内第一单数据资产质押贷款。该企业是服务公司，轻资产并缺乏足值的动产或不动产抵押物，公司主要资产是无形资产，包括专利技术等，难以合理评估价值，变现难度较大，这也是很多中小微企业的痛点。此次在数据确权登记完成后，银行快速放款，效率高、成本低，真正为解决中小企业融资难题开辟了新的路径。

（2）"数据质押"实践中的难点

如前文所述，数据质押对金融机构的风险防范有诸多益处，可为融资提供担保，实现风险的防范，但是现阶段数据质押尚不能够普及使用，其并没有完全发挥传统抵（质）押的功能，推行数据质押还存在诸多障碍。

首先，目前基础数据的真实性水平不高。数据质押融资的首要条件就是要确保数据的真实性。由于数据造假的成本低，获取的数据可能失真严重。比如，电商平台刷单、恶意下单、虚假交易等现象就非常严重，直接影响交易数据的质量。另外，在数据采集环节需要耗费大量成本，且实践中错误率也不低。比如美国lending club和facebook合作获取社交数据、中国宜信收集借款人社交数据，最后这些社交数据可用性均不强；据统计，美国很多大数据征信公司的信息错误率高达50%。而对于提高数据的真实性、减少造假行为，目前政府部门和市场机构主要从机制和道德等方面进行约束，比如冻结账户、限制交易，并将造假行为作为评价体系的重要因素来评判客户信用水平。

其次，实践数据质押需要高效、合理地开发和使用数据，确保数据安全性和合规性。数据的收集、处理、使用需要保证数据生产主体的合法权益，目前很多机构侵犯数据生产主体的权益，没有征得其同意，泄露和滥用数据，是用户安全、企业安全甚至国家安全方面的隐患。合法和安全是使用数据的底线。

再次，数据缺乏价值认定和量度的合理标准。数据质押要代替传统增信方式，需要对数据价值有统一的计量标准，目前缺乏对数据的标准化计量方法，难以评估数据价值。传统的价值评估方法主要有收益现值法、市场比较法和重置成本法等，这些方法无法直接运用于评估数据价值。对于数据价值的量化，不仅要考虑数据的内在价值、获取成本、经济价值等因素，还需考虑数据的维度、质量、时效、来源、稀缺程度等方面，只有这样才能实现更全方位、更标准化的评估。为此，还有学者提出了应用博弈论、人工智能等方法对数据资产进行评估的观点，但暂时都不能完全契合数据本身的特性。

复次，数据本身缺乏流动性、交互性，影响数据质押的实现。数据是资产，因此共享数据是否会造成信息泄露、滥用是相关方的重要顾虑。另外，当前数据的生产和存储主要是在中心化的主体，比如核心贸易数据分别掌握在核心企业、仓储物流企业或交易平台等主体手中，要实现完全的数据共享就需要依托第三方的配合，难度很大。

最后，数据的确权也是基础前提，相应的内容在本书的相关部分详细讨论过，在此不再赘述。

（3）金融科技赋能"数据质押"

数据质押是新型质押行为，如上所述，要充分发挥数据的担保作用，实现对传统抵押担保的替代，仍面临一些障碍需解决。但是，随着金融科技技术的日益成熟，数据质押的难题有了解决的途径。未来拥抱科技，与其协同发展是数据质押前进的必然路径。

首先，在特定的环境与条件下，金融科技赋能可确保数据的真实性。科技赋能下的金融机构可以通过多种渠道掌握海量数据信息，包括物流、信息流、资金流、商流等，涵盖了几乎所有的交易环节和主体，甚至可以延伸到终端消费领域，数据之间的交叉验证能有效提高真实性。特别是区块链、物联网等技术与应用场景的结合可以极大程度地提升数据质量。区块链技术具备去中心化、不可篡改、可追溯等特点，通过将生产商、经销商、物流商、零售商、政府机构等主体纳入网络，并借助物联网技术提升信息采集效率，将采购、生产、物流、销售等涵盖产品全生命周期的信息存储在区块链数据网络中，且任何相关方无法单方面篡改，保障了数据信息的真实性。另外，配合物联网标识还能实现更安全的防伪验证，有效避免恶意造假行为。

其次，金融科技赋能可保证数据安全性。例如，区块链技术可以从多个维度、在多渠道构建全方位的安全体系，确保数据应用中的安全和隐私。区块链可运用加密技术保证数据机密性；运用签名、认证等方式保证隐私；同时可支持多密码体系并行。另外，数据生产方发送数据信息时，需要用数据需求方的公钥加密，数据需求方在收到密文后用自己的私钥解密数据，实现了数据私密共享，进一步确保了数据的安全性。

再次，金融科技赋能提高了数据价值计量的可能性。例如，区块链具备信息可追溯的特点，链上的数据可确认来源，进而明确所有权、使用权和传输路径。数据生成后，即使经过多次复制、使用、转载、传输，还能够追踪到数据的生产者、提供者和使用者，可为数据在法律上的产权明晰归属提供充分的技术支持。另外，在区块链上，各类资产、文字以代码或账户的形式出现，除了货币以外，股权、债券等其他资产也可用数据进行计量，这提升了资产数据计量的可行性。

最后，金融科技赋能可促进数据的交互性，实现数据共享。例如，区块链技术可建立高效、互信、安全的信息追溯体系和安全管理体系。其加密、数字签名、数字认证等技术可对数据使用者进行权限管理，避免数据泄露；可追踪数据来源、使用情况，解决数据易复制、易传播的弊端，防止数据滥用，损害数据生产者的权益。区块链技术可帮助各方消除顾虑，打破数据传输壁垒，实现高效的数据共享，提升了数据作为质押物进行交易的可行性。

数据质押的出现，不仅有迫切的现实需求，也有着坚实的理论支撑，而云计算、大数据、人工智能、区块链、物联网等科技的运用为其提供了更加完备的技术环境。科技赋能令数据质押的难题有了解决的方法，推动数据质押这种新型增信方式得到商业化认可。

2. 大数据技术对新供应链金融的意义

与其他金融业务相比，大数据在供应链金融业务中发挥的威力是最大的，主要原因如下：一方面，位于供应链上下游的企业，通常都属于小微企业，它们想要通过传统方式来完成融资目标，却拿不出有效的抵押物和质押物，而金融机构想要了解其信用情况，只依靠结构性数据会遇到诸多困难，这就为大数据的应用提供了机会。另一方面，供应链管理水平日益提高，供应链管理系统也日渐成熟，在交易的时候会出现很多交易与行为数据，正是这些数据为大数据分析处理提供了必备的基础原料，只不过从前的理念不够先进，技术也不够发达，因此不知道应该怎样加以利用。

相比于传统的供应链金融生态，在闭环结构的新供应链金融生态下，大数据的技术优势将更加明显。主要是由于：一是新供应链金融生态参与者远多于传统供应链，不仅包含了原有的核心企业和一级供应商，还将更上游供应商、消费者、金融机构、物流平台等全部纳入了新供应链金融生态圈内闭环生态内。这也就意味着金融科技公司获取到的数据规模和数据维度要更加广阔，对信用判断、风险把控、过程管理都具有十分重要的意义。二是新供应链闭环生态决定了各方信息和数据是可以交叉检验、互相印证的。举例来说，假设供应商将原材料存放在物流公司仓库内，每月取料量和供应商汇报的生产量可以相互印证；生产的产品通过物流公司销售到网上零售，则物流信息和供应商提供的销售量可以交叉检验；最终零售将货物销售至消费者手中，并向供应商完成付款，则零售的销售数据、向消费者提供的物流数据和供应商的现金流也可以进行比对。通过闭环生态，商流、资金流、物流数据都汇聚成可验证信息流，并最终交汇于串联各方信息和数据的金融科技公司。

在新供应链金融生态下，大数据的数据来源主要包括以下几个维度：一是网上零售拥有的用户、订单、商品、物流、售后、客服、流量、社区评论等合法数据。二是自营物流公司拥有的仓储、分拣、配送、地理位置等合法数据。三是金融科技公司内部数据，如消费金融、供应链金融、保险代理、众筹、支付等。四是经过客户授权定向爬取，如社保、电信，或网络合法公开爬取数据，如企业担保、企业公示、失信联系人等。五是因自身业务开展需要，合法外采的数据，如公安实名、学历学籍、外部涉黑、司法诉讼、银联画像、运营商画像、个人乘机等。六是和外部政府机构、企业单位合作，虽无法拿到明细数据，但可以驻场开发数据模型，输出非敏感数据。七是和外部合作伙伴联合项目沉淀下来的合法数据，如外部供应链数据、企业纳税信息、联合车贷等。

在此过程中，数据处理大致经历五个阶段：收集原始数据，数千种来源于第三方和信贷申请人的原始数据将被输入系统；获得转换数据，寻找数据间的关联性并对数据进行转换；整合成元变量，在关联性的基础上将变量重新整合成较大的测量指标，每一种变量反映信贷申请人的某一方面特点，如诈骗概率、长期和短期内的信用风险和偿还能力等；形成几大模块，将这些较大的变量输入不同的数据分析模型；输出合成分数，将每一个模型输出的结论按照模型投票的原则，形成最终的信用分数。

因此，在大数据的帮助下，特别是在新供应链金融生态下，金融机构能够快速、高效地获取生态内中小企业真实、准确、完整的数据，并在金融科技公司的算法或数据分析的帮助下，进行信用识别及风险定价，大幅降低原有尽职调查消耗的人力成本和时间成本，实现金融机构的降本增效。

3. 区块链技术对新供应链金融的意义

目前区块链技术尚未广泛用于新供应链金融应用领域，以下为根据理论研究对未来新供应链金融生态结合区块链技术的可行方向探讨。

从实现路径来看，区块链在新供应链金融领域的应用可以通过三个步骤来实现。作为前提，需要先打造一个"区块链+供应链金融"的联盟，联盟的参与者为包括金融科技公司（供应链金融服务平台）在内的全部新供应链金融生态的参与者，具体如图3-4所示。

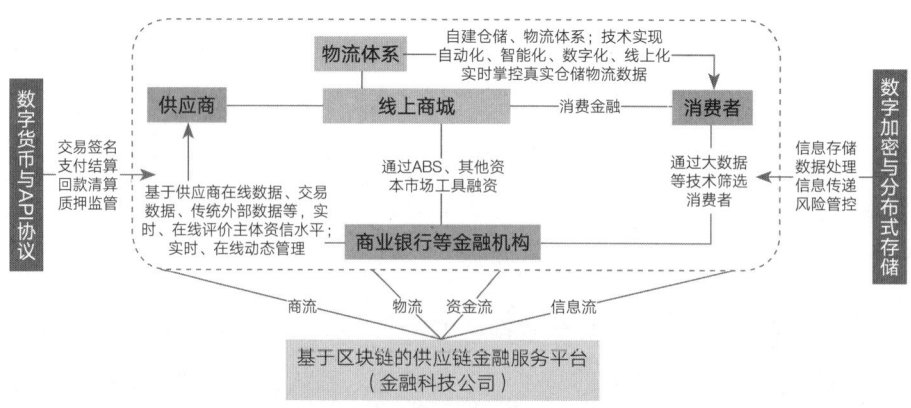

图3-4　基于区块链技术的新供应链金融生态

在联盟链搭建好之后，就可以开始"三步走"战略：第一步，数据上链，将供应链联盟里的数据放到链上，利用区块链的特性使其不可篡改，并提供数据的确权、溯源等服务；第二步，资产数字化，把仓单、合同以及可代表融资需求的区块链票据都变成数字资产，且具有唯一、不可篡改、不可复制等特点；第三步，数字资产的交易，供应链金融平台将转变成一个金融资产交易所，将非标的企业贷款需求转变成标准化的金融产品，进行代币化，对接投融资需求，进行价值交易。在区块链技术的支持下，供应链金融资产的流动性会得到很大程度的提升，利用新融资工具和风控体系，中小企业融资的长尾市场也能够得到有效覆盖，供应链的金融服务能力最终会大大提升。具体而言，区块链能够在以下方面助力新供应链金融生态实现降本增效。

（1）提高应收账款质量

传统供应链金融在身份认证方面，因为缺乏有效的企业身份识别手段，所以需要一套非常严谨的操作来保证相关文件的出处。而在区块链网络中，尤其是在联盟链中，所有节点参与方的身份都是公开透明的，并且是经过联盟中全部或部分已有成员认可后才得以加入的。这样，首先在业务层面上保证了相关参与方的身份是联盟所有成员或部分业务相关成员认可的。另外，在技术层面上，通过区块链网络中的CA及非对称加密技术，保证了链上的数据来源是明确的；通过区块链的哈希指针[①]和链式结构[②]，保证了链上的数据是可防止篡改的，资金方也就不需要再去特地制作应收账款确认书等文件，各参与企业也就无须再配合对相关文件进行盖

[①] 哈希指针，英文为"Hash Pointers"，就是一个指向数据存储位置，以及该存储位置里面的数据的哈希值的指针，简单来说，就是指向某个区块的地址，只不过这个地址进行了哈希转换，是一个代表某个地址的哈希值。
[②] 链式结构，又叫链接存储结构，是指在计算机中用一组任意的存储单元存储线性表的数据元素。

章，避免了许多操作成本及操作风险。

（2）改善应收账款转让验证

通过联盟链身份认证及防篡改的能力，可以确保只要核心企业通过区块链网络对应收账款转让通知进行签收，就不再存在其主张转让事项不知情的争议了。区块链网络是一个联盟，联盟内的数据大家共同存储，所以对于联盟内的参与方而言，通过区块链上的智能合约，可以在多头融资的申请伊始就完成识别，并向相关参与方提示预警，或者直接由系统作出判断对识别出的多头融资申请直接回复拒绝。这样，既省去了业务过程中人工判别多头融资的操作成本，也杜绝了多头融资所产生的风险。

（3）拓展可融资主体范围

传统的供应链金融中，可融资主体受限主要是因为应收账款转让的操作太过复杂，并且一旦操作不当，很容易发生法律风险和操作风险。但在通过区块链技术解决前述痛点的过程中，可以发现，在联盟链中，应收账款转让操作中最核心的确认债权、转让通知都已经被链上化和标准化了，操作难度和风险大幅度降低。

通过上述分析，可以看到区块链在本质上重塑了原有供应链金融体系内各参与方的关系，在区块链技术的帮助下实现了所有信息和数据完全的共享化、透明化、真实化，使各参与方相互之间连接更加紧密。而这正是新供应链金融闭环生态下最重要的特征之一，未来在新供应链金融生态下，区块链很有可能作为底层架构的核心技术，成为金融科技公司服务供应链金融的重要工具。

4. 大数据、区块链相互配合，共同服务新供应链金融生态

需要注意的是，大数据和区块链本身并不是割裂的技术，二者分工有

异却又互为补充。对大数据技术而言，区块链技术能够起到补充的作用。区块链和大数据之间有一个共同的关键词——分布式，现有的大数据架构可以借助区块链技术的支持，更安全、更有效地发挥价值：第一，有别于中心化的数据孤岛，通过区块链能够实现安全可靠的数据分享。利用区块链的特性，可以方便可靠地实现去中心化、端到端加密的云存储。在这种平台上，数据所有者对数据拥有绝对的控制权，还能够灵活地分享给信任的第三方。第二，数据的隐私问题在区块链架构上能够更好地解决。在严格的隐私保护下，数据可以安全地在机构间流动。第三，数据的信任问题可以在区块链上解决。这避免了传统中心化数据解决方案里，敏感数据极易由于内部操作不当或者外部入侵等原因而被恶意篡改的问题。

在大数据技术的支持下，区块链技术也可以发挥更大的作用。区块链能够保证账本的完整性，但对数据进行统计分析的能力却很差，大数据技术不仅能保存大量的数据，还能灵活高效地分析数据，使区块链数据的价值和使用空间均有很大程度的提高。

特别是在新供应链金融闭环生态内，区块链将保证数据来源更加具有可验证性、更真实；而丰富庞大的真实数据又将使区块链在数据共享、数据交易等方面发挥更加强大的作用。二者既是构成新供应链金融生态不可或缺的底层技术支持，又能在这个生态下更加紧密有效地发挥协作作用，并通过内生迭代实现技术架构和算法的不断升级。技术服务生态发展、生态推动技术升级，这便是新供应链金融生态的一个重要特征。

综上所述，在大数据、区块链以及各项其他技术的帮助下，原有的供应链金融模式将发生彻底的变革。传统供应链金融面临的两大痛点——第一还款来源和过程管理，都能在技术工具的介入下得到切实的改善和解决。以大数据和区块链为代表的金融科技并非以取代金融机构为目标，而是以更好服务金融机构为宗旨，多种技术协同发力，结合供应商、物流平台、消费者等一起打造新供应链金融生态。在不断发展进步的金融科技支持下，相信新供应链金融生态也将与时俱进，不断进化和发展，为真正解决中小企业融资难、融资贵问题，真正实现普惠金融战略目标而砥砺前行。

◎ 推动个人消费金融发展

个人消费金融是指金融向个人提供的有指定消费用途的金融服务。消费金融的客户基数较大，但是单笔贷款的金额较小，根据风险分散的原理，如果仅有部分贷款质量恶化发生风险损失，并不会造成重大影响。长久以来，投资、消费、出口是拉动经济发展的"三驾马车"。目前，我国经济过度依赖投资拉动带来的负面效应已逐步显现，国内和国际环境的变化都要求消费在经济发展中体现更大的价值，个人消费金融在经济结构转型升级中将发挥相当程度的积极作用。

金融科技与消费金融的融合加快了消费金融业务的发展，极大地拓展了金融机构的服务边界、提升了服务效率、降低了服务成本。而消费金融业务的推进有助于拉动消费需求，从而扩大内需，助力我国经济转型。从目前国内的实际情况看，个人消费金融服务正向耐用消费品、个人发展、价值提升等领域拓展，显然这有利于国家的消费升级政策，同时会促进调整相应的产业结构。

在我国，消费金融已经发展了30多年，银行是消费金融服务的主要提供者。在很长一段时间里，银行消费金融服务的目标客群是高净值、高收入人群，产品集中在信用卡、汽车消费贷款。许多潜在客户群体未被有效覆盖，尤其是35岁以下年轻人群，三线及以下城市、农村居民，而这些人群正是普惠金融服务的重要受众。传统消费金融模式也存在着难点和痛点，消费金融公司、互联网消费金融平台的出现有效地弥补了银行等金融机构的服务空白，推动了个人消费金融的发展。

传统消费金融发展的问题、难点

1. 消费金融供给不足

我国消费金融资源配置不合理,结构性失衡现象依然存在,传统消费金融服务供给不足,总体覆盖率远低于发达国家。根据国家金融与发展实验室发布的《2019年中国消费金融发展报告》,我国个人消费金融服务的获取按来源划分,2017年仅约40%的成年人通过银行获得消费贷款(人均融资余额约为6.33万元,去掉房贷和车贷后的人均余额约为1.97万元),占消费金融总规模的93%;约23%的成年人通过银行以外的机构及平台获得了消费金融贷款(人均余额为8418元,远低于银行提供的金额),占我国消费金融总规模的7%;还有超过4.5亿成年人没有获得过消费金融,占我国成年人口的37%。而发达国家仅有不足20%的成年人无法获取消费金融,可见我国消费金融市场仍然有很大的发展空间和潜力。

2. 传统模式成本高、效率低

传统银行开展消费金融业务主要通过线下方式进行,利用的是营业网点和线下操作,这种传统模式需要耗费大量的人力、物力,花费很高的成本,在获客、申请、受理、授信、放款、贷后等一系列流程管理上由专门的客户经理进行服务,使用人工来审批,在推高成本的同时,降低了金融服务的效率。因此,这种传统的线下模式已不适应大规模拓展消费金融业务的要求。

3. 我国个人征信体系尚待完善

消费金融的发展需要健全的金融基础设施作为依托,其中征信体系是重要的组成部分。我国的个人征信行业始于2004年,经过十几年的发展,整个体系仍不健全，这也是未来需要面对的问题之一。

以美国为例。美国的征信体系主要包括三大征信机构，分别是益博睿（EXPERIAN）、艾可菲（Equifax）和全联（TransUnion）（三者覆盖了美国90%以上的人口），其他征信机构（如CreditKarma、ZestFinance等）作为补充力量，全部合计基本覆盖了全美人口。截至2019年末，中国人民银行征信中心收录9.9亿人，其中有信贷记录5.3亿人，征信覆盖率（有信贷记录的人数与总人口数之比）不到40%，整体覆盖率较低[①]。从统计数据上看，我国征信覆盖率与获得传统银行消费金融服务的人群比例基本一致，表明商业银行在开展消费金融时，主要依靠的是借款人的征信报告数据，没有征信记录的人群无法获得银行等传统金融机构的融资服务，天然地被隔离在传统金融体系之外。

另外，由于征信体系不完善造成信息不对称，加上愈发激烈的市场竞争，消费金融领域孕育着多种风险，如资金用途违规的现象突出、多头授信问题依然严重，恶意逃债的借款人还可能从其他平台获取融资。近年来，监管机构发现部分地区个人消费贷款在快速发展过程中出现产品严重偏离消费属性、用途管控弱化、多头授信普遍等问题，尤其是资金违规进入股市、房市等行为，在推高居民杠杆率的同时，对实体经济产生了"挤出效应"，影响了宏观调控效果。因此，监管机构逐步加强了对消费金融的管控，要求金融机构不能盲目追求发展速度和经营效益，放松风险管控，以免酿成社会性事件，给社会稳定带来风险隐患。

4. 基础制度保障和监管有待加强

近年来，我国个人消费金融业务快速发展，但是由于监管制度相对滞后，各类违规现象屡见不鲜，除了多头授信、过度授信、用途违规，还出

---

① 数据来源：中国人民银行征信中心。

现了恶意催收、高利贷等现象，严重损害借款人的利益，社会影响极其恶劣。目前，我国消费金融特别是有关互联网金融的法律法规尚不完善，而消费金融的受众面广且分散，很多金融消费者缺乏必要的专业知识和风险管理经验，面对市场纷繁复杂的机构主体和金融产品，也缺少深入了解产品和风险的机会或渠道，金融消费者因信息壁垒所导致的弱势地位愈发突出。此外，消费者的信息安全也成为当前的热门话题，特别是在互联网金融领域，消费者的大量个人信息、交易记录、行为信息、信贷信息都存在隐私安全问题。2019年，监管机构对大数据行业开展侦查，主要原因就是一些数据公司在经营时出现违规，私自贩卖使用爬虫业务抓取的用户数据，侵犯用户隐私、助长恶意催收。

联结赋能个人消费金融

基于我国消费金融的现状，金融机构未来推进个人消费金融，应在监管合规的前提下，充分运用金融科技深挖各类有效场景、完善风险控制体系，最终使消费金融更好地服务人民群众和实体经济。

以个人支付为代表的数字科技在我国蓬勃发展，联结对于个人消费金融的核心在于场景、流量前所未有地同金融业务进行结合，并产生奇妙的反应。消费金融科技匹配特定场景可以积累海量、多维的用户基础信息，包括基本的个人数据、交易历史、信贷、服务、支付等数据，帮助构建精准的用户画像。这些数据来源于多种渠道，主要产生于特定的场景体系，不过度依赖于外部数据采购，将多维度大数据在机构内互相打通后，经过转换和分析，最终形成可以反映融资人特征信息的数据集合。在个人消费金融中，有着极其重要的意义。当今，大数据、区块链都已逐步深入运用于金融行业，运用于金融服务的全流程中，是帮助推进个人消费金融、解决消费金融难题的科技支持方案。

风险管理是金融机构的生命线，同样也是消费金融的核心。从风险控制来看，金融科技构建的用户画像，可以帮助金融机构充分了解借款人，通过模型对借款人的信用风险进行科学的计量。因此，未来消费金融的发展离不开科技。场景化服务、海量数据是金融科技赋能个人消费金融的核心能力和优势。

1. 海量、多维数据能够解决信息不对称的根本难题

由于拥有海量、多维的真实数据，金融机构能够更好地评估借款人的信用水平、还款能力、还款意愿，构建起借款人的真实画像。银行开展消费金融业务以前主要依靠的是个人征信，而个人征信存在时效滞后、覆盖面不足等问题，如今在科技赋能下，通过大数据等技术可以挖掘借款人的潜在融资需求，提升风险管理水平，并提高金融服务获取的便捷性。

2. 为金融机构输送低成本、高质量的个人客户

基于消费、支付、金融等场景产生的数据可以提供客户的全貌特征，同时依靠大数据分析、机器学习、人工智能等技术手段，对客户进行多维度分类管理，筛选符合金融机构产品定位的客户、资产并推送给金融机构，显著增强客户营销的精准性和服务的精细化，大幅扩大金融服务的覆盖面和提高效益，为更多群体获得金融服务提供了可能。

3. 帮助金融机构解决风险管理难的问题

在特定场景中，帮助金融机构获取、积累准确、多维、海量的客户信息，如客户资质、消费需求、交易行为、资金流向等，贷前调查阶段可对贷款的真实性进行判断，防止欺诈、骗贷；贷中审查阶段可以准确评估客户资信水平、预测客户还款能力和第一还款来源；贷后管理阶段，可以协助控制交易和资金流向，提升风控管理水平。

数字科技公司与金融机构的有效联结

相比于银行，消费金融公司、互联网金融公司的客群风险高，其生存的基础就是低成本和精准的风险定价策略，而低成本和精准风险定价的核心就是大数据等金融科技技术在贷款全流程的实践运用。数字科技公司可以在多领域同金融机构形成重要联结。

1.海量数据解决银企信息不对称矛盾

以某数字科技公司为例，其根据多年积累的多维度海量基础信息，可以为银行提供客户完备、真实的消费数据、行为数据、物流数据和信用数据，数据覆盖零售与企业端用户，个人用户数据近4亿，商户信息超过800万户，用户标签超过4000个。该公司将客户数据呈现给银行，帮助银行逾越客户单方面提供的信息，直接了解客户的经营状况、上下游供应商、物流信息、还款意愿和能力，在技术上解决了信息不对称难题。数据的特征如图3-5所示。

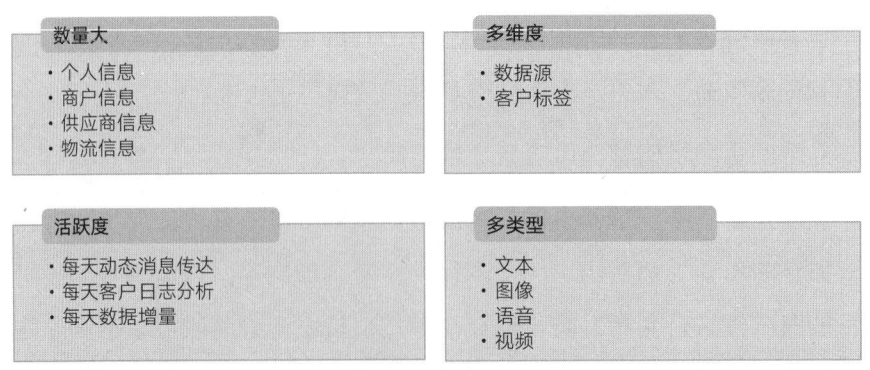

图3-5 数据特征

2. 为银行提供风险定价技术服务

数字科技改变了风险定价的模式，传统银行无法在速度和效率上与其相匹配。数字科技公司可以依据从各类平台中获取的海量数据，匹配分析模型，对金融生态中的风险资产和客户进行分层分类，并根据具体的资产质量、市场环境、资金方要求等进行市场化定价；凭借大数据技术做自动化、差异化的风险定价，基于消费、行为等数据给每个用户匹配最合适的产品、限额和利率；再加上人工智能技术、机器学习，通过千量级数据模型的组合建立起万量级的风险策略，为银行存量客户下沉及外部渠道引流提供参考依据和技术支持。

3. 为银行风险定价基础设施建设提供专业支持

银行要对贷款实现逐笔、准确定价，需要全面的基础建设作为支持，要建立支持风险计量、成本分配、经济资本配置等功能的系统、制度与流程。数字科技公司凭借其在风险定价领域丰富的实践经验，可以帮助银行完善风控系统，搭建信用分析、定价、统计、预测等模型，将内部施行多年的系统、制度、实践经验与银行的实际相结合，为银行提供实施基础保障。

◎ 助力商业银行迎接利率市场化挑战

2019年8月17日,人民银行发布公告确定改革完善贷款市场报价利率(LPR)形成机制,改革后,人民银行要求银行应在新发放的贷款中主要参考LPR利率定价,并在浮动利率贷款合同中采用LPR利率作为定价基准,实现市场利率和贷款利率并轨,这是利率市场化改革的重要一步。

LPR改革对银行风险管理的影响

1. 促使银行调整风险偏好,加大对高收益资产的投放

LPR改革后,贷款利率与公开市场操作利率挂钩,而存款基准利率继续保留,存款是商业银行负债的主要来源。LPR改革将市场利率传导成为实体经济信贷利率。由于银行存款端定价相对刚性,贷款利率下降将导致银行面临息差收窄压力。贷款利率与市场利率并轨,大企业的信贷业务风险低、议价能力强,向大企业贷款的银行可能无法获取收益。因此,面对息差整体承压的态势,部分银行需要调整风险偏好,配置更高收益的资产(中小企业和零售客户)以弥补息差的缩小。

2. 促使银行未来更看重风险管理和风险定价能力

银行在面临息差整体收窄的压力时，可能会提升风险容忍度，加大对中小企业的信贷投放，相对而言，中小企业信用风险较大。因此，未来银行业的分化依据将主要为风险识别和风险定价能力，具有较强风险定价能力和有能力发现优质资产的银行将更具优势。

3. 重塑银行的贷款风险管理理念

对银行来讲，高度市场化的银行间交易市场和很少变化的贷款基准利率，二者本就是很割裂的状态。过去银行的信贷部门不需要时时关注贷款利率波动，利率更多参考的是客户存量授信利率和本行对同类客户的利率水平。LPR改革后，银行需要改变原先粗放的风险管理理念，与投资交易类似，发放贷款也要关注市场波动，利率的市场风险成为发放贷款时考虑的重要问题。因此银行要进一步提升风险管理能力，为信贷产品匹配合理的风险管理策略。

为银行供应链金融提供全流程服务支持

新环境下，银行发展面临新的挑战和机遇。银行作为持牌金融机构，拥有低成本的资金，而数字科技公司在互联网渠道建设、大数据风控领域经验丰富。资金、渠道与风控管理能力构成了信贷业务的主要环节，拥有相对较低成本资金的银行与具备科技优势的数字科技公司相互合作是必然选择。

目前，国内大型数字科技公司以大数据、区块链、人工智能、云计算等全球领先技术为核心驱动力，依托高效完备的研发体系，实现多维数据和科学技术在多元场景下的创新应用，可以为银行应对LPR改革的挑战提供综合服务支持。

此轮利率市场化改革肩负的重要任务之一，就是改善货币传导机制，以降低企业尤其是中小企业的融资成本。贷款利率改革后，银行会尝试为中小企业和零售企业提供更多金融服务，以提升经营收益。目前针对中小企业的供应链金融涵盖范围更广，不再局限于生产、流转阶段，同时包括零售、消费等终端领域，真正形成了全产业链的新型闭环金融模式，为生产商、供应商、消费者等更多市场参与者提供金融服务。

数字科技公司将先进科技技术赋能供应链金融，整合了过去割裂的数据信息，充分实现企业之间的信息分享和互动。银行与数字科技公司加深合作，进一步拓展了金融服务的对象、内涵和产品，对于"四流"的控制力更强，客户体验度更佳（见图3-6）。

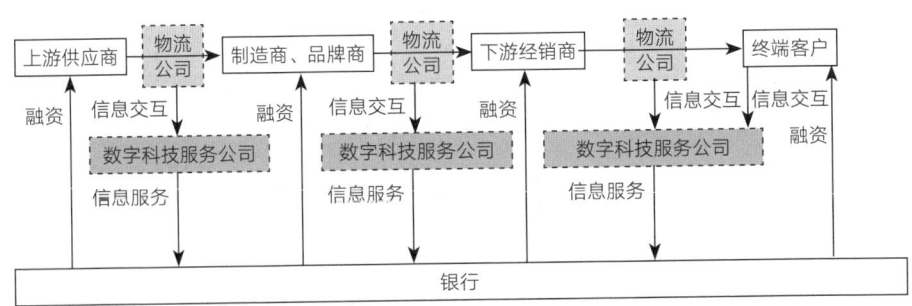

图3-6 数字科技公司供应链全流程服务

帮助银行拓展获客渠道，提升经营效益

利率机制改革后，由于银行存款端定价相对刚性，贷款利率下降将导

致银行面临息差收窄压力。很多银行或将提升风险容忍度，调整目标客户定位，对中小企业甚至是在零售领域提供投放更多资源，客户资源的竞争加剧成为必然。

我国银行业存在一定程度的同质化竞争，特别是中小银行由于受规模、区域、网点布局等方面的限制，与大型商业银行、全国性股份制银行相比，处于天然竞争劣势。银行依赖线下网点的传统获客方式效率不高（获客成本高、物理网点地域限制大），而中小商业银行面对内外部的竞争压力，其线下获取资产的机会就更加有限。

随着互联网时代的到来，转型线上获取优质客户资源和信贷资产成为突破发展瓶颈的重要途径。但是，互联网背景下的获客方式、尽职调查、应用场景、风险管理等与银行传统经营模式差异很大，如果银行自行实施线上战略，除了成本高企之外，获客效果也不一定理想。互联网是传统渠道的延伸，数字科技公司基于已积累的海量客户数据和资源，在互联网获客、大数据风控等领域具备丰富的技术和经验，可为银行提供线上批量获客服务，拓展银行的客户群，丰富银行的收入来源。具体在客户引入方面，银行与数字科技公司合作有以下积极意义。

1. 大幅提升银行获客效率

数字科技公司搭建了量化营销体系，其中包含如新用户首单转化实时触达、账单分期实时营销等系统，可将线下重复的工作线上自动化，简化了烦琐的人工流程，提高了营销效率；运用消费、物流、信用、行为等多维度大数据，加上与政府、机构、运营商等第三方合作伙伴对接采集的数据，采用人工智能、机器学习、物联网等方法、技术手段实时把控客户风险，帮助银行降低贷后风控成本，实现客户的批量经营和自主经营。

2. 为银行输送低成本、高质量的客户

优质的数字科技公司,数字科技实力行业领先,风控体系完善,具备多年的实战经验,自身对目标客户群的准入有明确、较高的要求,能够以所掌握客户全方位的真实信息作为风控依据,其掌握的客户资源属于行业优质资源。因此,为银行筛选、推荐的客户群资质更好,可在一定程度上保证资产质量,不良率、利率价格也可以保持在较低水平,使银行保持很强的核心竞争力。

3. 精准客户定位,提升客户忠诚度

数字科技公司可探索帮助银行批量化引入客户,提供客户与数据的共享平台,实现多维度的客户分析,提高分析准确性。依靠大数据分析、机器学习、人工智能等技术手段,搭建客户分层体系,实现对客户多维度的精准分类,筛选符合银行产品定位的客户、资产并推送给银行,增强客户营销的精准性。针对不同客户群的行为偏好、交易偏好、消费偏好、风险特征、心理特点等,在产品开发、品牌推广、营销策划等方面进行差异化的设计与规划,增强服务的精细化程度,最终提升客户满意度和贡献度。

为银行提供风险定价的服务支持

商业银行是经营风险的行业,风险定价能力是商业银行的核心竞争力之一。特别是在当前LPR改革、利率市场化的背景下,对银行风险定价的能力提出了更高要求,这也是未来银行业竞争分化的关键因素。但是,目前很多银行还不完全具备风险定价能力,主要原因如下。

1. 缺乏准确、完整的客户信息

LPR改革后，中小企业是银行高收益资产投放的重要客户群体。当前，中小企业长期面临融资难、融资贵的问题，实质就是银企之间的信息不对称，银行获取客户真实、完整信息的难度极大、成本极高。信息缺失导致银行无法合理评估客户的风险水平，也无法作出合理的风险定价，无法为客户匹配合适的金融产品。

2. 缺乏科学的定价机制和经验

长期以来，商业银行贷款利率定价机制普遍流于形式，贷款定价主要是基于央行基准利率，在一定范围内进行简单浮动，特别是很多中小银行自身大多缺乏科学的定价能力，没有掌握有效的定价工具，缺少对全行资源统筹配置的能力以及对利率定价的精细化考量，对客户逐笔定价的实践经验就更少了。

3. 贷款定价的基础建设滞后，利率风险管理能力不足

对不同的客户和产品，金融科技要实现业务的逐笔、准确自主定价，需要一个庞大复杂的系统工程给予全面支持。很多银行缺少相关定价系统，实际操作中主要运用模板手工进行贷款定价、成本核算、风险计量，直接影响利率管理效果。特别是中小商业银行，还不具备对每项产品的管理成本、资金成本、经济资本和风险成本进行准确核算的能力，缺乏差异化定价的实施基础。

风险定价的核心就是大数据等金融科技技术在信贷全流程的实践运用。在风险定价这个领域，数字科技公司有丰富的经验积累和成熟的数字技术，可以为银行提供有力支持。

数字科技公司通过大数据和人工智能等技术建立风控模型，将各类资

产和客户置于模型中进行分析，结合市场环境、资金方要求等，对每一位客户进行自动化、差异化的风险定价。同时，数据科技公司可以为银行风险定价基础设施建设提供专业支持。

为银行提供风险管理的技术支持

在金融科技时代，需要综合运用云计算、大数据、区块链、人工智能等技术，而风控始终是银行的生命线。特别是在LPR改革的大背景下，针对客户下沉问题，银行风险管理能力的重要性尤为突出，风控能力较强的银行具备更主动抢占客户资源的能力。

我国中小商业银行的整体风险管理能力较弱，缺乏科学的风险识别能力。数字科技公司通过数字科技技术可以辅助银行改进风险管理流程、信用评价模型，提高风险识别能力，完善风控体系，与银行现有风控系统形成互补，弥补银行在小额信贷领域的短板。数字科技公司的数据专家及风控策略专家可向银行风控及科技人员提供一整套大数据建模及策略分析技术，助力银行从传统的专家规则风控体系向大数据智能风控体系转型。

1. 为风险管理提供多维度数据支持

传统的商业银行风险管理依赖专家经验，人工干预程度高，信息获取渠道单一，较难识别客户群的集中度风险、经营风险、行业风险和竞争能力。金融科技的应用发展，帮助银行扩大了信息数据收集的范围，增加了源数据采集的周期长度，丰富了数据分析的维度和深度，使风险特征画像更完整、客观，风险预测更具准确性和前瞻性。

数字科技公司基于互联网、零售平台等拥有很多客户的消费数据、行为数据、物流数据和信用数据，多维度、多类别，来源多样、全面，应用场景广泛，可为客户进行用户画像和识别，做到比客户自己更了解客户，为其匹配与之风险水平、信用特征相对应的产品，提升银行的风险管理能力。

2. 为风险管理提供多层次的技术支持

数字科技公司建立了基础技术、算法模型、输出产品的多层次技术体系，可为银行的风险管理提供全方位的技术支持。其以大数据、互联网、区块链、生物识别、人工智能为基础，配合自动量化运营的分析模型，帮助银行识别客户风险、量度风险、管理风险。

例如，人工智能技术、机器学习应用于风控领域，构建大数据风控体系，通过大规模数据模型的组合可建立万余项风险策略，大幅提升客户风险控制能力；在反欺诈领域，先进的算法可以大幅提高风险用户识别的准确率；借助互联网、物联网技术，对客户实时监测，帮助银行贷后管理，降低管理成本。最终在贷前、贷中、贷后全流程中辅助银行对客户风险进行全方位、立体化的防控。

为银行提供更高效率的运营服务支持

LPR改革下，银行会提升风险偏好，加大中小企业、零售客户的信贷投放，这类客户的业务只有通过批量化开发才具可行性，而传统劳动密集型的服务模式成本高，规模增长慢，综合收益率较低。目前，相比于大型商业银行和全国性股份制银行，中小商业银行的整体风控、运营能力较弱，使用人工流程进行风控管理、运营操作，耗时长、成本高、操作风险较大，较难形成大规模的批量工作模式，不能满足服务这类金融科技"下沉"客户的业务需求。数字科技公司可以在以下方面为商业银行提供基于互联网技术的运营服务支持，从而大幅提升工作效率。

1. 流程优化

银行在金融科技技术的驱动下，在市场营销、风险控制、全流程运营等方面逐步改进、升级，改善了银行的业务流程，提升了业务连续性。对于同一类业务可统一策略、统一话术、统一流程，实现标准化作业。将金融服务内化到客户的日常交易行为，最终提高客户体验度。

2. 提升效率

金融科技技术的应用改变了原先很多需要人工参与的业务模式，例如智能机器人、智能客服、线上客户引入等，这一方面节省了人工成本，另一方面直接提高了业务效率，减少了人工干预，可以满足大规模、批量化操作的要求。

3. 广泛施用

金融科技技术运用范围广泛，从前台营销到中后台的风险管理、运营操作均可以契合专业技术和服务，全面支撑银行业务的开展，极大推动银行的经营效率。目前，数字科技公司为中小企业提供的供应链金融产品基本实现全数据驱动，虽然人工专家的判断在数据处理中仍然有存在的必要，但是人工干预的比例一般不超过1%。

科技赋能提升了金融服务的覆盖率和可得性，帮助银行创新业务模式，如秒审秒贷、数据质押等。其中，互联网技术的应用，可以降低金融服务交易成本，加快信息流通，减少信息不对称，增进金融服务可得性；大数据技术作为处理数据的有效工具，其应用能够帮助金融机构实现有效信息识别；物联网技术的应用，随着射频识别装置、传感器技术等的应用不断成熟，物联网的可靠性不断提升，成本大幅降低，有效推进供应链金融业务创新，辅助各类物资实现全流程系统化管理，自动化监控；区块链技术将帮助供应链金融各方建立起信任关系，保证供应链信息的可追溯性，实现供应链透明化，降低交易成本和操作风险；人工智能技术可构建行业领先的大数据风控体系，为客户提供风险定价服务，大幅提升客户风险控制能力。

综上所述，银行通过合理运用金融科技技术，可以全面、准确、快速地描绘出企业间的关联关系，创新传统金融模式，建立真正公平高效的交易规则和信用体系，营造良好的金融生态环境。

◎ 实现投资银行数字化转型

从雏形初现至今，投资银行家的身影已经跨越了3个世纪。从某种意义上说，现代企业的一切投融资活动背后都源自投资银行的推动和设计：企业上市融资、组建股份公司、企业分拆、并购、债务重组、企业证券的交易。世界近现代企业史，也可以说是一部投资银行的发展史。

从诞生那天开始，投资银行一直没有停止过变化的脚步。每一次变化，都是时代深刻的烙印。

投资银行伴随着时代发展而不断演进

本节将通过美国的投资银行业发展史，展现投资银行与时代发展互相裹挟，共同成长的过程。

1. 诞生于大基建时代

投资银行是一个古老的行业，投资银行业务始于300多年前的债券承销。这些"掮客"在债券发行的条件甚至定价方面都起到重要的作用。债券市场的发展为新生的美国提供了强大的资金支持，经济活动以一日千里的速度在发展，反过来又推动了资本市场的空前活跃。在这个过程中，新大陆第一代"投资银行家"的雏形开始形成。

在随后的几十年里，美国的版图不断扩大，经济的快速增长对交通运输的需求使开凿运河和修建铁路成为最迫切的需要。单独的企业、个人显然没有能力承担这些大型项目所需要的巨额资本。面对公众的筹资（IPO）和股份公司因此走上历史舞台，现代意义上的投资银行业就此诞生。早期的投资银行家们通过承销有价证券，将投资者手中的财富集聚起来，为实业家们提供项目融资。

初生的美利坚合众国很快就看到了金融资本对实体经济发展的巨大推动力：美国以超乎想象的速度完成了工业化进程，培育了像卡耐基钢铁公司这样的超级企业。到1900年，美国已经取代英国成为世界第一经济强国。

铁路的发展产生了第一批现代股份制企业——企业的所有者（股东）和经营者（管理层）分离。虽然股份制公司在项目筹融资上的好处显而易见，但在缺乏有效公司治理和法律监管的情况下，铁路股票的发行成了一夜暴富的投机工具，千奇百怪的铁路公司资本结构，恶性的重复建设和价格战使19世纪中后期的铁路工业成为名副其实的蛮荒丛林，全国大大小小的铁路公司有成百上千家，混乱无序地横贯在新大陆。

J.P.摩根的出现改变了这一切。J.P.摩根着手了一项整合美国铁路系统的计划，策划了一系列的公司并购和重组，通过并购重组，效益低下的小公司以合理的价格被收购，而大的铁路公司实力大为增强。美国的铁路行业进入一个前所未有的良性有序经营时代。纽约中央铁路、宾夕法尼亚铁路、巴尔的摩铁路、伊利铁路等枢纽干线和其支线逐渐形成一张铁路网，使美国这个辽阔大陆成为一个统一的经济体，开创了令人不可置信的繁荣时代。

1900年，J.P.摩根再次组织了巨型的财团（syndicate），开始对美国的钢铁行业进行并购重组。1年后，资本金达到14亿美元的美国钢铁公司成立了，而当年美国全国的财政预算也不过5亿美元左右。得益于规模经济和专业分工的巨大优势，美国钢铁公司迅速成为国际钢铁业的垄断者，一度控制了美国钢产量的65%，影响全球钢铁的生产和价格。

资本对实体经济的作用日益显著。作为金融市场和产业发展之间最重要的媒介，投资银行家在美国经济生活中的分量举足轻重。企业资产并购重组从此也成为投资银行业务的重头戏之一。

2. 成型于工业化与城镇化的高潮

20世纪60年代的华尔街迎来自己的又一个黄金时代，承销和并购业务源源而来。与此同时，社会财富的急速累积催生了大量共同基金。随着养老保险制度的建立，养老基金开始大量进入市场，人寿保险公司的资金实力在同一时期也快速发展。机构投资者在市场上开始形成巨大的买方力量。随着资金量的增长，买方渐渐不再满足投行所提供的单调的权益证券和固定收益证券。不同风格的机构投资者对风险敞口、风险收益和投资组合提出了更多的不同要求，投资银行家们必须适应这一趋势，开发新的金融产品成为生存所需要的技能。

直到20世纪70年代，证券承销（尤其是IPO）仍是投行的主营业务。不过，时代的风向已经开始变化。客户导向型的投资银行开始向交易导向型的金融服务商转变。

交易需求有时候来自客户。比如为了保证自己承销的各种证券（股票、债券、票据、期货、期权）的流动性，投行需要在二级市场上为它们"造市"（market making）。另外，投行的大客户（包括企业和各种机构投资者）也常常要求投行帮助它们买入或者出售大宗证券。通过这种频繁的买入卖出，投行赚取交易的"买卖价差"，同时也极大地增加了市场的流动性。

其他的交易需求来自自营业务。早期的投行主要是金融行业的"卖方"，即帮助企业出售金融资产来募集资金。以零售经纪业务起家的美林公司在1971年成为华尔街第一家上市的投行后，摩根士丹利和高盛也逐渐打破行业惯例,成为公众公司。投行的资本金因此普遍大幅提高,催生了自营账户资产管理的需要。另外,随着财富积累,客户方也对投行提出了越来越多的资产管理业务要求。这些传统的"买方"业务(如何用资金购买合适的金融资产)渐渐演变成了投行业务的重要组成部分。20世纪90年代中期,曾经独领风骚的承销和佣金收入已经下降到美国整个投行业收入的25%以下,而以各种有价证券交易为主的自营业务和资产管理业务收入上升到50%以上。

随着金融产品的日渐增多和投资者结构的日渐复杂,市场波动性成为了华尔街的最大困扰。保守型的养老基金和保险公司是债券市场最大的客户,它们对于债权人的财务状况日益谨慎,对资金的安全提出了更高的要求。利率掉期(swap)因此被运用在债券市场来对抗利率风险。接着,货币掉期也开始被运用在跨国债券交易中来抵御汇率风险。

另一项影响更为深远的金融创新则是资产证券化。20世纪60年代后期,美国快速增长的中产阶级对自有房产的需求带动了房产的抵押贷款业务。为了满足不断扩大的房贷资金需求,两大房产抵押机构"房利美"和"房地美"〔又称联邦国民抵押贷款协会(Finnie Mae)和政府抵押贷款协会(Ginnie Mae)〕需要更多的筹资手段。银行家们因此设计出了一种叫"转手证券"(pass-through security)的衍生产品,这种债券用住房抵押贷款的利息来偿付债券人。如此一来,整个房地产借贷市场的流动性大为改善,直接带动了房产和债券市场的双重繁荣。

这个被称为"证券化"的金融工具迅速流行起来,任何债券、项目、应收账款、收费类资产,甚至版税收入都可以通过证券化的形式获得融资。在随后的几十年中,林林总总的商业机构,形形色色的投资者,还有投资银行家们都以前所未有的热情投入到证券化的浪潮中。华尔街因此产生了一句话,"如果你有一个稳定的现金流,就将它证券化"。和证券化有关的各类产品良莠不齐，纷纷粉墨登场。

3. 成长为全球化时代下的综合金融巨头

在美国国内市场上，"垃圾债券"（junk bond）和杠杆收购（LBO）给了传统的投资银行业务大展宏图的机会。陷入财务困境的企业的债券通常被称为"垃圾债券"。

长期以来，它们在市场上乏人问津，因此价格极低。一个叫迈克尔·密尔肯的投资银行家意识到，这些看上去一文不值的债券的收益率已经远远超过了风险补偿所需要的回报率，没有比这更好的投资机会了。更重要的是，对于那些缺乏现金流的新技术公司（通信、信息、生物医药等）来说，可以通过发行垃圾债券给偏好风险的投资者来融资。在资本的助力下，新兴的产业快速发展，创新成为美国公司的标志。美国有线新闻网（CNN）正是这一金融产品的代表作之一。

此外，曾在20世纪60~70年代风靡一时的集团公司开始显现出"大而无当"的趋势。由管理层主导的私有化风潮席卷了整个企业界。在这波被称为杠杆收购的热潮中，垃圾债券充当了管理层最好的朋友——通过发行垃圾债券融资，然后收购公司股权，公司成为高负债的非上市企业。投资银行家们大显身手，他们收取普通债券的两倍以上的高额承销费用，抽取巨额佣金，同时利用自己的信息优势在市场交易中翻手为云覆手为雨。

旨在发展中国家债务重组的可转换债券（布雷迪债券）的发行创造了一个庞大的新兴市场，东欧、亚洲和拉丁美洲国企私有化的浪潮急切需要投行的牵针引线。更令人心跳加速的是，在美国之外的其他主要资本市场上，投行发现自己不再受到分业经营的限制。全球化提供了前所未有的舞台，银行家们成了无所不能的"上帝"：从兼并收购到资产管理，从财务咨询到证券清算，从承销发行到资金借贷，从权益产品到固定收益产品，从大宗商品到衍生品……

与此同时，欧洲的金融自由化已经催生了大批金融巨头。通过大规模的兼并收购，巴克莱、德意志银行、瑞银集团都成为了兼营储蓄业务和投行业务的全能银行。美国商业银行如坐针毡，要求突破分业经营的诉求一天比一天强烈。华尔街在华盛顿的游说团队在20世纪90年代达到鼎盛。作为绕开金融管制的组织机构创新，金融控股公司成为商业银行的首选。大银行纷纷通过兼并收购转型成控股公司，由下设的证券机构主理投行业务。20世纪90年代的金融业并购风潮由此而来。1989年，J.P.摩根重返阔别半个世纪的投资银行业，2000年与大通曼哈顿银行合并，成为最大的金融控股公司之一——摩根大通。不知不觉间，形形色色的金融创新和金融机构的全球化运作已经突破了《格拉斯—斯蒂格尔法案》的藩篱。

1999年，在克林顿政府的主导下，《现代金融服务法案》通过，长达半个世纪的分业经营终于落下帷幕。银行从此可以通过金融控股公司从事任何类型的金融业务。新的全能银行顶着"金融控股公司"的名字再现江湖。"投资银行"独占证券市场的时光结束了，金融业正式进入群雄割据的时代。

4. 危机过后的回归初心

21世纪初的华尔街遭遇异常寒冷的"冬天"。首先是"硅谷+华尔街"联合出品的高科技狂潮在世纪相交的时候退去。纳斯达克的狂泻将美国的股市拖入深渊。经济疲软还没有看到尽头，2001年"9·11"恐怖袭击再次重创美国。1914年以来，纽约证交所第一次关闭长达4天之久，重开的市场一蹶不振。然而华尔街的劫数还没有完。安然公司和世通公司先后爆出财务丑闻，最终宣布破产。投资者发现，这些被投资银行家们誉为"最安全可靠"的公司财务报表基本上全是谎言。市场对华尔街的信心降到了冰点，美国经济也经历着第二次世界大战后最萧索的一个时期。

20世纪70年代创造的"抵押贷款证券化"在这个时期大显身手——投资银行将住房抵押贷款分割成不同等级的担保债券（CDO）在市场上开始大量出售，源源不断地为抵押贷款提供充足的资金。同时，为CDO对冲风险，担保债务的信用违约产品（CDS）被开发出来。房价的不断上涨使CDO的回报率越来越高。丰厚的利润让银行笑逐颜开，众多没有经过审慎审核的抵押贷款被发放出来，然后迅速证券化，投放到市场上。

越来越大的泡沫终于破灭了。2006年夏天美国房产价格突然回落，一切都改变了。次贷的房主们发现自己陷入了资不抵债的境地，债务违约成为不可避免的结局。大量基于次贷的信用产品和衍生产品忽然丧失了流动性，400多家经营次贷业务的金融机构倒闭，信用机构调低债券评级……多米诺骨牌式的崩溃开始了。85岁的贝尔斯登消失了，华尔街第五大投行的轰然倒下，拉开了投行历史新的一幕。

市场高涨的时候，杠杆率是天使；市场崩溃的时候，杠杆率却成为魔鬼。和贝尔斯登一样，过高的杠杆率和庞大的次贷业务拖垮了另一家大型的投资银行——有着150年历史的雷曼兄弟。更为沮丧的是，公众开始厌倦和质疑政府对华尔街的救助，雷曼无法从美联储那里取得更大的帮助。2008年9月7日，美国历史上最大的企业破产发生了，市值高达450亿美元，拥有2.8万员工的雷曼兄弟正式宣布破产，全美第四大独立投资银行成为了历史。

2008年9月21日，美联储正式批准高盛和摩根士丹利的改组，为期75年的独立投行史画上了句号。历史是个轮回，全能银行的时代又来临了，交易为王的时代仍然没有过去。高盛、摩根士丹利，和它们曾经的对手——摩根大通、美国银行、瑞银、德意志银行又站在了同一起跑线上。

2019年则是精品投行（Boutique Bank）的全面胜利。根据知名投行榜单Vault的排名，传统九大综合性投资银行（Bulge Bracket）只剩3家挺进前10，常年榜单第1位的老大哥高盛头一次被挤到了第3位。并且，瑞银被挤到了第19位，摩根大通、瑞信、巴克莱、花旗都排在20位开外，德银的排名进一步后退到第37位。

例如，由罗杰·奥特曼（Roger Altman）领导的Evercore Partners是其中规模最大、成长速度最快的精品投行。Evercore拒绝做高风险业务，不从事自营交易，不做客户放贷，主要业务是向企业首席执行官提供并购和重组方面的咨询意见。Centerview Partners被称为华尔街最神秘的贵族投行，它只有两种业务：并购咨询和重组，两种业务都为客户解决战略、财务和运营问题，其风格是只参加最大的并购。

这也从某种角度反映出在数字化时代下，投资银行这一传统产业，也进一步体现出价值的精品化与专业化的趋势。以往的"大而全"的牌照或者充沛的资本金在数字化时代下的联结中难以再呈现往日的辉煌，而专注与专业则在联结中愈加稀缺与珍贵。

我国的投资银行业亟待变革

1990年起，上交所和深交所先后开始营业，股票公开试点发行和国有企业的改制上市稳步推进，并由试点迈入逐步规范、快速发展轨道，资本市场雏形初现。1992年，国务院证券委和证监会成立，推动系列证券期货市场法规和规章建设，初步形成资本市场法规体系，正式建立证券市场监管体系。1999年《中华人民共和国证券法》正式实施，标志着第一部协调证券发行与交易行为法律正式诞生。在法律和执法体系的完善下，我国上市公司快速增长，市场交易日趋活跃。投资银行业的发展大体经历了以下三个阶段（见图3-7）。

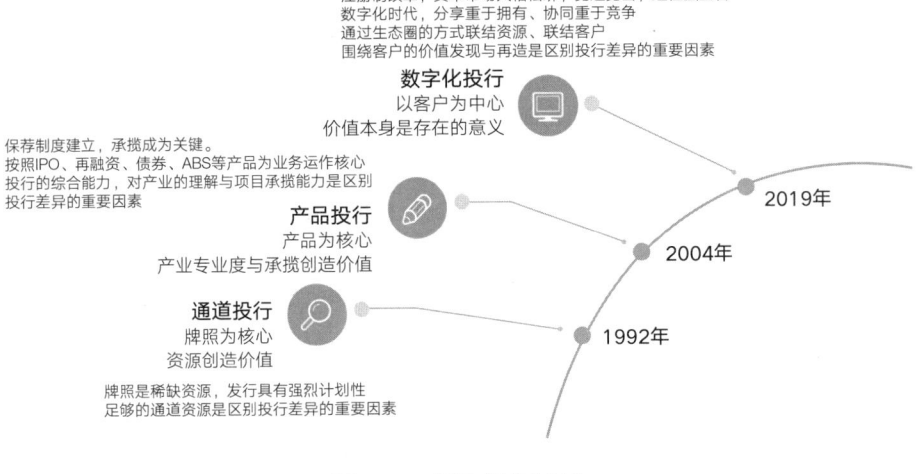

图3-7　投资银行演进

1. 审批制，通道投行阶段

1996年，股票发行"审批制"正式建立，监管总量控制。国务院证券委和证监会成立后，颁布《股票发行与交易管理暂行条例》，正式建立股票发行审批制度。鉴于市场处于创建初期，为防止投资过热，股票发行审批采取额度指标管理的"审批制"，由政府规定发行总额度，并将额度指标下达至省级政府或行业主管部门，由其在指标限度内推荐企业，再由证监会审批企业发行股票。1996年，监管将额度管理变为指标管理，由政府限定发行额度和家数，整体来看延续"审批制"总量控制内核。股票发行集中在监管和相关政府部门手中。

2001年，从"审批制"到"通道制"，监管延续总量控制，但开始赋予券商一定的自主权。在"通道制"的新股发行模式下，IPO仍依赖监管分配通道资源，因此投行业务开展仍以行政为主导。但同时，"通道制"下券商开始有权进行项目前期筛选，且IPO发行人审核由证监会和承销机构共同负责，通道数量依赖上年投行业务开展结果也促进券商提高执业质量。

在早期IPO审批制下，上市企业和发行承销规模由省级政府或行业主管部门统一决定，股票发行定价行政影响较为显著。券商投行主要作为IPO通道，业务开展围绕额度资源，对上市公司选择、定价、规模基本没有影响，相应业务能力匮乏。过渡为"通道制"后，券商开始在项目遴选、定价方面拥有一定的话语权，逐渐培养相关业务实力。但企业上市依赖监管对券商的通道资源分配，因此本质上看仍以监管为主导。

2. 保荐制，产品投行阶段

2004年，《证券发行上市保荐制度暂行办法》实施，规定新股发行上市和上市公司发行新股、可转换债券均需由保荐机构和保荐代表人保荐。发行制度由"通道制"过渡到"保荐制"，券商投行正式完成从通道业务向更具自主性的专业辅导审核过渡。2005年，保荐制度全面实施，券商在发行中的作用大幅提升。2006年，建立全流通模式下的新股发行体系，显著提升发行效率。2009年，新股发行体制改革推动券商承销费用和募集资金总额挂钩。

伴随市场环境变化和制度体系的完善，投行自主性显著提升，业务开展也从较为单一走向多元全面。2006年，伴随股权分置改革工作完成，中国石油、中国神华、建设银行等大批大盘股票登陆资本市场，推动新股发行募集资金额显著提升，资本市场迎来21世纪第一个新股发行黄金期。投行业务也迎来显著增量。

在"保荐制"模式下，投行主要围绕着新股发行、再融资、并购重组、债券等，提升其保荐和承销能力。投行新股发行自主性大幅提升，股票成功发行和配售依赖于券商的执业能力，券商投行保荐和承销功能得到重视。一方面，部分券商通过行业分组建立品牌优势并聚拢客户。行业分组策略在2002年前后已有券商率先试水。但是保荐制度推行后，为夯实业务实力，行业分组模式在券商中才逐渐推广开来。行业分组可以培育专业能力，形成行业特色，逐渐树立品牌优势、聚拢客户。另一方面，设立资本市场部提升销售能力。伴随发行体制改革持续优化，承销费用逐步和募集资金总额挂钩。为提升承销能力并进而驱动投行承销收入，大型券商纷纷建立资本市场部，统筹安排IPO、再融资、债券和并购的自主配售及销售渠道拓展与管理，部分券商进一步按照业务种类将资本市场部划分为股权资本市场部（ECM）和债权资本市场部（DCM），夯实业务专业优势。

再融资规模持续突破，由"配股主导"转为"定增主导"。2006年，股改完成再融资重启，且规模持续大幅上升。定向增发成为驱动规模增长的主因，根据Wind统计，2007年起定向增发超过千亿级规模，甚至一度超过IPO募资总额，成为再融资的主要手段。

并购重组浪潮初现，股权分置改革、借壳上市和境外并购三因素驱动。股权分置改革催生并购重组浪潮。2006年和2008年并购重组相关政策出台，借壳重组成为可行方案，叠加2008年市场由牛转熊影响IPO发行节奏，弱市环境下并购重组成本降低，部分公司寻求通过并购重组实现借壳上市和整体上市。此外，中国企业出海并购金额持续攀升，促使境内券商不断提升业务创新能力。

债券市场稳步扩容，公司债起步拓宽券商盈利渠道，企业债增长支撑熊市中投行业绩。债券市场规模和品种不断拓展，但整体规模较小，且券商在国债、金融债等品种方面的份额较小。2007年，证监会发布《公司债发行试点办法》，并于2008年正式启动公司债发行，券商是公司债主要承销商之一，公司债发展拓展了券商盈利渠道。2008年A股由牛转熊导致IPO业务疲软，且熊市中承销商大量包销余股增加投行业绩风险和资本占用。而同期企业债券承销规模翻倍增长，部分缓解了投行的紧张局面。

3.注册制，数字化投行阶段

科创板加速推进，双向开放持续深化，资本市场新一轮跨越改革开启。改革将倒逼投资银行启动新一轮战略转型，转型之路如何走、登顶竞赛谁胜出，将是决定行业长远走向和格局的关键。

数字化投资银行是伴随着数字化时代的到来而形成的，其核心在于"联结大于拥有，协同大于竞争"。投资银行作为最直接、最全面以及最深刻接触与理解客户的端口，有望成为券商转型升级的突破口和发力点，通过串联券商轻、重资产业务，发挥驱动各业务转型升级的引擎作用，带动券商开启全面高阶升级。优质投行将率先构筑资源整合力，加速打造数字化时代下充分体现联结价值的"投行生态圈"。

高质量的生态圈具备"开放共享、连接协同、智慧敏捷、创新迭代"的特征，这要求投行发挥资源整合功能，全方位重塑资本、定价、销售、协同、风控、科技等综合能力，构筑六大核心竞争力，以助力项目成功发行并保持持久竞争力，并构筑差异化竞争壁垒实现客户的忠诚度与贡献度双双提升。

数字化投行时代的到来

数字化投行的核心是服务数字化时代中的客户。如果不能为客户创造价值，投行就没有存在的意义。图3-8是注册制下一个典型的新股发行流程以及相应的投行应具备的基本要求。可以看出传统的产品投行已经无法满足"一个客户、综合服务"的要求。

01 监管判断
- 对监管机构（一行两会）、交易所、行业协会等均有良好的沟通渠道
- 对于宏观经济、产业发展特点与趋势有独到看法和准确与清晰的认识
- 具备成熟的相关的研究成果与沟通经验

02 估值判断
- 对企业业务有专业的理解与精深的认识，并能够向资本市场准确充分的表达
- 对企业估值定价有专业力量，并具备提升企业价值的资源与方法
- 具有丰富的买方资源，协助企业价值充分体现

03 完备性材料
- 执行人员经验丰富
- 有效应对企业的需求与实际难题
- 对于企业上市过程的重大问题具有有效方法与成功经验

图3-8 以IPO项目为例对投资银行的基本要求

数字化投行将加速打造"大投行生态圈"，实现业务协同和价值延伸。在市场制度改革将推动资本市场深化发展、激发企业金融需求的背景下，投资银行将加速探索从"以业务为导向"向"以客户为导向"转型，协同各部门资源，打造以融资业务、财富管理及资产管理、产业资源整合为核心的"大投行生态圈"，实现全产业链协同和价值延伸。

"大投行生态圈"模式将伴随企业生命周期。初创时协同股权投资，虽然目前券商"保荐+直投"模式被限制，但不削弱业务连通性。券商股权投资赋予早期企业资金和战略资源支持。发展中协同资本中介，企业发展壮大持续需要资金，若开展并购重组将产生额外资金需求，券商可通过资本中介助力企业做大做强。上市时提供保荐、价值发现、价值提升与承销业务等服务。上市后提供做市、财富管理和资产管理、投融资管理等长期服务，将研究能力、投资交易能力、风控能力等专业实力持续转换为聚焦客户需求的服务能力。图3-9展示了国泰君安的生态圈。

高质量的数字化投行应具备以下能力。

1. 资本实力是业务空间关键要素

科创板承销商参与战略跟投制度，承销商将以自有资金参与新股认购，且全产业链业务运营也亟须资本支持。资本实力是决定业务能否拓展以及拓展空间的关键要素。未来行业和业务发展将迈入资本为王的时代，资本金充足且资产盘活能力较强的券商，有望在市场博弈中获取领先市场占有率。

2. 定价能力是彰显投行实力的基石

新股合理定价对成功配售、发行后股价稳定等均具有重要意义。科创板引导定价机制向市场化过渡，监管不再对价格进行干预，未来定价合理性将依赖投行对企业价值的判断。此外，定价能力提升还将带动再融资、并购重组等业务定价回归价值本身，激发客户需求并促进项目顺利开展。专业定价能力提升要求研究先行，券商将重塑研究价值和发展模式，打造研究定价权和影响力。投行优质项目的挖掘和合理定价，依赖于券商扎实的研判分析能力。未来券商将更加重视研究能力培育，通过深化研究的广度、深度、高度和质量，实现宏观、产业链、行业研究等全方位能力提升，打造高水平的研究定价权和影响力。

3. 销售能力是业务发展的中枢

未来若注册制由试点循序渐进推广，新股发行将转入买方市场。承销商作为股票承销的核心，新股销售将依赖于承销商自身信誉、客户资源、市场匹配、交易撮合、内部协同和资本实力等综合实力。

4. 协同能力是业务关键推手

第一，投行将强化内部协同，通过内部资源协同支持保障业务顺利推进,同时也将深入挖掘客户多元融资和咨询需求,开辟业务增量空间。第二,生态圈协同优势将进一步彰显。以客户需求为主导的大投行模式,需要协同资本中介、直接投资、财富管理等全业务链条,通过客户引流和资金、技术等资源支持,满足客户综合金融服务需求。第三,深化境内外一体化协同能力,深度拓展国际业务发展空间。当前,金融市场双向开放和客户群体及需求国际化深化,券商将围绕客户境外金融服务需求,打造国际化业务平台和境内外资源协同能力,加强全业务链资源跨境联动。未来,构筑可抗衡国际投行的资源整合能力,与国际顶级投行同台竞技,成为国际顶级投行,将是龙头券商的终极目标。

5. 风控能力由业务屏障转为业务核心驱动力之一

投行业务逐渐走出监管背书,坚实的风控能力对投行的意义匪浅。一是应对日益复杂的市场变化和业务种类带来的各种风险,保障业务稳健发展,打造对监管、发行人和客户的三方信誉,均需要依赖全面风险管理和风险控制方面的专业能力。二是强大的风控能力将为投行带来强大的业务实力。风控夯实信誉将形成良性循环机制,挖掘客户需求、强化客户黏性。同时风控能力提升将助力投行主动面向业务、面向客户、面向市场,为一线业务开展提供解决方案,发挥价值创造功能。打造风控实力、强化风控与业务合作机制要完善风控体系:一是建立保荐业务制订切实可行的合规管理、风险控制、尽职调查等系列制度、规则及业务规范;二是完善质量控制"三道防线";三是调整风控部门激励机制,吸引留存专业风控人才。

6. 科技实力为业务提质增效

全面拥抱数字化转型,通过构建一个具有承上启下枢纽作用的数字化大中台,实现投行业务的审核、分析、操作等基础流程工作的智能运营与体系化运作，构建强大的支撑体系，提升资源利用效能，释放投行前台的市场冲击力，让业务人员更聚焦于客户深耕和市场征战。同时在风险管理技术系统上深耕细作，打造专业化、集团化、平台化的合规风控核心竞争力。

数字化创新
- 金融科技在证券行业应用的先行者。君弘APP荣获2017年度上海金融创新成果奖一等奖。在第六届证券期货科学技术奖评选中排名行业第1位
- 行业创新的先行者之一，稳步推动零售客户和企业机构客户服务体系建设，着力推进财富管理、衍生品及FICC、PB、私募股权基金等业务领域的创新发展

机制保障
- "以客户为中心，打造卓越核心能力"
- 国际化资本架构基本完善、运行机制的日渐优化
- "风控为本，追求卓越"，中国资本市场全方位的领导者

国泰君安资产管理
国泰君安期货
国泰君安自营与另类投资
国内历史最久、规模最大的研究力量
国泰君安研究所

集群作战
- 构建集群作战的投行生态圈，提升企业机构、零售两大客户体系集群化服务能力
- 投行作为生态圈的源动力和发动机，聚焦客户需求，协同其他部门、分支机构

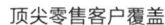

顶尖零售客户覆盖
- 2018年，零售客户服务体系基本搭建完毕，实现"五星四标签"客户分类分级服务
- 截至2018年末，个人金融账户数超过1270万户，A股资金户数排名行业第2位。手机终端君弘APP用户超过3000万户，月活跃度排名行业第2位

国内最佳高净值个人服务券商品牌
君弘俱乐部

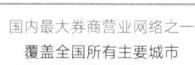

国内最大券商营业网络之一
覆盖全国所有主要城市
33家证券分公司
421家证券营业部

顶级机构客户资源
截至2019年10月末，企业机构集群实现覆盖集团级战略客户182家，区域级重点客户773家，跨条线及跨部门服务客户数分别为1672家及2641家

国内最大机构销售体系之一
以上海、北京、深圳、武汉、成都为中心的营销机构覆盖核心机构投资者超过5000个

图3-9 以国泰君安为例的大投资银行生态圈

4 PART FOUR
第四篇　联结与产业互联网

> 人类会紧密相连并汇入一个全球性母体。我们正义无反顾地向着这个方向前进。这个母体不是人造物，而是一种过程。我们的新型超级网络是一股持久变化的浪潮，不断推动着我们的各种新需求和新欲望。
>
> ——凯文·凯利（Kevin Kelly）

◎ 数据与联结

数据治理时代

数据已经变成新商业时代中最主要的生产要素。过去，我们衡量一个企业的竞争力，通常以研发和技术积累为标准，而在未来数据量和数据源可能会成为新的商业规则，可以称为数据权力。今天我们重新定义的巨头，无论是美国还是中国，都表现出明显的数据权力特征。比如美国的"五巨头"（谷歌、苹果、脸书、亚马逊、微软）以及中国的BAT（百度、阿里巴巴、腾讯）等。它们之所以成为互联网时代的巨头，最大的原因在于掌握了数据源，并围绕这些数据构建了难以逾越的竞争力。

在这样的趋势下，对于数据权威甚至"数据霸权"的担心就不无道理了。以前，企业的兴衰更迭很重要的原因是新技术代替旧技术，而在"大数据+人工智能"推动的智能时代，一旦某些核心的数据巨头形成了对数据和核心技术的一定垄断，当数据被垄断在巨头手里，其技术会越来越好，这个时候它们造成的中心化是不可逆的。

以往我们认为信息集中所带来的计划经济，无论是效率还是效果都远远无法和分布式信息处理与决策的市场经济相提并论。然而，日新月异的强大存储、处理、计算与分析等能力为社会带来了明显的变革。人工智能可以集中处理大量的信息，甚至因为机器学习在分析越多信息之后效果越好，所以人工智能可能会让集中式系统比分布式系统效率更高。在不考虑任何隐私问题的前提下，一个拥有1亿人的完整信息的数据库，绝对会比只有100万人的部分信息更能训练出优秀的算法。

事实上这个情况正在悄然出现：现在我们的信息获取、娱乐、购物消费、路线导航等基本上都是默认各种算法的推荐结果。即使是在自由的社会里，算法也可能成为权威，因为经验让我们把越来越多的问题交给算法来处理，最后也就逐渐失去自己做决定的能力。而这仅仅是个开始，一旦我们开始让人工智能来决定自己要读什么专业、在哪里工作、和谁结婚，人类的命运就不再是自主决策的了。一旦人工智能比我们自己更清楚该选择哪个职业，甚至怎样处理人际关系，我们对人性和生命的理解将不得不改变。人类习惯把生命看成一场由一连串的抉择构成的大戏。但随着人类越来越依赖人工智能来做决定，这种对生命的观点会发生怎样的改变？

在大数据时代，以谷歌为代表的互联网公司控制着用户、消费者的信息。由于互联网公司的首要规则是"交流优先"，这意味着一切都可以免费且自由地被复制、移动和改变，由此带来了隐私安全、信息安全等一系列问题。现有的信息体系结构是一种不安全的网络结构，它使世界上所有权力与金钱聚集在金字塔顶部——数据的掌权者。

谷歌和脸书等公司在应用层中获取了巨大的价值，但它们随后不得不开发众多的协议和基础设施，以便能进行实际性的扩展。如谷歌的文件系统、映射规约系统、应用层协议等。它们早期创造了巨额的财富，也拥有丰富的资源，这种体系结构导致了巨大的壕沟。大公司因为拥有所有的数据，所以别人无法拥有资源，也就无法在协议/基础设施层进行创新。

以金融领域为例，随着数据的集中统合、处理运用，数据的价值不断彰显。从信息工具的视角来看，大数据和征信体系是互联网金融信息工具应用的基础，大数据的运用降低了信息供给的成本和潜在的风险。从促进我国数据产业发展的现实需要出发，应当鼓励数据，尤其是金融数据的开放和共享，通过关键的数字普惠金融平台，整合动态的个人和企业数据，甚至打破政府部门数据孤岛，促进社会信息共享平台和信用体系建设。但同时，平台对数据的控制提高了市场进入壁垒及转换成本，甚至带来"赢者通吃"的局面。在国外，谷歌基于流量构建了平台型数据生态，通过流量控制排除其他企业，进而使其他企业丧失创新服务的动机和能力，这也是国内发展数字经济时需要警惕的一点。

缺乏信任与安全是谷歌致命的弱点，且当前的计算机和网络体系无法解决这一危机。如果价值和安全不是信息技术体系结构的组成部分，那么这个体系结构必将被替换。创新总是不可或缺的，新的时代需要有更直接的动力去解决协议和基础设施创新等方面的难题，这注定是一场巨大的变革。

联结胜于占有

如上所述，数据霸权的形式侧重于物质环境而不是人类意识，侧重于人工智能而不是人类智能，强调机器学习而不是人类的学习，强调搜索的相对性而不必追求真理，强调复制而不是创建，强调在平坦的宇宙中启动人类的层次结构而非在分层的宇宙中为人类赋能。世界的新系统必须扭转这些立场：头脑高于物质，人类意识高于机制，真正的智慧高于单纯的算法搜索，有目的的学习胜过盲目的进化，真理胜于偶然。一个新的时代已然来临，但是并不如想象中的顺理成章或者水到渠成。

现实世界中，海量的数据分布在互联网中。互联网巨头、金融机构、社会服务机构等掌握不同数量的用户隐私数据，形成一个个数据孤岛。利用 AI 算法对这些数据进行价值挖掘将释放巨大的市场价值，但这一切的前提是用户授权和隐私保护。一方面托管在机构数据中心的用户数据需要有安全防护，另一方面数据在交换过程中不能泄露，此外在数据价值挖掘过程中，不能泄露数据隐私，这一层是最难的，因为数据计算往往会暴露数据给平台。例如，保险公司在指定用户健康方面保险产品计划时，用户并不想让保险公司知道更多无关健康的隐私；提供精准营销服务的公司在分析用户行为数据建立用户画像过程中，用户并不希望自己的隐私数据暴露在第三方平台。2020年，5G应用将不断成熟，数据量将继续倍增，同时物联网、边缘网络的出现，将在用户侧产生大量数据，如何最大化这些数据的效用有望成为数字化时代的基础与立足点。

人类社会活动从未像如今一样依赖各类智能终端，算力由个人电脑、服务器端向移动终端迁移，人工智能算法处理海量的数据，这些数据越来越多地由用户移动端本地产生。人类数据的生产量和存储量呈指数级增长，过去5年里数据量已经从TB（1024GB=1TB）级别跃升到PB（1024TB=1PB）、EB（1024PB=1EB）乃至ZB（1024EB=1ZB）级别。过去20年互联网巨头们依靠享受大量数据的支配权和强大的网络效应掌控了互联网的主要资源和价值。在技术的快速发展过程中，互联网的商业化经历了计算机的开源、软件的开源和数据的开源，曾经的巨头垄断被不断打破。如今，随着区块链、人工智能和5G等信息技术的崛起，整个互联网加速由巨头互联网公司中心走向分布式和去中心化，价值垄断正在被打破。

人们越来越认可"联结重于拥有"这一理念，想要突破"数据霸权"，核心在于数据可分享、可交易。2015年前后，市场试图建立大数据交易环境，以便数据资产流通，但实际效果不佳，核心问题在于各方在无法获取信任背书的情况下，将各自掌握的数据贡献出来，其中隐藏了大量风险。

出于以上考虑，数据托管方和数据所有者会谨慎对待数据交换和价值挖掘，这在一定程度上限制了数据经济市场的发展，拥有巨大潜力的数据沉睡在机房中。数据安全包括平台运行安全、数据安全和隐私安全。不解决这些安全问题，数据市场始终难以爆发出活力。2019年以来，我国对大数据爬虫行业进行了系统性整治，就是在为数据市场纠偏。想要推动数据联结的进步，重点是从关注计算成果转移到信任和安全的根源上。

区块链技术

现有的网络体系结构呈现出上大下小的特点，其间有大量可以完成所有任务的应用程序。只可惜在其底层协议中存在漏洞，身份、产权和其他各方面都是建立在这样的系统基态上。随着分布式密算体系的不断推广，数据巨头所扮演的重要性将会进一步下降，取而代之的将是分布式、对等、透明的全球数据集以及新的安全模型。区块链还可以提供一个不可变的数据库，并在这个数据库的基础上，构建新的信任结构。

区块链为这个未来的到来奠定了技术基础。区块链的核心在于保存和扩展信息，保障信息的真实性，确保互联网的安全和透明。区块链网络可以使信息的拥有者在"扁平"的互联网上进行安全的交换，而且成本较低。这就意味着数据将对所有用户可见，并允许所有用户之间相互操作。数据不再为基础设施供应商所独占，也不再被某些巨型公司所拥有的各数据中心霸占，用户将掌握自己的信息并自由决定该如何计费。

区块链、哈希链、区块堆、智能合约、令牌、加密货币等，都是解决谷歌时代弊端的新方法。这些弊端包括漏洞百出的互联网安全、资金闲置、过度监管、网络集权、毫无意义的延迟以及大数据收益递减，所有这些问题都源于被信任第三方的过度膨胀。区块链技术为削减中介结构提供了可靠而有效的手段，也从根本上降低了交易成本，促使了公司的网络化，分配了经济力量，创造了财富，并带来了更加繁荣的未来。

区块链网络实现了数据市场治理，可以有效打破过去个人数据的"无主"垄断状态。个人的隐私数据实际上是被互联网公司掌控的，互联网公司通过算法工具对个人数据资料进行分析处理，而用户并不能分享数据产生的价值——当某家互联网公司根据你的行为数据给你推荐商品广告时，你有没有想过这个服务价值来自本属于你的个人数据？区块链很好地解决了数据的隐私问题——数据是属于用户的，其他人或公司若想使用这些数据或利用这些数据作为资料训练AI机器人的话，都将在区块链网络中申请得到用户本人的授权，在区块链账本中完成交易支付。

可信计算可作为数据隐私之盾，激活数据经济市场。可信计算可以理解为在保护数据隐私的前提下，对数据进行安全计算和处理，可信计算主要采用安全多方计算和同态加密等密码学技术，在数据计算时充分保护数据隐私。在现实商业和社会环境中，对来自不同方的数据进行计算或数据挖掘，就能得到想要的结果，这方面的数据价值潜力巨大。可信计算可以为数据安全提供可信环境，在数据计算过程中实现数据隐私保护，因此，作为数据隐私之盾，可信计算将打破数据孤岛，使数据价值安全可靠地释放，激活数据经济市场。在可信计算推动下，数据市场规模有望成倍增长。

基于密码学的隐私安全技术，为数据计算提供可信环境。无论是个人信息、企业商业数据还是独有数据资源在数据交换、存储和计算处理过程中都存在数据泄露的隐患。安全多方计算、同态加密、零知识证明等密码学算法为数据隐私安全提供了一种解决之道。例如，基于密码学算法，可以知道用户的金融资产是否符合投资者适当性要求，但并不会泄露具体的账户金额；医院直接可以在可信环境下分享患者数据信息实现协同医疗，同时保险机构可以统计用户某项健康数据。基于可信计算之盾，数据市场的潜力将得到充分释放。

重重挑战

如上所述,未来海量的数据通过各种感应终端产生,但是这些数据在当前的互联网模式下必须通过中心云或者靠近边缘的云平台来进行管理、学习和演进。随着5G网络支持大规模通信、分布式AI的崛起,数据能否真正发挥其生产要素的作用,核心是需要有可靠、安全的数据管理手段,而区块链正是这样一个分布式数据保护与账户管理系统。区块链激活了海量终端的自我组织能力,通过AI等手段与其他终端形成一套分布式、点对点的自组织系统。这样,一个新的具备自我演化能力的系统将诞生,为新的互联网系统带来了无限的潜力。

尽管人们已经认识到区块链巨大的应用价值,但区块链技术发展还没有达到成熟阶段。尤其在企业级商业应用方面,区块链的数据存储能力、通用性、功能完备性、易用性等都还存在明显不足。

一是区块链数据只有追加而没有移除,数据存储能力要求高。由于区块链的数据只有追加而没有移除,数据只增不减,随着时间的推移,区块链系统对数据存储大小的需求也将持续增大。

二是仍需多技术协作才能保证上链前的数据真实有效。区块链技术只能确保"链上"的信息不被篡改,保证这部分内容的可信度,然而区块链难以独立解决上链之前源头数据的可信度问题,需要信息安全技术、物联网、AI和其他技术的共同协作。

三是区块链安全问题日益突出。区块链技术本身和架构目前都存在安全风险,安全问题和加密技术仍有较大提升空间。如在协议层面临协议漏洞、流量攻击和恶意节点等多种安全隐患;在扩展层则存在代码实现中的安全漏洞；在应用层则涉及私钥管理安全、账户窃取、应用软件漏洞、DDoS攻击、环境漏洞等安全问题。

四是为了实现真正的多方数据共享，隐私计算技术仍有较大提升空间。隐私计算技术是一类在保证数据提供方不泄露敏感数据的前提下，对数据进行计算并能验证计算结果的技术，密码学层面的隐私计算主要有全同态加密（Full Homomorphic Encryption, FHE）、多方安全计算（Secure Multi-Party Computation, sMPC）、零知识证明（Zero-knowledge Proof）三种主要的技术方向，它们都有各自对应的问题和优势。目前隐私计算技术效率较低，实际的商业应用较少，但是如果要多方真正愿意将真实数据在链上共享，打破数据孤岛，隐私计算技术必须得到提升。

五是通用性方面仍有明显不足。为了适应多样化的业务需求，满足跨企业的业务链条上的数据安全高效共享，区块链对数据的记录方式要有足够的通用标准，这样才能很好地表示各种结构化和非结构化的信息。目前的区块链系统大多采用特定的共识算法、密码算法、账户模型、账本模型、存储类型，缺少可插拔能力，无法灵活适应不同场景要求。

六是功能尚不完备，缺少对企业级应用一些常见功能的支持。现有区块链平台模型抽象单一，难以适应业务系统快速开发的要求。另外，缺少对企业级应用中一些常见功能的支持，例如用户认证、多级授权等。再者，在涉及企业业务协作时，跨企业的事件通知机制显得尤为重要，但少有区块链平台对此进行相关功能支持。

七是当下互联网数据节点之间互通尚存在协议、格式统一等问题，而基于不同底层算法的区块链账本之间的资产转移，更不是信息流互通就能解决的问题。区块链跨链互通要解决的核心问题是不同链上资产的交易和数据信息可验证问题，这需要交易的原子性和数据的可验证性（数据隐私保护、时间戳和可校验）。

曙光已现

如果说区块链是突破"数据霸权"进入数字化新时代的"关键钥匙"的话,那么这把钥匙体现了鲜明的"一半是海水,一半是火焰"的特点。自比特币诞生以来,区块链就存在着基础性能瓶颈,这一方面是不可能三角(可扩展性、去中心化与安全)约束的结果,另一方面底层共识算法还需要进一步开发以适合不同生态。

如我们之前所讲的数字科技公司给出了自己成为全球顶尖数字科技公司的答案:掌握好区块链这把"关键钥匙"。具体的方法就是缔造一个基于共同内核的底层操作系统的产业数字化生态。这个生态具备"纯净、安全、协同、专业"的特征。

1. 纯净

J公司植根闭环生态,以统一的逻辑构建共同内核的底层数字化操作系统,有效解决区块链标准统一难、信息验证难、数据真实性确认难等问题。

J公司数字科技动力输出注重底层的表现,不仅仅表现在各个产业领域,还在于区块链技术本身,经过三年多积累,J公司构建了自身的底层科技能力。

(1)自主可控底层引擎

X Chain是J公司自主研发、代码开源的区块链底层系统,于2019年3月28日全面开源,是国内互联网企业中最早开源的底层引擎。目前,X Chian已实现每秒一万笔交易的吞吐能力,并全面支持国家密码算法,保证政务、金融领域的安全应用和审计。X Chain 未来的目标是可完全替代并超越国际目前最流行的底层框架系统。2019年5月，X Chain成功入驻了由中国区块链技术和产业发展论坛发起，在工业和信息化部指导下成立的分布式应用账本开源社区。

（2）企业级区块链服务平台

这一服务平台可以帮助政府部门、企业、金融机构轻松跨过区块链技术门槛，实现区块链底层的快速部署和联盟链网络的快速组建，该产品支持在公有云、私有云、混合云等多种资源上进行部署，可实现1分钟内完成部署，2天内完成一个新的联盟链节点部署。截至2019年末，已集成了3个不同的区块链底层引擎。

2. 安全

区块链本质上是一套分布式账本系统，这为节点的自我管理提供了基础。区块链能够确保数据可信，但光有区块链还不够，必须结合AIoT[①]解决场景落地的需求。区块链上的数据具有防篡改的特点，通过对历史数据的分析，贸易溯源、数据可信都得到了一定的保障。但是很多应用需求并非区块链能够单独解决的，尤其是涉及线下场景时，必须结合AI、物联网、5G等技术，这样才能够解决现实世界和实体经济中的痛点和需求。

一个在实际落地中最突出的问题就是区块链无法解决线上数据和线下实体贸易绑定的问题，只有结合AI、物联网和5G等技术手段以及线上线下完整闭环生态才能够很好地解决。而J公司的"科技+生态"的完整性与闭环性，能够更好地保证从基础、技术到应用等各个层面实现区块链的安全性。

---

① The Artificial Intelligence of Things，中文全称是人工智能互联网，是人工智能（AI）和物联网（IoT）的融合应用。

3. 协同

解决区块链应用的核心难点还需要产业间的高效协同。联盟链同样具备历史数据防篡改、可追溯的特点，能够很好地解决实际经济中不同环节贸易实体之间的信任问题。J公司作为这样一个"联结者"，其重心放在如何通过高水平的行业洞察，将共同内核的底层数字化操作系统契合产业的应用场景推进落地上。J公司通过自身顶尖的联邦学习、数据网关等技术，并不直接拥有数据，而是通过协同共建的理念，将产业数字化生态更好地联结起来。

4. 专业

区块链如何深度融入传统产业，核心还是愿不愿意、能不能、会不会。J公司的人员以务实的精神深入田间地头、乡村阡陌、电厂水站、城市部门、金融机构，从专业的态度深耕行业，力争成为行业专家，直击行业痛点，并为客户提出切实有效、可行、专业的区块链融合解决方案。

通过以上论述，我们看到以数据为生产要素，以区块链等前沿技术为生产工具的产业互联网所需要的新的生产方式逐渐成形与完善。接下来，我们将深入具体的产业领域，去看看传统产业如何通过数字科技的力量，如何通过数字化时代的联结，直面以往的痛点或者痼疾，实现产业的重塑与价值的创造。

◎ 数字加油站

加油站的变迁

1. 非油业务日益重要

加油站的零售业态主要体现在油品与非油品两部分。相比欧美的加油站成熟市场，我国加油站零售业态整体表现得相对不完善、不成熟。以北美便利店协会（NACS）发布的2017年美国便利店（含加油站）销售及管理的大数据分析来看，2017年美国有约15万座加油站处于运营状态，油品销售总额达到了3641亿美元，而便利店商品销售总额达到了2370亿美元，油品及非油品总销售为6011亿美元。欧洲80%以上的加油站同样开设了便利店业务，非油品销售通常占到总销售收入的30%~40%，这个比例还在进一步上升。表4-1列示了Couche-Tard非油业务贡献情况。

表4-1　　　　　　　Couche-Tard非油业务贡献情况

利润指标	2011年	2012年	2013年	2014年	2015年	2016年	2017年	2018年
毛利（亿元）	179	186	287	307	323	395	447	447
非油毛利（亿元）	135	137	162	166	210	239	240	240
油品毛利（亿元）	44	49	125	141	113	156	207	207
非油毛利占比（%）	75	74	56	54	65	61	54	54

事实上，以美国为例，在加油站便利店买东西或在加油时购买一些商品，是车主们的一种消费习惯。这种习惯的形成与区域、文化和地理空间等多方面因素有关。比如，美国地广人稀，除了少数大城市外，其他地区公交系统不发达，人们的日常生活依赖于自驾，加之日常外送服务成本较高且不发达，这些因素都为加油站便利店的发展提供了很好的土壤，车主也因此培养了在加油站消费的习惯。在我国，除极端情况外，车主在加油站停留的平均时长为2~4分钟，车主大多希望尽快加油并尽早离开，这就导致中国很难照搬欧美的模式来进一步开发加油站零售业的潜力。

2. 加油站场景的特殊属性

加油站场景具有鲜明和独特的属性，这些属性为其零售业态的数字化重塑奠定了坚实的基础。

一是网络性。加油站本质上就是一种网络。以中石化为例，覆盖全国的3万家加油站形成了一个标准统一、分布广泛、遍布各类地域和地段的实体网络。这个网络型几乎没有任何零售业态能够媲美。

二是特定性。全国数以亿计的车主是天然的客群，而且是天然的高质量零售客户群。

三是强黏性。加油是刚需，客户必须要到加油站完成加油，这就意味着必须要进入加油站的服务场景。

四是综合性。加油站的非油服务拓展性极强，除了常规必需的加油业务之外，可提供其他综合性服务与产品的空间很广。

五是垄断性。客户在一定的时间和地域中很难有多样化的选择。无论是加油站的品牌还是加油站内部的消费品牌，都具有较强的垄断性。

六是封闭性。在加油站中，用户通常必须要按照规定的方向和路线移动,因此加油站的消费场景是一个交通便利、相对封闭、动线单一的空间。

在加油站零售业发展初期,成品油销售是加油站的唯一重心,加油站便利店库存量单位(SKU)较少,主要为香烟、水、方便食品等品类,品牌与其他零售商店中销售的品牌高度雷同,几乎没有发展自主品牌,同时企业并不注重零售业的品牌塑造,消费者对加油以外的非油品业务几乎没有深刻的品牌形象认知。彼时互联网技术也并不发达,移动支付尚未兴起,无论是加油还是购物,现金与刷卡是唯一的选择,加油站零售业态非常简单且单一。随着移动互联网技术的发展,"互联网+"的热潮席卷了各行各业。随着便利店在国内的兴起,以及企业对零售业"人、货、场"三者关系认识的逐步深入,加油站零售业模式开始重构。非油业务的经营比重大幅上升,虽然由于商品属性的天然差异,销售规模无法与传统油品业务相比拟,但非油品业务在这一阶段成为了加油企业新的利润增长点,并且帮助加油企业在高度同质化的行业经营格局中打出了差异化的战略。

例如2019年9月,中石化易捷发布新品牌"易捷咖啡",首店落户苏州。除了经典咖啡品类之外,易捷咖啡还将来自各地的特产融入创意饮品。当咖啡遇上"××饮用水"与"××苹果",化身为易捷"苹果冰萃咖啡"。这意味着中石化的加油站咖啡正式面市,也是中石化加油站"外送+到店消费"新零售模式的创新。

从SKU上来说,企业扩展了原有的品类,不再局限于一般的便利消费品,增加了如生鲜、家用消费品、粮油等非常符合"后备箱场景"的品种,使车主能充分利用后备箱空间选择购物。同时,企业发展自有品牌的大米、水、酒等,使自身产品的品牌形象与"高品质"的特征联系在一起,不断加深消费者对自有品牌的认知,建立了良好的、可信任的品牌形象。仍然以中石化为例,2020年抗疫期间部分省市的中石化加油站提供了

"后备厢卖菜"的服务。在北京,中石化北京石油分公司及时推出了"一键到车"业务,即在加油的同时享受易捷商品配送到车的服务,做到加油不下车、充值不圈存、开票不进店、购物不接触。在广州,中石化广东石油分公司官方服务平台"加油广东"APP已悄然上线"易捷净菜"网上商城。多种产品进入商城,共有水果、海鲜水产、肉类、"菜易选"蔬菜礼包4类29种产品。车主在加油的同时,可以在易捷便利店顺手选购,也可线上下单。

线上线下的交互更加频繁,商家通过打造线上平台增强了全国商品的流通性,并通过线上推送优惠信息等增强用户黏性。此外,中石化还利用加油机器屏幕进行广告投放,充分利用资源,进行效果最大化营销。同时,中石化围绕"车"的周边需求,在一些满足条件的门店新增了洗车等附加增值服务业务,并且尝试走出加油站,在居民区开店作为品牌展示,进一步打造企业形象。尤其在一些非常时期,加油站还根据市场需求灵活调整SKU供应,对于消费者来说,加油站的形象更加立体丰富。从支付手段来看,由于移动支付的普及,支付宝、微信等支付手段逐渐取代传统的现金和信用卡支付,有的加油企业还推出了预充值服务,提高了用户使用的便利性,并加深了与用户的绑定。但无论何种商业模式,加油站零售业态仍未突破传统的零售业属性。

传统模式下的加油站迫切需要改变

1. 支付手段

伴随着互联网信息技术的快速发展和我国居民汽车保有量的不断提升,汽车加油已经逐步突破原有的线下模式与场景,开始不断探索线上和线下场景的新融合方式。从业务经营的角度来看，无论是加油站发展初期以油品销售为主导还是近年来兴起的"线上线下相互融合，非油业务塑造品牌"的模式，加油站零售业务始终在围绕"零售"本身在向外拓展，业务尚未突破商品零售的范畴，客户与企业的关系停留在一般商品的买卖关系中。

在支付手段方面，无论是移动支付还是传统支付，在传统的加油站零售业务模式中，线下支付依旧占主导，主要支付手段有现金、POS机刷卡、加油卡和线下微信/支付宝等方式。即使有的企业推出了预充值等形式，消费者也需要事先完成充值行为才能消费。在加油高峰时段，线下加油往往面临排队付款、排队领取发票等问题，对客户来说增加了时间成本，影响客户体验，对工作人员来说重复劳动量较大，很难提高工作效率。更重要的是，在如今数据为王的时代，企业所累积的经营、业务和客户数据是最宝贵的资产，但是传统的支付方式无法将客户数据和行为信息有效地积累于自身的体系，无法利用这些宝贵的数据进行进一步的系统模型完善和用户的深度挖掘。

随着智能手机的不断普及与移动端应用的高速发展，各公司推出了各类手机加油APP，并在APP中推出了如洗车、购物等多样化服务，力图突破传统加油模式下的业务瓶颈，实现加油业务的线上线下多场景融合。但目前加油APP的支付方式仅仅是将线下的行为线上化处理，缺乏对用户行为的深度挖掘，用户的使用场景也较为单一，主要用于加油支付，有时用于加油站购物支付。由于支付场景的单一和模式的固化，用户缺乏主动使用APP的动力，通常在企业推出优惠活动时才使用，无优惠不使用。此外，现有的加油APP局限了产品的供给，目前加油企业的APP所提供的产品也主要围绕传统的加油零售，对金融产品没有过多拓展。

2. 油品零售

（1）加油车辆减少的负面影响

近几年，城区内加油车辆明显降低，有些加油站的油类收入可能会下降40%以上。从北京市全市的情况来看，2019年以来几乎所有的加油站油类收入均有不同程度的下降，主要原因可能包括：重大活动或限行要求、公共交通的使用率不断提升以及节能减排与新能源汽车的使用率不断提升等。

（2）加油站之间的竞争

在城区内加油站的分布是比较密集的。基本上半径在2千米以内就会有一个加油站。最近的相隔距离不超过1千米。由于各加油站之间的相关数据与信息并不共享，因此在很大程度上造成了客户的分流或者竞争。

（3）线上线下的竞争

尽管油企也开始推出综合的购物类APP，但同时造成了"千店一面"的现象，线下的加油站更加难以体现特色与价值。例如，一些购买不方便的米面粮油和箱装水，以及一些可以很方便网购的日用品，客户就越发不愿意在线下便利店购买了。这在一定程度上造成了内部的线上和线下形成了零和竞争关系。

（4）员工自身增收的迫切需求

由于油品收入呈明显的下降趋势，而且未来相当长的时间内不会有明显的好转，同时，非油收入并没有明显的增长，再加上加油站和便利店的24小时全天候服务，加油站人力基本没有明显减少，导致员工自身的增收需求极其迫切，特别是对未来增长空间较大的非油业务寄予厚望。

传统加油站的痛点与不足

传统的加油站便利店方面存在以下的不足或者发展瓶颈。

1. 特性不足

（1）线下特性不足

作为一个线下的实体店，加油站不仅是一个普通的"小超市"，还是可以承载辐射1千米范围内的综合服务站、物流点、早点铺、咖啡/甜品站、特色商品销售点等功能。但是目前基本上各个加油站都是统一的货品、销售方式、促销内容，难以体现出线下实体店的优势。

（2）区域特性不足

每一家加油站所处的位置和区域都有其独特之处。例如，有的加油站处在学校和旅游区附近，零食就会比较畅销；有的加油站处在商务办公区，就会有很强烈的早饭、品牌咖啡、烟酒等方面的需求；有的加油站处在交通枢纽旁，对旅行常用的饮食、用品等需求量较大；有的加油站处于居民区附近，物流、社区服务等方面的要求明显较多……这同目前加油站基本相同的货品、服务等现状形成了较大的差距和矛盾。

（3）品类特性不足

除了加油站便利店中相对比较畅销的货品之外，几乎所有的加油站都销售米面粮油、洗浴用品、饼干零食等。由于产品品牌度较低，保质期有限，因此在便利店并不是很受欢迎。有的商品由于长期无法销售，只能让店内员工购买。不仅如此，由于店内商品品种过多、过杂，每日的清货、理货、保洁等工作会占用员工较大的精力。与此同时，有的加油站希望能够增加快捷早点、品牌咖啡甚至网红热饮，还有的加油站希望能够针对性地提供洗车或充电桩服务。这些却很难或者基本在便利店中见不到。

2. 效率不高

（1）店面效率

很多加油站可以开具增值税专用发票。由于增值税专用发票的开具需要纸质打印，导致加油站经常会排很长的队伍。这既不能增加额外的销售，又通常会让2名以上人员在柜台上忙碌。加上加油站面积有限，摆放的货品又比较多，导致整体的购物环境和体验较差。通过调整或者梳理，加油站内是有很多空间供商品陈列、广告与媒体、互联网线下购物等利用的。

（2）人员效率

除了上述开票、理货会增加大量的员工无效劳动时间外，一些额外的工作也会占用员工的不少精力与时间。例如，目前油企大力推广的APP，需要经过向客户进行口头推广、APP下载、注册登录、手机号加入白名单、完成充值等多个步骤，这一过程短则5分钟，长则10余分钟，客户经常有不耐烦的情况。有的加油站安排1个完整人力在负责相应的工作。

（3）营销效率

目前加油站所采用的营销方式仍然比较初级，以公司要求的促销活动、员工口头表述和推销为主。除非该客户是常客，否则员工基本上都要不停地面对陌生人进行推销，而通常加油站的消费者目的性较强、对时间要求较高，因此推销效果并不好。

3. 网络优势未发挥

（1）线上线下互通

客户在加油站与便利店的线上线下有何消费行为、结果和习惯，线上线下能否提供差异化的产品、服务和对接方式，目前基本是空白。

（2）站与站互通

加油站之间基本没有任何数据和信息共享。客户在加油站网络只能看到他的加油信息，其他消费和行为信息均无法知悉，加油站之间的协同与分享更是空白。

（3）人、车和社区互通

油企对车辆、车主和周边社区的情况了解很少。车辆的信息、车况、隐患、综合服务需要，车主的驾驶习惯、消费习惯，加油站周边的社区特点、消费特点、潜在需求等内容，在整体加油站网络中都有数据或者可以获得，但是并未充分体现出相应的价值。

加油零售的数字化方案

1. 突破方向

突破传统加油零售业态的纯零售属性将大大拓展加油零售业的边界，在为加油企业带来新的服务模式的同时，带来新的财务增长点，大大提高客户的使用黏性，这种突破首先来源于支付方式的变革。加油企业与外部具备资质和牌照的科技公司合作，加油站提供加油、零售业务等成熟的业务模式，外部科技公司通过自身前期经营累积的数据与经验，为加油企业输出强有力的风控技术、垫资能力与金融产品经营能力。加油站零售业升级后的支付方式，将从传统的"消费后，即买单"的零售模式转变为"先消费、后买单"的信用模式，在传统的零售关系中加入信用属性，突破原有的一般商品零售业务边界至金融产品供给，这将有效解决目前加油APP中普遍存在的应用场景单一、消费者使用主动性低和产品供给较为单一的问题(见图4-1)。

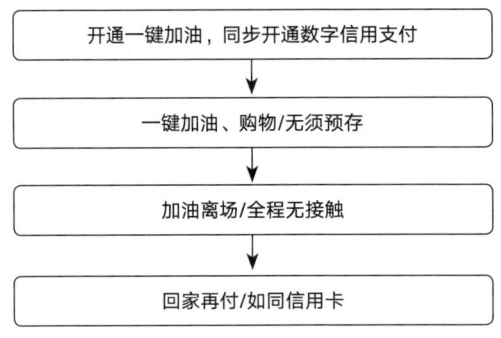

图4-1 极简与便利的支付流程

2.方案的优势

从使用效率上来说,在支付升级的模式下,用户在加油站内将省去支付环节,与站内收银员全程无接触。APP为用户提供信用支付的功能,提升用户"一键加油"人车交互体验,减少实际场景非主业务环节的使用频次,将用户注册、完善信息、密码设置等部分准备工作前置化。同时,加油企业可与合作的科技公司实现会员互动互联,通过二者移动端APP联合登录的实现,在提升用户便捷性的同时增强了平台间互通性,实现双向"引流"的目的。

通过双平台后台功能互通,便于用户快速实现"一键加油"登录、充值、加油及优惠券查看与领取等功能。加油企业与科技公司的会员互动互联同时增强了双方的客户基础。用户享受一键加油、一键购物的高效场景和消费离场、回家付款的服务,优化了用户体验,缩短了在加油站的逗留时间,提高加油效率,同时可以提前在APP上选购需要的商品,给购物提供充裕的时间。加油站并未因此损失购买率,反而因此提高了效率,增加了客户使用APP的主动性,同时突破了线下门店的SKU陈列局限,可以提前备货，实现客户人到货到，全程流程化运作的场景。用户通过使用信用账户支付，即客户在消费结束后，可以选择回家后全额偿还、分期偿还等多种模式，信用账户就像是客户与加油站之间的专属信用卡，客户的使用灵活性大大增强，与加油企业的黏性因此而增强（见图4-2）。

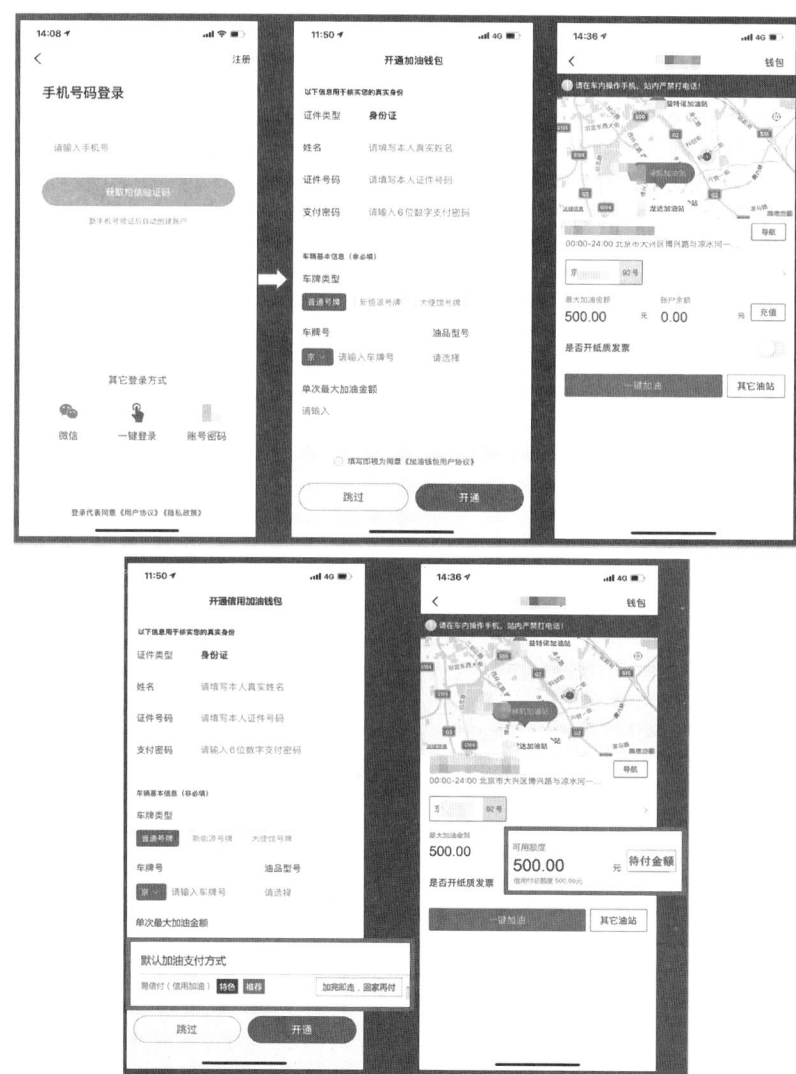

图4-2　数字化方案流程

在信用账户中的数据累积到一定程度，科技公司凭借自身的数据分析能力可适时地增加产品供给类型，如保险类产品的销售，持续挖掘"车主"身份所具备的独特优势，加深车主与平台间的联结。同时，由于外部科技公司具备经营金融科技产品的良好经验与能力，其强大的风控能力可以有效保障资金的回笼安全，使业务模式闭环得以持续运转。在数据积累方面，由于所有信用支付行为都发生在加油企业自身体系内，支付数据将形成良好的沉淀，成为企业可直接获取的珍贵资产。

加油企业可通过各种维度对车主群体的行为数据进行分析并进行精准的用户画像，比如，分析不同城市、地区、收入水平、驾车品牌的车主的不同消费行为特征，可以成为进行客户分类营销、精准触达的坚实数据支撑，还能促进广告业务的发展。进一步根据客户的行为数据对客户的风险水平进行评估，可以更准确、有效地为不同类型的客户匹配不同额度、类别的金融产品，促进客户的消费使用，形成金融产品与零售产品的良性循环反哺机制。

在未来的发展中，加油企业可以尝试将线上平台的运营突破手机终端的限制，更直接地将自身应用与车本身相联系，比如，在车机上可以预装APP，增加手机版本外的加油站识别、导航等功能，进一步开发潜在用户。同时，预装APP可以更多获取车主的驾驶信息和车辆信息，将成为消费数据外判断客户风险水平的优质数据资源。

3. 方案实现的难点

数字化方案越是简单便捷，对其背后的数字科技能力与相应业务运营的经验要求越高（见图4-3）。

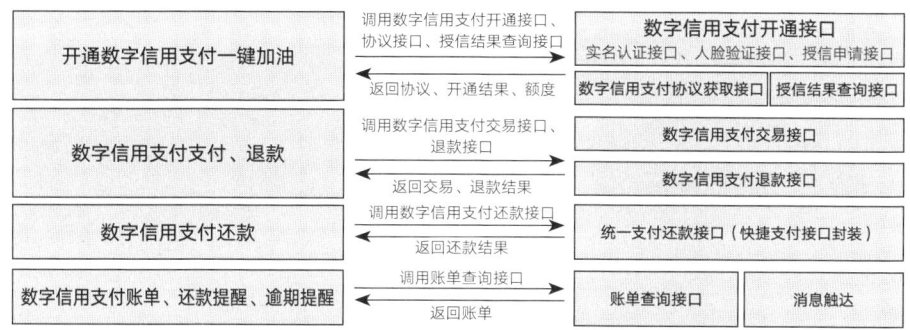

图4-3 数字信用支付技术实现方案

以图4-3所示的数字化方案为例，可能存在的重要难点如表4-2所示。

表4-2 加油零售数字化方案难点

主要难点	具体体现
客户风险管理	开通加油时绑定实名信息，需要同步全量开通数字信用支付
支付风险管理	对于高频、复杂的支付环境能够提供安全、便捷的支付保障
流动性风险管理	由于采用了信用支付方式，具有足够的垫资能力
信用风险管理	对于信用风险具有优秀的管理效率与管理能力，贷中与贷后管理具有可靠的科技、数据与运营保障

数字化的加油零售解决方案将联合外部科技资源深耕加油站消费场景，创建无接触式智能汽车综合服务平台，提高用户体验，拓展加油应用推广，通过电子卡券交互，实现异业流量互换，提升会员品牌增值体验，通过信用账户的建立，逐步打造加油站企业的金融体系，扩展金融服务场景，突破线下门店SKU的限制；打造以"人"为中心、以"车"为载体、以"路"为基础，构建"人、车、生活"的加油零售综合服务生态圈。

◎ 数字知识服务

当代社会已经进入全面信息化和知识经济时代，与此同时也是一个信息大爆炸的时代，人们面临着信息过载的局面。伴随着过去所积累的经验与储备的知识加快衰退、过时，普遍性的焦虑感愈演愈烈。信息量爆棚与焦虑感，促使社会发展进入终生学习时代，人们需要不断地、随时随地地、快速高效地获取知识。知识服务的未来是如何将知识所发挥的价值最大化的竞争。

如今信息技术更新迭代，正在加速传统教育数字化进程，更推动了全社会对数字化获取知识的探索与实践。数字化知识服务能够为用户提供私人定制学习方法、海量优质知识资源，使其不受空间和时间限制获取知识，成就每个用户成为终生学习者。

数字知识服务概览

艾瑞咨询调研结果显示，知识服务行业引领消费的核心因素为知识服务产品内容匹配度、性价比以及是否能够满足长周期内对兴趣领域探索的需求。对于已经付费购买知识服务的用户，灵活、互动性高的学习体验和性价比高的消费体验是其持续购买的主要动机。知识服务行业用户从最初盲目跟风购买和学习的消费习惯，逐步趋于理性消费，转向兴趣驱动式购买，更注重探索及学习体验。

1. 产业特点

（1）行业主流服务模式分化，日趋多元

随着用户求知需求向多元化、个性化分化发展，知识服务细分赛道日渐明朗。目前，知识服务行业主要划分为四类：一是学科式服务，深入学习某个领域，能够覆盖同一知识体系下的多个应用场景，具有体系完整度高和逻辑性强的特点，如心理学、经济学、历史、艺术等；二是场景式服务，针对解决某类具体问题，有较高的实用性和可执行性，极大地补充传统专业领域无法全面概括或拆解的知识和经验，帮助用户实在地解决短期内急迫的问题，如美妆、情商培养、收纳、情感等；三是主题式服务，拓展新兴知识类目及服务范围，具有较高的灵活性，如黑科技、新认知；四是时点式服务，根据关键人生阶段精细化拆分用户需求，如职场小白、新手爸妈。

（2）行业中数字科技参与者

除了原生知识服务行业的参与者及传统参与者外，越来越多数字科技公司跻身知识服务赛场。一方面，原本专注于母婴、健身、职场等各个垂直领域的中小企业将知识服务作为加强用户黏性、联结度和扩充业务规模、产品广度的补充环节，持续拓展其垂直领域的知识服务业务。另一方面，知识服务行业蓬勃发展，出于战略布局、生态圈完善、用户聚集等目的，各大数字科技巨头公司陆续大力开展知识服务产品布局。

（3）行业向拆解重构产品、拓宽深化服务的方向发展

知识服务产业平台目前逐步基于用户需求，将服务体系拆解为更精细的产品形态，例如定制小专题、系列课、专栏等服务形式，从而更灵活地满足用户不同层次的需求。另外，知识服务产业平台重塑变现模式，会员制模式包括按时间跨度（年卡、季卡、月卡）和按权益范围收费（听书会员、联合权益会员）。会员制模式向特定人群输出性价比更高的知识服务

产品，更有利于建立品牌认可度与用户忠诚度。

知识服务产业平台通过平台自身、分销商及线上线下活动扩大触达的用户面，通过提升内容编辑、培训讲师等专业人才的服务能力，从而丰富知识服务对生活场景的覆盖面。另外，通过更丰富的实体服务类型，例如开设书店、体验中心、生活馆等，完善用户学习体验，提升用户性价比满意度，强化与用户的连接感，构建竞争壁垒。

2.数字化知识服务环节

（1）获客及转化

知识服务行业主要通过事件营销、用户传播、IP运营、多点分销方式实现获客及转化。知识服务行业参与者设计特定内容主题、跨界产品联动及重大节日等相关营销活动，随后通过邀请、奖励、红包等方式促进活动自主在圈层内传播，再借力关键意见领袖（Key Opinion Leader，KOL，即俗称的"大V"）打造系列营销活动，形成聚集效应，向受众相符的渠道进行分销，从而完成获客及转化。

（2）留存及促活

知识服务行业通过设计各类趣味机制，利用知识资产分析及数据理解构建服务体系来促使用户持续学习或者激活用户行为。在机制设计方面，知识服务平台往往通过如积分机制、平台等级进阶等方式，调动用户学习积极性，促使用户建立学习惯性，提高用户退出门槛。在体系构建方面，构建基于用户购买知识服务产品行为的个体信息库，并通过数据分析理解用户需求，实现智能学习推荐。

（3）深度运营

知识服务行业运营的核心目标之一是深度绑定关联用户。就产品服务延展性而言，产品内部通过学习互动、社群讨论、线下交流等配套服务，提升用户参与度，强化用户获得感，基于对用户行为的学习分析，更精准地推荐其他知识服务产品，优化用户使用感。就服务社群聚集性而言，服务平台为用户推荐兴趣相同的其他用户，建立社交关系，形成兴趣圈层聚集，增强用户黏性与认同感。

3. 知识服务案例[①]

知识服务产业链上参与者有内容生产方、孵化/运营机构、知识服务平台、传播渠道、其他技术支持/支付平台、终端客户。目前，在知识服务发展阶段，各产业链上出现突出玩家。

（1）得到：独立综合型

得到APP通过专栏、讲座、听书等方式积累内容版权，其内容覆盖商业、科技、经济、历史等领域，建立业务中台和深耕个性化推荐、AI及知识图谱等技术，建立横跨线上线下的知识业务体系。得到大学课程通过"当事人访问+教研组自研"，内容每半年迭代更新一次，在以一线为主的六大城市开设校区，主要面向工作3~5年的职场人士，是得到探索更高客单价、更高服务凝结程度的线下服务产品。

（2）知乎：独立垂直型

知乎以问答社区起家，在知识社交基础上孵化出Live讲座、盐选专栏等付费服务，并将社区内优质问答汇编成册，推出电子书。知乎拥有庞大的个人用户基数，积聚有求知欲、理解力与分享意愿的知识型用户，用户在浏览的同时也自出产生内容。个人用户知识、经验及观点的输出，推动形成专业化社区氛围。媒体、品牌、中小企业、政府机构入驻知乎，在进

---

① 艾瑞咨询，《2019年中国知识服务行业生存策略指北》，http://report.iresearch.cn/report_pdf.aspx?id=3467，2019。

一步丰富知乎社区生态的同时也帮助其建立起品牌影响力。

(3) 樊登读书：独立垂直型

樊登读书会打造以樊登个人IP为核心的知识服务平台，精选心灵、管理、家庭等类别，为用户拆解及讲解200余本书籍。樊登读书会通过个人演讲、书友见面会、微信读书群等形式，持续强化樊登IP的影响力，进一步扩大潜在用户群体。樊登读书会还建立了线下代理商网络，真实面对面的运营及推广，促进及转化线上销售。除此之外，樊登书店通过代理加盟的模式定位于"新零售模式下的社区书店"，集樊登读书线下会员服务、全民阅读推广等功能为一体。

(4) 喜马拉雅：跨界综合型

喜马拉雅基于广泛音频爱好者群体，赋能孵化声音主播。在用户端，打包多方内容权益建立会员体系；在主播端，开设内容合伙人招募计划及喜马拉雅大学，培养训练内容主播，强化内容生态壁垒。

喜马拉雅与知识服务产业链上游的知名IP、阅文集团、各大出版社达成版权合作，在下游建设各类场景，开发例如有声书、讲书等多元化产品，释放内容价值，扩展居家及车载两大生活化音频内容发布场景，进一步完善音频形态知识内容的下游分发路径。

(5) 百度知道：跨界垂直型

百度知道布局内容生态，持续丰富多样的内容源：用户自主贡献原创内容，政企机构入驻贡献权威性内容，择优采买专业读物及线上化拆解，自制内容打造IP。

百度知道在内容领域、服务类型、用户基数等方面有深刻的沉淀，其背靠百度强大的大数据分析及智能算法，持续提升目标人群与兴趣问答的精准匹配度。百度知道聚集大量深度垂直知识，随后孵化出作业帮、拇指医生等独立业务，向内容消费到服务消费的闭环建设迈进。

除以上案例外，还有其他跨界综合型如好好学习、中读及其他综合型如脉脉、丁香医生等玩家布局于知识服务产业各链条。

图书馆是知识服务的关键节点

传统图书馆是人类文化遗产汇集的地方，是向大众传递知识文明的窗口。当代互联网社会，或许人们获取知识的方式发生了改变，但是对知识的需求和渴望是前所未有的。传统的图书馆似乎在数字知识服务的时代迷失了，甚至缺失了。但是我们认为，传统的图书馆在数字化时代下不但不会消失，反而会承担越来越重要的作用。

1. 传统图书馆的尴尬

在城市里，生活节奏快、工作压力大、其他娱乐放松活动丰富多彩，导致人们专门抽出大块时间到图书馆静心阅读成为了一件奢侈的事情。图书馆的数字化建设和服务，既能够满足读者多种需求、扩大读者覆盖范围，又能提高图书馆资源利用率、突破物理空间的限制，无疑是缓解公众阅读需求的一剂良药，也是现代社会发展的大势所趋。

2017年，我国颁布《中华人民共和国公共图书馆法》，明确要求推动公共图书馆利用数字化、网络化技术向公众提供便捷服务，体现了传统图书馆服务向现代化转型的时代要求。

虽然我国图书馆数字化建设正稳步进行，但仍存在阅读设施难以满足实际所需、数字阅读资源匮乏或完全没有、管理理念和方式没有跟上、信息传播及共享落伍，无法做到与广大读者"亲密接触"，这在一定程度上造成了公共文化资源的浪费。因此，数字科技如何与图书馆数字化建设更加紧密、有效地结合，成为当前发展任务的重中之重。

2. 图书馆的创新与变革

图书馆（包括公共图书馆、高校图书馆等）是知识与人类学习行为的碰撞点，图书馆积攒了海量静态数据，而数据处理、分析及整合是图书馆数字化改造框架的核心。现阶段，大数据技术推动传统图书馆模式创新与变革的主要方向为馆藏资源数字化、管理知识化、服务网络化。

（1）馆藏资源数字化——从纸质文献到数字文献

馆藏资源数字化，即利用信息识别、存储技术，将图书馆内书籍、影像资料等各类知识载体加工成计算机可识别的数字化信息资源，形成电子文献，改变知识信息载体的存在形态。由于图书馆中信息资源量大且种类繁多，通过数字技术手段能够实现对数据分类归纳并安全存储，保障图书馆数字资源库高效提取、稳定运行。

（2）管理知识化——从手工操作到人工智能化操作

由于基础数据数字化，相应管理方式也发生巨变。图书馆需配置专业设备，并配备相应的管理和维护人员。另外，图书馆管理利用数字技术手段，通过数据分析及时响应，实现自助借还书、无人管理图书馆、网上随时检索浏览咨询等，向现代化、智能化管理方式转变。

（3）服务网络化——从面对面被动服务到全方位应答服务

资源数字化及信息技术管理方式的变革，使图书馆资源打破物理地域界限。网络、通信等数字科技为用户提供高速、跨资源库的信息存取服务，使知识信息的交流和获取呈现网络化。数字科技及时分析、反馈用户需求和偏好，数字化平台随时随地为用户提供相应服务，使图书馆从传统的被动式服务转变为主动式全方位应答，大大优化用户体验。

数字科技不仅为图书馆行业注入新鲜血液，更为文化传播打开电子新时代的大门。数字化图书馆的创新和传播，将促进上游图书出版行业的转型升级，激发周边配套产业的创造力和服务能力，更能为读者提供优质的知识服务。

3. 数字化图书馆

随着信息技术的进一步发展，数字科技能够联结图书馆内各项活动，产生良好的社会效益。

（1）硬件设备

数字化图书馆广泛运用无线射频识别（RFID）技术，主要配置自助借还书机、智能书架、图书分拣机等。读者通过智能终端机可实现自助开卡、24小时随时借还书、超快速查找定位图书、自助预约取书等，是切实的便利快捷服务。图书分拣机、盘点机则可以同时处理、高效分拣多种类图书，大幅提升图书馆管理效率。除了基础图书业务外，数字化图书馆还配备了其他消费场景智能终端机，如咖啡机、无人售货冰柜、图书消毒机等。馆内智能设备均具有"一卡通"识别功能，将原本独立的门禁、馆内消费、图书借阅、停车系统等有意识地集成汇聚，使读者仅携带一张图书卡/市民卡便可完成其在图书馆内所有需求行为。

（2）软件管理平台

数字化公共图书馆配备新一代软件管理平台，具有采访、编目、典藏、流通、期刊、设备监控管理、联机公共目录检索系统、信息发布、系统参数、大数据等功能模块。管理平台具有可配置化菜单显示、智能实时编目图书、专项管理、简易流通操作、终端智能设备控制、电子资源访问等特点。软件管理平台实时接收每个终端智能机发送的状态、事件、参数等消息，实现设备终端运行状态控制，工作人员可通过平台发送各项操作控制指令。软件管理平台在接收消息后，对数据按时间粒度分级管理，用于设备数据统计、数据挖掘。另外，软件管理平台采用开放的格式和通信方式，支持第三方设备或终端的接入。综上所述，软件管理平台满足图书馆对设备运行状态、网点设备维护、读者行为管理等需求，可实现馆内管理资源优化、高效运行。在总分馆建设体系下，实现多级统一管理机制，实现从省、地级市、县级市、街道、城市书房乃至流动服务点的多级管理。

(3) 数字阅读

作为数字化时代的新型阅读方式，数字阅读拓展书籍的固有样态，创新知识传播的介质，优化全民阅读体验，丰富人类精神文化生活。根据2019年中国数字阅读大会发布的《2018年度中国数字阅读白皮书》，2018年中国数字阅读整体市场规模达254.5亿元，数字阅读4.32亿人次，人均阅读量达12.4本，人均单次阅读市场达71.3分钟，付费阅读逐步被接纳，数字阅读产业呈现较快增长。

图书馆将馆藏资源数字化后，实现部分向公众开放，读者可通过远程访问借阅电子资源。由于目前电子书行业版权问题与公众图书馆公益性质存在一定矛盾，图书馆行业正在寻求与数字科技公司的合作及解决方案。随着5G、人工智能、VR、AR等技术发展，数字阅读在图书馆中的应用场景和用户体验将得到进一步融合和提升，从而为图书馆吸引更多读者用户，推动全民阅读、书香社会的发展进程。

(4) APP、小程序、会员系统

图书馆数字化建设紧密结合国民生活、社交习惯的变化，越来越多的图书馆上线APP、小程序及建立自己的会员库，增强图书馆与读者的互动性、多媒体性、实时性和个性化服务。在APP和小程序为广大读者主要提供以下云图书馆服务。

移动图书馆：馆藏书目多维度查询、读者借还书信息查询、续借图书、逾期自动提醒、在线电子书刊阅读、讲座公开课视频资源开放等。

信息服务：在线解答、参考资讯服务、周边图书馆查询、开放时间查询、图书馆上座率查询、新书推荐、书籍报刊内容介绍、书评等。

活动公告：图书馆品牌服务、在线展览、线下读书会、志愿者服务等。图书馆在APP和小程序的基础上，建立自有会员系统，可与会员借书卡绑定，从而对会员数据进行采集、分析，用于为其提供更精准的定制化服务。

数字科技联结图书馆APP、小程序，使之成为数字图书馆移动应用和信息分享的热点，外延图书馆传统服务业务，创造图书馆数字化新模式。对于中小型图书馆而言，数字科技降低了公众接入图书馆服务的门槛，保障公众取得移动图书馆服务的普遍均等性。另外，利用数字科技的技术优势和庞大的用户技术，图书馆扩充用户群体，由单一的资源中心演变成沟通交流的互动平台，提升公众对图书馆的认知和应用。

（5）信用+阅读

公共图书馆近年来打造以读者为中心的公共空间等概念，旨在提升公共图书馆的服务效能，促进与读者的良性互动。随着社会征信体系的建设与完善，建设读者信用体系逐渐成为图书馆的重要工作之一，"信用+阅读"这一创新方式越来越受到关注。

我国公共图书馆逐步开始探索利用数字科技第三方征信平台进行读者信用管理。"信用+阅读"主要运用在两个方面：一是信用免押金服务，当第三方征信指数达到基本分值，读者即可享受免押金办理借书证；二是信用支付，数字科技公司将根据征信情况给予读者授信额度，如发生图书损毁、逾期等情况将在自动额度内支取。读者还可以在馆内其他消费场景下用信用支付购买商品或服务，在期限内足额还款即可。

信用代替押金、赔付和信用支付，一方面可以简化操作流程、减少机械作业；另一方面打破时空限制，让读者在任何图书馆都可以享受智能、便利化的服务，更重要的是使图书馆以人性化的手段构建与读者的信任关系。

除以上应用场景外，图书馆正协同数字科技公司开发"线上下单，送书到家"等新兴增值服务，数字科技正在渗透图书馆业务及服务的每个领域。数字科技将牵引图书馆空间结构、资源结构、功能结构、人员结构的变化，呈现图书馆行业新型服务生态样式，使数字化图书馆以满足读者需求为核心，达到以人为本的社会发展目标。

构建数字知识服务新生态

1. 从知识付费到知识服务

随着数字时代的不断发展，越来越多的用户愿意为高品质的知识产品买单，知识付费在知识共享、电商社群、移动音频、直播等热门产业的交织下应运而生。

付费一方面让内容生产者得到尊重并获得收益，有利于激励优秀生产者及优质内容的产出，另一方面大大减少知识需求者因筛选和获取内容而花费的时间和精力。付费知识内容在后期往往能够产生更大的转化价值，爆款知识产品的背后是优质内容价值持续回归，能够围绕其不断打造更细分化领域的精品内容。

知识消费的日益增长，拉动知识付费更加成熟化发展。随着消费内容的不断升级，知识产品质量提高及产品种类扩充将进一步扩大付费用户的数量，从而升级扩建整个知识市场的行业规模，知识服务产业有望成为数字化领域继资讯、文娱、游戏之后的又一大业务板块。

2. 知识服务的未来发展趋势

知识服务未来将继续向内容扩类、优化品质、用户下沉、新媒体形态融合、数字化技术升级的方向发展。知识服务发展所涉及品类将进一步扩充，消费场景从专业领域、财经、技能等领域扩散至生活的方方面面，用户对内容消费性能也将更加理性。从长远看，生产内容平台想要形成竞争壁垒，必然要从内容质量上实现全面升级，持续生产让用户感受到物有所值、物超所值。

随着互联网及科技手段逐步向三、四线城市下沉，满足用户差异化需求将成为知识服务产业下沉发展的核心手段，而知识服务参与者如何利用科技手段获取下沉市场人口红利是建立竞争壁垒的重要方式。新媒体形态的开拓，例如短视频、直播、音频、小程序的崛起，使触达用户的方式不断进化，更加趋向于轻量化和场景化，契合用户碎片化消费习惯的知识服务产品将更容易获得青睐。

另外，随着网络版权保护环境优化及内容监管加强，知识服务产业生产流程标准化程度和市场透明度将得到提升，形成良币驱逐劣币的行业环境。定价逻辑规律也将进一步体现，使突出优质的知识服务匹配更高的价格，建立起合理的市场规范和良性竞争。5G、人工智能、大数据、云计算等不断升级将数字化技术更贴切地融入知识服务，实现线上线下场景完全连通，C端个人知识需求延展至B端、G端企业服务及智库的需求。

3. 构建数字知识服务新生态

数字科技将知识服务生态链上各环节深度联结，未来将出现形式各样的知识服务新模式。数字科技赋能下知识服务产业平台将融合图书馆、高校、出版社、电子图书购买渠道、头部知识内容方、孵化运营机构、数字科技技术支持企业、数字支付平台。知识服务产业平台将被打造为集社区知识分享、购买知识实物载体、精准广告营销、赋能传统教育、线下知识服务引流及信用支付等功能于一体的贯穿式综合性平台（见图4-4）。

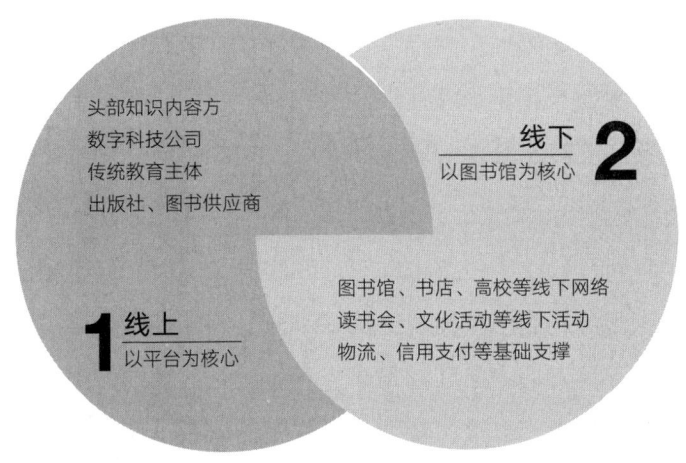

图4-4 数字化知识服务生态简图

举例来说，在数字知识服务生态圈中，KOL带头分享、传播知识内容，拉动潜在客户及激发现有用户展开社群分享；专业运营机构为内容方及原创用户提供专业的内容展现、用户运营、传播等服务；数字科技公司保障用户数据安全、进行用户行为数据分析，为精准营销和推送服务提供基础数据；传统教育利用平台广大的资源为学生提供阅读和学习分享平台，开发学生积极性；平台在推荐和营销的同时提供一键采买功能，与出版社及电子图书供应商合作为平台会员发放折扣优惠券；平台将线上用户引流至线下知识服务，以图书馆（公共图书馆、校园图书馆、社区图书馆、读书小站、移动图书柜等）为中心的线下活动亦可反哺拉新平台用户；此外用户还可在平台上使用信用支付等其他辅助功能。

新型知识服务平台精准服务于用户需求点并且将不断开发完善新功能，用户覆盖面将进一步扩大，理想状态下将成为打造知识社会发展进程中不可或缺的产业型平台，成为推进人类社会文明的重要工具。

◎ 智能城市

城市产生于人类定居的需要。人类早期逐水草而生，居无定所，进入农业文明时代之后，以耕种土地为生，从而定居。而定居人群较为集中的地方，就是城市。目前考古发现人类最早的城市在公元前3500年的苏美尔文化时期的两河流域中下游，有尼普尔城、巴比伦城。在5500余年的城市变迁历史中，城市如何高效完美地运行，城市管理者采用什么治理方法最为适宜，人类在不断探索和发展中追求这些问题的终极解答。在产业互联网时代，在联结的帮助下，智能城市可能是人类下一历史阶段的主要城市形态。

智能城市的概念

1. 什么是智能城市

"智能城市"（smart city）的概念源自IBM在2008年提出的"智慧地球"的概念，通过使用信息与通信技术（Information and Communications Technology，ICT）将城市的系统和服务打通、集成，以提升资源的运用效率，优化城市管理和服务，以及改善市民生活质量。

同时，智能城市的发展一直在迭代，但也常伴随质疑声。比较多的质疑集中在过去实际应用中智能城市近乎成为信息化的代名词，较大地偏向基础设施建设。质疑者认为，智能城市在问题解决方面的效用低于提供商所声称的效用。概念模糊、各自为政、脱离实际、安全隐患成了智能城市建设中普遍存在的四个误区，以至于多年来都停留在概念和测试阶段。

对此，西方学者也提出新的方向，即从智能城市（smart city）到城市智慧（Urban intelligence），从注重设施的智能城市到更加注重问题导向的城市智慧，也就是更加注重可感知的、针对问题解决的思维的落地。例如，"智慧公交"建设，包括电子站牌、基于GPS定位的报时与速度监测等。中国虽使用领先于日本的信息技术手段来监测、播报，但公交服务里非常核心的准点运行却没有做到。

类似地，近年来出现了诸多所谓"城市大脑"平台，以展示功能为主。从很多平台的宣传描述看，这些平台不具有研判、干预和控制管理的权限和功能。这其实不是"大脑"，应称作"脸面"，其发展不具有可持续性，经费效用易受到质疑。

智能城市应用分为信息化（狭义）、数字化、互联化、智能化四个维度：信息化（基底，像身体）一般为硬件设施，迭代折旧和更新都很快，一般需要量力而行，并考虑扩展弹性；数字化（元素，像细胞）一般针对业务模式的提升；互联化（模式，像语言）强调内外资源的联结、协同和服务；智能化（管理，像大脑）强调功能、服务、管理、决策等环节的自动化和合理化适应能力。

因此，智能城市是指利用各种资讯科技或创新意念，整合城市的组成系统和服务，以提升资源运用的效率，优化城市管理和服务，以及改善市民生活质量。智能城市把新一代信息技术充分运用在城市的各行各业之中，实现信息化、工业化与城镇化深度融合，有助于缓解"大城市病"，提高城镇化质量，实现精细化和动态管理，并提升城市管理成效和改善市民生活质量。

简单来说，智能城市的理念就是把城市本身看成一个生态系统，城市中的市民、交通、能源、商业、通信、水资源等构成了一个个子系统。这些子系统形成一个普遍联系、相互促进、彼此影响的联结整体。在过去的城市发展过程中，由于科技力量的不足，这些子系统之间的关系无法为城市发展提供整合的信息支持。而在未来，借助新一代的物联网、云计算、决策分析优化等信息技术，通过感知化、物联化、智能化的方式，可以将城市中的物理技术设施、信息基础设施、社会基础设施和商业基础设施连接起来，成为新一代的智慧化基础设施，使城市中各领域、各子系统之间的关系显现出来，就好像给城市装上网络神经系统，使之成为可以智慧决策、实时反应、协调运作的"系统之系统"。智慧的城市意味着在城市不同部门和系统之间实现信息共享和协同作业，更合理地利用资源、作出最好的城市发展和管理决策、及时预测和应对突发事件和灾害。

2. 联结下的智能城市

城市，是人类文明最高成就的体现。但城市只是一个容器，容纳各种各样的科技和产品。城市本身太过复杂，从来没有成为一个产品。现在，我们有了互联网和物联网，有了人工智能，城市里面的所有东西逐渐有了一个统一的逻辑，协同工作真正成为可能，这个统一的逻辑叫作"数据"。

城市在数据逻辑下进化，终将变成一个可以由企业制造和运营的产品，这样的企业，也将具备骇人的能量和生命力。但这个产品，不是流水线上的千篇一律，更不是一切可以预知的计划经济，而是高度自由多变的生命体。城市真正的创造者和主人，一定是市民。作为智能城市的大方向，城市的全面数字化改造，乃至数据驱动运营，相信人们已经有所共识。但目前我们整体上还停留在数字城市的早期阶段，城市的规划、建设、运营、管理，都还没有真正实现数字化，遑论智慧化。

智能城市的本质和核心其实就是联结。日常出行、公共服务、生活服务、医疗服务等，这些老百姓日常最基础的城市活动，在产业互联网时代都因联结而更加高效。

以城市出行为例，10年前，大家无外乎去车站坐公共汽车、去地铁站乘地铁，或是在路边拦出租车。而现在，在科技的联结和赋能下，我们有了共享单车，不用再为一两公里的路程是打车还是走路而困扰；我们有了滴滴等打车软件，无须再在繁华的路口拼命挤抢或在偏僻的郊区苦苦等待。

除了科技与出行的联结外，还有一个很好的案例是科技、金融和购物消费的联结。城市生活中购物是非常频繁的日常活动，几千年来虽然货币的样式不断变化，但以货币换商品的核心没有变。然而近十几年来，随着我国金融和科技的不断演化，出现了信用卡、京东白条、花呗等产品，移动互联网的发展日新月异，在京东、淘宝、拼多多等电商平台上购物逐渐成为生活日常。购物场所已经从实体商场转移为线上交易，个人信用在支付中的作用愈发重要。

可以预见，未来在科技的进一步发展下，智能城市将建立更多的联结，每一位城市居民都将因此更便捷、更自由地享受生活的美好。

智能城市的模式

以数据为线索，我们看到城市的规划、建设、运营、管理被重新组织。在互联网、物联网、人工智能等技术推动下，各种传统产业和城市管理被赋予新的逻辑。无论是商业运营还是政府管理，数字化转型都不是把原有流程简单地转为线上，而是以更多互动、共享、弹性、精细的模式重新定义。在这个过程中，每个环节都会产生大量的数据，如同传统产业中的能源一样，成为产业发展新的驱动力，并通过数据与上下游产业互相串联。①

一个最常见的产业升级范式是，通过物联网、传感器等对传统的城市公共品进行改造，使其具备共享化的低成本运营能力，并可以在运营过程中获得持续收益，例如共享单车。这种运营驱动的逻辑要求企业具备产品和运营的双重能力，并可以在产品设计阶段就植入可运营的技术要素。在运营过程中，产品整个生命周期都会产生大量的数据流，人力驱动的管理方式变成数据驱动。一方面，可以优化产品运营本身，降低运营人力成本和综合成本，并通过人工智能使产品运维效率不断迭代提升，改善用户体验；另一方面，城市中各种产品和系统运维的数据，汇聚到城市数据平台中，彼此交叉和结合，又可以去帮助优化其他系统，而所有系统的数据，则全面描述了城市本身的运行，通过城市级的决策支持系统，实现城市的科学规划和精细化管理。总的来说，这种升级范式从传统的一次性售卖或者租用的盈利模式，转为两个盈利阶段，一个是产品运营收益，另一个是数据运营收益，后者将会越来越大最终超越前者。

对于传统互联网产业，C端和B端的逻辑往往比较简单。而对城市来说，多元主体复杂、价值观割裂，昂贵的硬件和软件投入最终对政府和城市运营商而言，其产出应该是更高效、低成本的治理，以及更多的运营阶段商业价值，但这不是软、硬件能直接做到的。要使政府管理者体验到数据的价值，而不仅是绚丽大屏的感官刺激，这不是单纯的软、硬件产品研发能达到的高度。

---

① 王鹏：《展望未来城市，万物皆可运营》，https://mp.weixin.qq.com/s/EjvV1iZS77bxWEQVqM4Gqw，2019-05-06。

综上所述，如何建立一个以数据为主线的产业生态，贯穿规划、建设、运营、管理全流程，拥有包括顶层设计、硬件、软件、数据运营在内的全面能力，是每一个有志于智能城市运营的企业必须思考的问题。在技术上，整合数据产业生态可能有以下几个要点。

1. 标准体系方面

哪怕是一个很小的领域和产品，其数据也会涉及后面与其他城市数据的对接和融合。在智能城市的顶层设计以及产品设计中，应该充分考虑不同领域的协议、组网、数据模型、安全等标准，并在数据架构上做到充分的弹性可变。

2. 基于数据的产业生态连接方面

目前，市场上各种应用产品和方案很多，但很少有真正能做到贯穿始终的数据生态，尤其是系统所采集的数据价值，往往都被忽视和放弃。政府或大型企业应该牵头建立数据实验室或者类似的数据整合和应用平台，结合政府开放数据，盘活城市数据价值，有效对接数据的供需双方，在商业和政府治理领域开发更多应用。

3. 商业模式方面

目前既有的智能城市盈利模式大都是政府投资驱动，偏重考虑投资和运营中的分工及成本承担的模式，缺少各方获益的真正商业形态。但实际上，在各种产业的全流程中，都有潜在的运营和收益空间。这要求每个企业在数字化改造过程中应十分重视运营环节，摒弃传统的售卖或出租逻辑，尤其关注运营环节的数据，一方面帮助优化产品本身，另一方面注意挖掘更广泛的商业价值以延伸产业链。

早期智能城市市场的主流业务，一方面在做政务管理流程的数字化和互联网化改造，另一方面在帮助市政和基础设施部门做城市的运营数字化改造，所以有了智慧政务、智慧城管、智慧交通、智慧市政、智慧公安、智慧环卫这些与政府当前的事权划分和管理条线相匹配的业务系统，但其中涉及基础设施的业务系统大都包含了运营和管理双重职能，因为大多数城市基础设施和生命线系统还是政府亲自操盘。政府做这些工作的一个潜在原因是，这些工作不但难以盈利，而且由于其运营动态工作量和效果难以量化评估，所以无法交由企业去运营和对其发放补贴。

随着物联网和人工智能技术的深入发展，这两年智能城市也进入了新的发展时期。越来越多的城市场景在物联网改造之后，具备了自主运营甚至商业化运营的能力。共享单车、无人驾驶公交车、智能垃圾桶、智能环卫车辆、智能路灯等城市智能硬件从局部的产品创新开始，逐渐改变着整个基础设施和公共服务体系的运营模式。这两年，多个互联网企业的大数据运营平台具有的共同特点是运用大数据和人工智能技术，依托基于地理信息的数据可视化平台，帮助企业去动态调度各种城市设施和服务资源。虽然其中还是有很多人为因素，但可以看到数据驱动已经成为城市设施和服务运营的新趋势。

这些平台与传统可视化平台的区别是其具有海量的物联网设备和巨大的交易量，这需要底层具有强大的实时数据汇聚处理和分析计算能力。前端除了解决大量并发数据的可视化以外，复杂的业务逻辑也对交互设计提出了很高的要求。类似平台支持的基于物联网和互联网的基础设施和公共服务乃至商业服务，将成为未来城市运营的主流模式。

以2020年的新冠肺炎疫情为例，理想的科技防疫方案落地的首要条件是数据协同机制。要完成这个工作，需要快速统筹3家移动运营商资源，协调运营商总部与地方公司、卫生应急部门实现快速联动患病者个人信息。同时，还需要和公安部门密切合作，解决好涉及的隐私和安全问题。此外，还需要多行业有实施和研究能力的专家团队的快速反应（建议由数据、政策、城市、卫生等领域组成），分别处理相关技术、建模和决策问题。

从未来的城市应急系统来看，非常需要大力推动数据共享与开放机制。从国际经验看，治理模式创新的主体是政府，应用创新的主体则是研究机构和社会，两者需要互补，相互促进。

因此可以看出，智能城市一个很重要的发展趋势是在技术维度的软、硬件一体融合外，城市正在成为载体，政府及公共运营机构正在成为重要的运营方，公共运营机构掌握较多的数据资源，如何有效分级分类与专业机构共享拓展社会价值，需要在政府治理模式上创新推进。

智能城市联结的方向

按可控制或者联结程度，城市可以分解为三大系统：生态环境、人工建成环境和人群行为。

1. 生态环境

生态环境系统是最为开放的，城市再小，其生态系统也是与整个自然生态系统进行物质和能量交换的。作为一种人工生态系统，城市发展的物质和能量绝大多数来自其他生态系统，而城市废物，除了在本系统内分解和再利用外，必须输送到其他生态系统。城市生态系统对外部系统的依赖性，也决定了其脆弱性。城市的可持续发展是最根本的城市问题之一，环境污染与保护问题也是城市要解决的基本问题。

建设前，即规划阶段，进行资源环境承载力评价以及开发适宜性评价（目前国土空间规划的基础——"双评价"）。通过多个资源、环境、生态因子的叠加分析，从定量到定性，保证新城新区开发不对生态自然系统造成过大的破坏。因为评价方法简单、机械，同时难以对规划实施后果进行预测评估，所以这个方法仅能达到生态保护的基本的要求。

在具体的规划设计方案中，规划者可能会在城市内部设置各种自然廊道与板块，如风廊、水系廊道、动物迁徙廊道、绿地公园等，以减少热岛效应等由城市对生态环境产生的负面影响，然而如何设置这些"生态基础设施"，并没有太多扎实的科学依据。在城市运转过程中，调控生态环境的手段更加有限，以减排为主：通过工程性基础设施来减少本地的资源消耗、减少污染物的产生，或者在排放前进行无害化处理。

总的来说，我们知道城市对生态环境的影响是复杂的，大气污染和水污染，大多产生于整个生态系统内复杂的生产和传递过程。但受限于科学对生态系统中多种大量正负反馈机制的认知水平较低，我们现在还无法建模，甚至无法解释其中的过程，更不用说干预。

在ICT加持下，我们能做的主要是用更低的成本进行更高密度、更实时的环境监测。一方面，更丰富的数据和更强的算力将帮助我们更好地理解污染物生产和传播的规律，以及城市对气候等产生影响、正负的反馈机制；另一方面，对突发的人为环境污染事件，我们可以及时发现、溯源和主动干预。因此，在这个领域智能化联结策略是"强感知，弱干预"。

2. 人工建成环境

与自然生态相对的，是城市的人工建成环境，包括各种工程性基础设施和建筑、景观、街道等地表、地下的建成环境。理论上，这是一个完全可控的系统。水、电、气、热等能源供给和管网系统，都是典型的可控系统，可以通过全网感知反馈数据，实时调控供给和调度资源。由于建筑物是相对封闭的人工环境，所以基本上也是可控的。随着各种物联网和传感器技术的成熟，以及大量智能家居产品的问世，基于传感器感知数据调控空调、照明等设备运行状态的主动式需求管理成为智能建筑领域新的趋势。这类系统的智能化联结策略是"强感知，强干预"。

道路与交通工具是一个比较特殊的领域，理论上交通工具本身作为机电装置完全可实现自动驾驶，道路工程也与建筑物类似，可以实现比较完善的感知——控制闭环，所以大家往往认为交通系统是比较容易实现智能化改造的。目前，在智能交通领域大都把精力聚焦在以出行需求为核心的研究，试图提高车速和道路通行效率。但交通的本质是人和货物的运输，道路和交通工具只是载体。在整个城市系统发生技术革命以后，人的需求、出行逻辑、交通模式会发生变化，出行需求本身变成一个最大的变量，原有技术体系会瞬间崩塌，原本精密的模拟、参数，都没有了意义。

举例来说，随着车速和通行效率的提升，公共交通出行会转变为私家车出行，重新使道路通行能力饱和；再如无人驾驶车辆如果还是私人拥有，必将继续增加车辆数量，使城市交通系统崩溃，而共享出行若取代私人拥车，则车辆需求会大幅降低。城市的公共交通、共享出行和私家车出行，是可以通过政策和市场进行调节转化的，甚至可以通过预约和出行即服务（Mobility as a Service，MAAS）等机制在很大程度上实现可预测和控制。比起通常认为智能交通技术对路网效率20%左右的理论提升极限，城市交通政策是更具影响力的变量。

3. 人群行为

虽然上述两大系统都与人类活动密切相关，但人类行为往往决定的只是系统的输入变量。还有一类系统本身就是围绕人的需求和行为的，包括人们的生产、生活、出行等，又可细分为研发生产、公共服务、商业服务等领域，教育、医疗、零售、旅游、政务等均可归为这类系统。目前绝大多数智能城市建设项目都集中在这一领域。

由于人群行为的随机性和自由度，以往我们对这类系统的感知和控制能力都很薄弱，尤其是个体行为，很多都接近随机现象。随着各种感知技术的发展和大数据技术的成熟，大量人类行为可以被感知和观察，以手机信号为代表的移动终端定位数据可以提供用户的位置、行为、身份标签等，基本实现了通过个体数据对人类群体行为的实时观察。

零售是最基本的日常商业服务场景。以"新零售"为例，本质上是解决以顾客需求为核心的"人—货—场"资源匹配问题。随着各尺度空间定位、传感器和生物识别技术的成熟，以及线上电商的发展，我们已经可以实现对顾客的城市空间行为、店内购物轨迹甚至货品关注情况进行精确的记录，也可以通过多源数据对顾客进行精准的画像。在全面感知的基础上，可以定向推广，针对需求动态调整库存和货架SKU，提高坪效，降低推广和库存等成本。虽然并非是精准的控制，但已经实现了对系统相当程度的干预。

目前智能城市的绝大部分硬件投资也是用于对市民行为的监测，但凭借监测所能实现的更多的是对异常事件的及时响应，及对市民行为时空规律的探索，以改善基础设施和公共服务，真正意义上对社会系统的控制是不可能实现的。实现社会和社区的健康发展，乃至于市民的全面发展和幸福感提升，还是需要靠社区和市民的参与共建，逐渐改善城市服务能力。

4. 总结

上述三大系统共同的联结策略是"强感知"，这也是ICT在整个智能城市领域最核心的能力所在。

城市本质可以表述为"通过基础设施和公共服务的集中供给，在空间、环境、能源等有限资源的条件下，实现生产效率和居民幸福感提升的复杂功能网络平台"。我们解决的所有城市问题几乎都有一个共同的痛点：解决有限的基础设施和服务能力与高速增长的需求之间的矛盾。交通拥堵、内涝、能源短缺、环境污染等体现了基础设施的动态服务能力和效率不足，住房供给、教育医疗等公共设施问题体现了住房和公共服务的布局、供给量与服务水平不足。

感知的核心对象，一方面是以人流车流、环境污染、负面事件为代表的动态需求信息，另一方面是代表供给的道路和基础设施的运行情况。在此基础上，数据平台和算法才能实现动态预测和供需匹配。对不同干预程度的系统，有些可以实现全自动的实时智能化干预，有些则进行长期的政策调控，还有些是人为的执法处置。

智能城市的具体例证

1. 智能雄安

雄安新区城市规划目前已基本完成，从以规划为主转变为以建设为主。在空间规划中特别增加3个独有规划：智能城市专项规划、产业发展规划、科技创新规划。

相比于现有城市，雄安新区的物理空间建设会配合网络基础设施建设。它重点建设了1个中心（云计算中心）和4个平台，其中雄安块数据平台，是与京东数科合作打造的。

所谓"块数据平台"由雄安新区提出，该平台将各类政务数据打通融合，并横切所有管理系统，支持所有政府应用。

块数据平台将作为雄安新区城市大数据资源中心的实际载体，承担着汇聚新区全域数据、统筹新区数据管理、实现新区数据融合应用的任务，是数据汇聚中心、数据管理中心、数据服务中心和AI赋能中心。

这一平台被定义为"数字基底"——雄安新区建设的信息化系统将直接"长"在块数据平台上，各个领域的数据从产生就连接在一起，包括政务、安全、交通、医疗、物流等。基于这样的数据基底，在合法合规的前提下，未来的雄安新区可进行跨部门、跨领域、跨区域的即时数据处理和数据融合应用创新，最终实现新区全要素数字化和孪生化，让新区24小时的运行状态呈现实时化和规律化。

在此基础上，智能雄安的目标是探索全新的社会治理模式、公共服务模式及数字产业经济的发展模式，实现数据多跑路、群众少跑腿。

以智能物流为例，根据公开资料，京东物流已经开始对雄安新区地下物流系统进行架构规划，进行了两种城配网络的仿真，地下空间的环境也进入规划阶段，规划中的地下物流系统可利用地下管廊与楼宇自动连接，实现货物全流程自动化流转，自提柜按户设定方便客户取件。这也意味着，快递包裹可能会从地下专属物流通道里，直接搭乘电梯送到客户家门口。

未来是物理世界与数字世界孪生的时代，而数字科技是驱动物理世界数字化至关重要的一环。雄安新区建设完成后，一定会成为物理和数字紧密相连、科技赋能、万物互联的崭新智能城市。

2. 智慧鹰潭

江西省鹰潭市是一个拥有100万左右人口的内陆小城市，可能很多人都从未在地图上注意过它。然而自2017年起，鹰潭市携手华为、中国移动等公司开展智能城市相关建设。2017年1月，鹰潭市政府与中国移动、华为联合签订《鹰潭窄带物联网试点城市全面合作框架协议》；同年3月，鹰潭市政府又与中国电信、中兴签订《鹰潭"智慧新城"物联网建设战略合作协议》。值得一提的是，鹰潭不仅成为全球首个同时拥有两张窄带物联网（Narrow Band Internet of Things，NB-IoT）全域覆盖网络的城市，而且打造了物联网特色智慧创业园区和智慧制造产业示范基地。

作为全球首个基于5G的数字孪生城市，江西鹰潭的天上有高空无人机，水中有水下机器人，地表有智能路灯、泊车、烟感等感知载体，地下有数字管网。全市已拥有物联网企业214家，共布局110万个传感器，打造覆盖全域的智能基础设施体系，实现43个物联网应用场景。

鹰潭90%的城区设有智慧路灯，在同等条件下可节能30%以上；智能水表每年为城市节水240万吨；AI助力铜产业升级，产能提升15%，成本下降10%。

2019年以来，鹰潭不断优化和完善全域覆盖的"5G+IoT"网络，打造数字孪生城市，构建全域一体智能基础设施、孪生城市智能中枢和高精度城市信息模型，打造物联网"城市级"应用矩阵。同时，作为国家5G试点城市和全国5A级旅游城市，鹰潭市在江西省率先建成了智慧文化旅游大数据平台，建成了全国5A级旅游景区中第一个采用NB-IoT技术打造的"智慧竹筏""智慧停车场"等智慧项目，首条融合智慧路灯、智慧信息引导牌、公共交通智能设备、共享音影系统等智慧便民设施的智慧大道正在紧锣密鼓地建设当中。一批批以移动物联网为代表的高新技术应用，为八方游客、本地市民带来了全新的智慧新体验。

2019年11月19~21日，全球智能城市大会在西班牙巴塞罗那举行，鹰潭荣获全球智能城市中国区产业数字化转型奖和全球智能城市数字化转型奖。

智能城市的未来形态

城市是个复杂的巨型系统。无论是对城市进行研究,还是治理、管控,都需要把复杂系统进行还原和分解。比如,传统城市规划把城市分解为产业经济、公共服务、建筑空间、绿地景观、道路交通、生态环境、市政基础设施等若干子系统进行研究和规划。再比如,城市政府把城市分解为产业、商业、建设、土地、环保、教育、医疗、交通、公共安全等子系统进行治理管控。两种分类有对应关系却不完全相同。比如政府的教科文卫,在规划视角下常常会合并为一个子系统,因为它们遵循同样的规划逻辑。而建设系统,因为其是空间规划研究的核心内容,规划就会把它再细化为建筑、绿地、公共空间等。形成合乎自身逻辑的还原方法,是学科成熟的标志。

智能城市的研究和实践一直以来主要依附行政管理的还原逻辑,如智慧医疗、智慧交通、智慧公安等。很容易理解,这样的产品与政府部门事权相对应,更便于被采购、被使用。然而当我们对智能城市进行深度研究时,我们需要从智能城市更本质的逻辑出发,来还原城市的复杂系统。这不仅可以帮助我们思考智能城市继续前行的方向,把握产品研发和产业发展的节奏,探索系统孤岛的问题本质与解决方式,更可以帮助我们深入认识"智慧"与"城市"的结合模式。

1. 智能城市建设面临的挑战

科技的进步丰富了人们关于城市治理的认识,提高了城市治理能力和治理水平,为政府全面升级公共管理与公共服务提供了一种有效路径,但大数据等信息科学技术,在管理应用方面还处于起步阶段。智能城市的建设将面临以下四点挑战。

挑战一：智能城市的建设需要一个生态。不需要相互不互联也不互通的烟囱林立的系统，但是很难有一家公司能够把整个城市里所有的问题都解决，怎么解决这个矛盾是一个问题。

挑战二：数据共享和数据安全一直是一个矛盾。政府倡导数据的开放和共享，但是有很多委办局的数据有安全性和机密性，所以不能提供给其他部门，在保证数据安全的前提下，实现数据共享也是一个问题。

挑战三：智能城市的未来需要一个成熟商业模式。政府的资金是有限的，如果单纯依赖政府的投入来建设智能城市，很可能每当我们开出一批新项目时，就有一批旧的项目失去经费支持，如果这些项目本身没有良好的商业模式，就很难持续运营存活下去。

挑战四：人才的优势和缺失。建设智能城市需要一大批既懂大数据、人工智能，又懂行业、交通、环境的复合型人才，只有这样的人才能真正解决问题。然而，单纯依靠高校的几门课程很难培养出这样的复合型人才。

2. 京东数科提出的解决方案

针对智能城市建设中面临的挑战，京东数科提出了自己的解决方案，即通过城市计算平台搭建城市操作系统构建生态，解决数据安全和数据壁垒之间的矛盾。

城市计算平台是专门针对城市大数据、数据标准化、算法模块化、平台生态化的平台，城市计算平台可以搭在任何一个现有的云平台上，对云进行赋能，以解决现在城市里的问题，它有以下两个特性。

特性一：数据的标准化。

智能城市将面临纷杂的数据，数据种类特别多，如果没有一种标准化的数据模型，就会出现"一种数据建一种模型"的情况，使系统变得过于庞大，最后趋于崩溃。

在城市计算平台里面，京东数科把整个城市的数据归结为六个模型，无论什么数据，都可以通过这六个模型或者它们的组合把数据装进去，这样就可以使不同部门、不同企业之间的数据标准化、互联互通、可共享，同时也使系统变得可扩展。

特性二：算法的模块化。

京东数科发现很多不同应用背后的算法模型可能是公共的，当做了大量城市服务之后，如果把这些公共的人工智能算法抽象出来，沉淀成积木化的模块，再把这些模块开放、复用，就可以大大降低其他企业做"AI+城市"的准入门槛。

有了这两个特性还不够，在城市计算平台里面有数字网关的组件，它可以实现不同城市计算平台之间的互联互通，在数据不出各自企业的服务器，还在各自委办局内部的情况下，做到知识共享。

同时，还可以把平台搭在公安局、政务办、企业内部，通过网关把不同平台连到一块，最终构建一个城市操作系统。这是一个特别新的技术，有了这样的技术之后，就能够真正构建城市操作系统。然后把这个城市操作系统开放出来，通过货架式的方法，让更多第三方企业利用这个平台标准化的数据模型和积木化的算法模块能力，快速搭建自己的应用，这样就形成了一个生态，让更多企业一起解决智能城市问题。

很多企业有业务的背景，也有人工智能的诉求，但是很难自己去支持一支人工智能和大数据团队，有了这样的开放式生态平台之后，它们就可以快速提升自己的能力，更好地服务于城市。

从开发者的角度来看，使用这个平台是非常简便的，以前做各种人工智能算法模型非常复杂，需要花费大量的人力、物力，而使用这个平台，只要通过图形化的、简单的拖、拉、拽，就像搭积木一样，很快就能实现人工智能的应用。

以前京东数科一个二十多人的团队大概需要花两年时间做空气质量分析和预测。但现在，通过这样的一个平台，一个人花两天时间就能把基于大数据和人工智能的空气质量分析预测模型搭建出来，极大地降低了开发成本，为其他行业赋能。

之后京东数科提升了通过拖、拉、拽的方法快速搭建数据展现的表达能力，因为做了大量计算之后要把系统展现出来，京东数科提供了一个非常简便的操作方法，通过拖、拉、拽，快速构建可视化的展现系统，让用户能看到最后的计算结果，帮助其做辅助决策。

在城市操作系统下面，一定需要更多的应用。如果把云计算平台看成PC机，智能城市操作系统就像这个PC机上的Windows系统，在这个城市操作系统上面的应用就好比Windows上的Office。云、智能城市操作系统和上面的应用，就相当于PC、Windows和Office的关系。

京东数科提出的方案是对智能城市建设的一种有益探索。相信在未来几年内，一定会有顶尖的数字科技公司在产业互联网时代充分发挥科技和联结的力量，真正推动智能城市蓬勃发展。

3. 智能城市的发展展望

从城市治理理念诞生以来，技术的变革催生了实践的进步，城市也向着更加智慧的方向前行。智能城市的有效治理与技术发展一样，并不是一劳永逸的，而是需要不断地迭代更新。当前，智能城市的建设离不开信息数字化，即通过互联网、物联网和大数据等技术推动城市数字化建设。然而，目前依靠联网收集到的数据许多并没有实际用处，更多的是不同治理主体的"自说自话",仅仅是"为了数据而收集",这显然与"智慧"相去甚远。同时,缺乏公众参与的城市治理不仅使居民难以获得融入感,而且难以实现社群协作的价值。因此,无论是城市"智慧"的实现,还是治理过程的高效实施,都离不开各城市治理主体的协同。

(1) 智能城市存在巨大的潜力

中国智能城市的发展是城镇化发展与新技术革命共同碰撞的结果。从长期来看,中国城市巨大的存量治理和精细化发展需求意味着智能城市行业仍存在巨大潜力。

智能城市在公共领域、生活领域和生产领域都存在创新机会。在公共服务领域的机会包括物联网基础设施建设和城市应用、服务于城市精细化管理的大数据与算法提升、城市资源共享与优化利用、人工智能与城市专家的协同管理;在生活领域的机会包括各类公共服务增值与生活品质提升服务;在生产领域的机会主要包括数字化转型相关的产业互联网及云服务、供应链管理、智慧园区等。

(2) 智能城市的发展需要各方共同努力

城市政府、智能城市运营商、第三方服务创新者将是引领行业发展最关键的三个角色。其中,城市政府是智能城市的管理者、引导者,代表城市和社会的公共利益;智能城市运营商和第三方服务创新者是智能城市平台、技术、服务的主要提供者。除此之外,智能城市的发展离不开行业外的居民和企业用户、社会资本、开发商、研究机构的参与,他们将在城市的发展中承担越来越重要的角色。

(3) 智能城市仍将面临多重挑战

虽然目前智能城市发展态势良好,但政策、市场、技术等要素仍存在诸多风险。对潜在风险的预判与防范,是行业和企业发展至关重要的问题。随着技术的发展，社会对智能城市理念的总体认知和信任（包括公众和政府对隐私、安全、技术可靠性的担忧），及其可能引发的政策转向、技术变化等，是影响智能城市行业发展的最重要的风险要素。

建设智能城市，是推进城市治理体系和治理能力现代化的重要举措，也是走中国特色新型城镇化道路的必然要求。我们坚信，智能城市将是联结下的城市治理主要形态，未来我国的城市治理必将在科技赋能和联结的帮助下焕发出勃勃生机，使每一个城市的政府、企业、居民都感受到城市生活的智慧与美好。

◎ 数字钢贸

中国钢铁贸易行业痛点

传统钢铁贸易行业存在上游钢厂亏损、下游钢价居高不下的尴尬处境，行业矛盾突出，主要体现在：上游刚性推动模式与下游柔性需求的矛盾；有限的配送加工能力与顾客多种类、多层次加工需求的矛盾；信息传递的及时、准确性要求与流通渠道冗长、分级不清的矛盾；长距离大批量的运输要求与有限运输资源的矛盾；中小微用户旺盛的金融需求与信用风险难以评估和管理的矛盾（见图4-5）。

从钢厂的角度来看，是钢铁大生产和终端客户个性化需求之间存在不平衡；下游客户的个性化需求和钢铁生产的不可预见性，也存在着矛盾。就整个钢铁产业链来讲，链条比较长，钢铁行业是工业的基础原料产业，整个链条从钢厂、代理商、服务商、加工中心等，到最终用户，表现出链条长、节奏不同步、反应周期不一致等特征。行业痛点具体在以下几个方面。

1. 交易方面

一是交易环节繁杂、中间商多：传统钢贸行业存在多层参与者（代理商、分销商）及交易流程繁杂的特点，导致耗时长、沟通成本高、运行效率低下、资源配置不合理等问题。

二是信息不对称：在传统钢贸流程中，采购、加工及销售环节存在严重的信息不对称情况。

三是供求难以匹配：传统钢贸行业存在多个分销层级，制造商难以准确获得终端用户的实际需求（产品类型、价格、数量等），造成供求不对称。传统生产模式须改变，以解决产能过剩的问题。

2. 供应链方面

在传统钢贸模式下，由于钢铁仓储业小、散、乱，物流产业成本高等特点，终端用户难以及时获得可靠、性价比高的物流、仓储及加工服务，供应链相对割裂，运行效率低下。

3. 金融方面

钢铁贸易作为资本密集型行业，离不开金融机构融资支持，在传统的钢贸融资过程中，融资审核、监管与钢贸商的采购、销售、回款行为相互脱离，存在大量信息不对称的情况，并且无法有效控制风险。金融机构很难满足钢贸企业（特别是中小企业）的资金需求，企业资金断裂风险大。由此，钢贸行业须建立诚信信用体系，解决债务链问题。

01　上游刚性推动模式与下游柔性需求的矛盾

02　有限的配送加工能力与顾客多种类、多层次加工需求的矛盾

03　信息传递的及时、准确性要求与流通渠道冗长、分级不清的矛盾

04　长距离大批量的运输要求与有限运输资源的矛盾

05　中小微用户旺盛的金融需求与信用风险难以评估与管理的矛盾

图4-5　传统钢铁贸易所面临的主要矛盾

数字化时代赋能钢铁贸易行业

在传统模式运行下，国内钢材产能过剩，钢铁贸易进入买方市场，钢厂急需触达更多客户。2012年，钢贸危机导致行业信用危机，钢贸行业面临转型，钢厂、经销商、流通商寻求新出路，钢贸电商应运而生；2015年，国家政策鼓励发展电子商务，钢贸电商交易平台迅猛发展。

钢贸电商相对于传统钢贸解决了以下三大痛点：一是压缩交易环节，减少流通成本。钢贸电商通过互联网实现买卖双方直接交易，减少中间环节，使流动成本降低。二是物流方面降本增效。钢贸电商通过对零散需求的汇总处理，降低物流空车率，降低流通库存水平，压缩运输、仓储及财务费用。三是提供增信服务，打开融资渠道。钢贸危机后，银行收缩对钢贸商信贷规模，而钢贸电商通过供应链金融，对钢贸商提供增信服务，恢复银行融资渠道、降低融资成本。

2019年，钢贸行业经历了洗牌整合期，钢贸电商步入产业互联网科技发展新时代，未来工业互联网、大数据、区块链等概念将深度融合钢铁全产业链。

数字化时代的钢铁产业生态圈致力于使数据成为最重要的生产要素，建立多维的、无边界开放及高度共享的公开透明的生产关系，以满足客户需求为核心，通过连接协同在生态中获取资源，实现价值分配（见图4-6）。

工业时代的产业链 → 产生无法解决的痛点	数字时代的产业生态圈有望解决
▶ 生产要素 以独立化、实物化的固定资产为主	▶ 生产要素 数据成为数字化时代最重要的生产要素
信息 不对称	
▶ 生产关系 流程化、专业化以及单向化的生产关系	▶ 生产关系 多维的、无边界开放以及高度共享的公开透明的生产关系
效率 低下、成本高	
▶ 战略思考 基于有限的资源约束如何实现既定财务指标的最大化	▶ 战略思考 核心是满足客户需求，资源可以通过连接协同在生态中获取
信用 风险识别、评估定价难	
▶ 价值分配 通常在产业价值既定的情况下，各环节参与者是零和博弈	▶ 价值分配 参与者的价值来自利他，来自生态圈价值的增值

图4-6 数字化时代下如何构建生态圈

1. 工业互联网

工业互联网是联结工业全系统、全产业链、全价值链的关键基础设施，能够深度融合新一代信息技术与制造业形成新兴业态和应用模式。工业互联网不仅能够提升产品质量、生产效率、降低成本，更可以通过将大量工业原理、知识及工艺规则化、软件化、模块化，构建基于工业互联网平台的产业生态。

对于钢贸行业而言，工业互联网连接钢厂现场、信息平台、用户现场，实现智慧制造、智慧服务、智慧生产。通过搭建信息共享平台，做到可视化运营控制及优化、约束和激励优化、供应链全程穿透式管理、流程优化、预测和设计。运用工业互联网平台数据分析，优化模型应用、排产、用材服务及按需配送，从而数字化连接制造端和消费端。

2. 大数据

钢贸电商的一大优势为大规模信息的数据化处理积累基础数据。在数字化时代，基础数据为王。一方面，钢贸电商通过构建基础数据库，不仅可以实现高效统一存储、现有数据管理分析、按需应用开发，还能够通过数据整理和分析价格指数，深入研究钢铁行业市场趋势，对公司决策、经营面貌产生革命性影响。这就是在海量数据积累下由量变引发的质变。

另一方面，钢铁大数据库的建立，为钢贸电商和金融机构开展供应链金融服务提供数据支撑及辅助决策，提升风险管理能力。钢铁大数据库将有效加强钢贸电商、金融机构与被服务企业之间的沟通交流，解决信息不对称问题，从而促进钢铁行业良性发展。

3. 区块链

电商行业大多存在商家准入把关不严、商品信息审查不力、销售行为监管混乱、信用评价存缺陷、内控不严等问题，对于钢铁这类大宗商品贸易电商而言，信任尤其重要。区块链技术的去中心化、不可伪造、不可篡改、去信任、集体维护可靠信任等特点，能够记录、跟踪钢材产品全生命周期的流转过程。将区块链技术应用到生产链、采购链、仓储链、物流链、金融链，可以产生完整的信息流，实现数字资产的流动，使钢铁业务更加智能化；还能够实现数字资源的开放，有利于大数据分析推动钢铁行业的需求预测、价格指数、风险预警和信用评级。

4. 其他

应用人工智能、无人仓储、无人驾驶等技术革新，使钢铁行业全产业链高效运行，能够加速解决钢铁企业之间成本差异化的主要矛盾，加快大钢铁产业互联网科技发展时代的到来。

钢铁产业互联网科技公司的解决方案

钢铁产业互联网科技公司致力于通过数字化重构传统供应链，促进钢铁行业从制造向服务转型，重塑钢铁流通领域新秩序，提升中国大宗商品国际定价权和话语权。

1. 交易模式方案

钢铁产业互联网科技公司通过互联网将线下业务转化为线上的信息交互；创建撮合、寄售、自营三大服务模式；构建钢贸电商零售平台，供给端为中小钢厂提供线上销售渠道，提高营销效率与效果，客户端为终端及次终端用户实现一手采购资源，高效满足客户端个性化需求。同时，其将数字化渗透至采购、生产及销售各个环节，尤其是流通环节数字化，以实现用户需求和生产制造实时高效反馈。

钢铁产业互联网科技公司还提供工业品零售在线采购服务，帮助大中型购买者和供应商高效对接，提升采购效率，降低采购成本，实现制造业物资在线交易透明化。

2. 交付服务方案

钢铁产业互联网科技公司打造智慧物流服务，通过搭建智慧平台，实现大宗商品物流全过程数字化、高效化、智能化；协同覆盖全国各地的仓库提供仓储监管服务、数据服务等；提供运价发现、运能交易、运输管理和跟踪等服务；联合社会加工中心提供专业化定制化加工服务。交付服务创新能够为客户提供比市场平均水平更优质、性价比更高、便捷靠谱、个性化的物流、仓储、加工等附加服务。

3. 供应链金融方案

钢铁产业互联网科技公司创建基于区块链技术的科技金融服务平台，用于解决中小企业信用资质较差、融资成本高的问题；解决金融机构风控难题和效率瓶颈；有助于监管机构提高监管效率。另外，其依托数据化、多维度风控能力，努力挖掘和提升供应链信用资产，为中小企业提供快速、高效、成本更低的供应链金融服务，保障临时资金需求。

4. 增值服务方案

钢铁产业互联网科技公司充分利用其对钢铁行业的深刻认知、丰富经验与时间沉淀，提供专业资讯数据库服务，并利用其从钢铁制造到交易、物流、供应链金融等深厚的知识储备，提供高效供应链管理服务。另外，钢铁产业互联网科技公司能够通过对数据技术的分析，帮助客户指定不同的营销策略，帮助钢厂精准营销，实现钢铁产业互联网升级。

目前主流的钢铁电商业务模式比较如表4-3所示。

表4-3　　　　目前主流的钢铁电商业务模式比较

项目	A公司	B公司	C公司
本质特征	形成了集网络综合资讯、上下游行业研究、专家团队咨询、电商交易平台、智能化云仓储、信息化物流、供应链服务为一体的互联网大宗商品生态圈。	掌握核心上游资源，以供应链服务为核心，形成了完整的资金流、信息流、商流、物流"四流合一"的闭环生态。打造产业互联网科技公司	钢铁全产业链电商平台，业务模式包括撮合、自营、物流、金融等
商业模式	撮合+寄售模式 主要收入来源：交易佣金、大数据服务费	撮合+自营模式 主要收入来源：通道服务费、自营服务费、运营服务收入、数据服务收入、技术服务收入	撮合+自营模式 主要收入来源：自营收入、海外业务收入、金融服务收入
核心场景	信息服务（含咨询、数据、指数）、交易、金融服务	交易、物流、金融科技、数据等其他增值服务	交易、物流、金融服务

钢铁产业的数字化未来

从1996年钢铁总产量突破亿吨至2019年，我国已连续23年稳居全球钢铁生产和消费第一位，钢铁行业为我国工业现代化和经济发展、国防建设作出了巨大贡献。与此同时，钢铁行业是一个充分竞争的周期性行业，由于产能过剩等原因将可能面临较长时间的行业低谷。伴随着我国从站起来、富起来到强起来的伟大进程，"高质量"已经成为新时代中国钢铁工业的发展方向。所谓高质量体现在以下几个方面。

一是高科技。要加强科技创新，力争拥有在世界钢铁行业中有影响力的原创性技术，绿色低碳、智慧制造形成体系性、整体性、系统性成效。

二是高市占。要在管理变革、流程再造的基础上，通过专业化、平台化，推进商业模式创新，在夯实能力的基础上，不断突破企业管理的边界，谋求我国钢铁企业的市场优势地位。

三是高效率。我国钢铁企业的生产效率明显落后国际优秀企业。要进一步推进专业化整合，以极致的专业化追求极致的高效率。

四是生态化。钢铁生态圈要进一步拓展领域、完善机制，加强不同产业与环节之间的协同，为客户创造更高的价值，助推企业综合竞争力的持续提升。

五是国际化。加快"走出去"步伐，瞄准"一带一路"新兴成长区和欧美钢铁成熟区，开展全球化产业布局和国际化资本投资，不断提升钢铁业国际话语权和影响力。

面向未来，"钢铁强则制造强，制造强则国家强"。钢铁行业方兴未艾，成本越来越低、技术含量越来越高。与此同时，钢铁行业布局与产业整合会进一步优化，发展空间大，而"一带一路"沿线国家和地区，原有的工业基础比较薄弱，这也为中国钢铁工业国际化提供了巨大的机会。

  我们相信，在数字科技的推动下，我国的钢铁行业正在甩掉过去"傻大笨粗"的传统落后形象，"绿色钢铁""数字钢铁"将成为未来钢铁业的主旋律。

◎ 科技抗疫

2020年新春伊始，新冠肺炎疫情打乱了社会的正常秩序和人们的生活节奏，给社会和经济发展带来了深重的灾难和严重的危机。对国家而言，这场疫情是对政府治理能力的大考；对企业和个人来讲，这场疫情既是对生存能力的考验，更是社会责任、能力担当、生存韧性的"试金石"。

随着疫情趋于稳定，我国新冠肺炎疫情防治已取得阶段性成效，需要及时转入一手抓疫情防控、一手抓经济恢复的新阶段。虽然疫情短期影响了企业复工复产计划，传统零售、教育、交通和文娱等行业受影响严重，但疫情也激发了"非接触式"经济活力，倒逼全行业数字化转型升级，引发数字科技的新一轮变革，培育和发展了新的经济增长动能。

一是新基建为数字经济注入新动能。2020年3月4日召开的中共中央政治局常务委员会强调，加快5G网络、数据中心等新型基础设施建设（以下简称新基建）进度。新基建立足于科技端，主要包括5G基站建设、特高压、城际高速铁路和城市轨道交通、新能源汽车充电桩、大数据中心、人工智能、工业互联网七大领域。数字经济已成为中国经济增长的新引擎，新基建将为数字经济注入新动能。根据《中国互联网发展报告2019》，2018年，中国数字经济规模达31.3万亿元，占GDP比重达34.8%。作为新基建的重要组成部分，互联网科技平台构建的数字化供应链和智能物流体系在此次疫情防控中大显身手，发挥了重要作用。以数字技术为核心的互联网公司应抓住历史机遇，发挥自身的技术实力，积极推进和参与新基建项目，为数字经济发展打下更坚实的基础。

二是数字科技推动新一轮产业变革。未来几年，我国数字科技将推动基础设施、企业和政府数字化转型，提升国家现代化治理能力，并成为拉动经济增长、促进经济高质量发展的关键引擎。此外，以数字科技为核心的新消费将集中爆发，包括智能制造、无人配送、在线消费、医疗健康等在内的新兴产业将蓬勃发展，为推动中国经济转型升级、助力新旧动能转换提供重要支撑。当前新一轮产业变革正在进行，以AI为核心的数字科技是主导技术，通过交叉融合，向各个产业渗透，带动产业创新。要充分抓住当前的机遇，加快推动数字产业化、产业数字化，引领新一轮产业技术革命。

三是金融科技进入新发展阶段。为解决中小微企业融资难题，人民银行、财政部、银保监会等部门相继出台多份重要文件，部署金融支持疫情防控和复工复产，政策层面鼓励各金融机构积极运用技术手段，助力中小微企业抗疫复工。在这个过程中，金融科技的作用日益凸显，金融科技疏通货币传导机制，让资金更多地流入实体经济，覆盖更多中小微企业，成为金融服务实体经济的新途径，也是促进普惠金融发展的新机遇。金融机构利用金融科技精准定位，保障信贷、财税等优惠政策更好落实；数字科技公司和传统金融机构在资金、技术方面深入合作，助力普惠金融服务改善。金融科技已成为优化金融供给体系，推进金融供给侧结构性改革的必然要求和重要支撑。随着新一代信息技术融合生态的建立，金融科技发展将进入新阶段。

新冠肺炎疫情对互联网行业的影响和冲击

新冠肺炎疫情给中国经济增长和社会治理带来巨大挑战，也给各行业和企业提出了新的发展命题。传统零售、餐饮、教育和文化娱乐行业等线下场景几乎停滞，部分企业积极探索线上模式。电商、远程办公、在线教育、在线医疗和生鲜物流等领域需求火爆,"非接触式"经济助力经济转型升级。从短期来看,新冠肺炎疫情对互联网行业产生了较大影响。

1. 零售消费领域：线下消费受阻，线上消费再迎风口

新冠肺炎疫情导致消费数据跌到历史低点。国家统计局的数据显示，2019年1~2月中国社会消费品零售总额为5.2万亿元，同比下降20.5%。不过，网上消费呈现了"逆势增长"的态势，1~2月实物商品网上零售额为11233亿元，同比增长3%，占社会消费品零售总额的比重达到21.5%，创下有数据以来的新高。

一方面，受疫情影响，实体门店消费需求锐减，零售商产业链、供应链受到冲击，部分消费品面临供应链断裂风险，更多的消费品类则是因为疫情期间人们消费方式、生活方式、工作方式以及消费心理的变化导致不同消费需求在品类、时空等多个维度相互替代。另一方面，线下需求被转移到线上消费，线上零售、社区零售、生鲜电商迎来高增长；越来越多传统零售商加速数字化转型，部分"大型商场"推出"到家服务"，逆势上涨；无接触配送、无人货架、无人超市、智能取餐柜、智能快递柜等无人零售模式火爆；在线教育、线上医疗、远程办公、线上购房等新消费场景集中爆发。

2. 消费金融领域：逾期率上升，头部平台优势愈加凸显

受停工或复工迟缓的影响，消费金融市场贷款需求减少、资产质量下滑、逾期率暴增，平台两极分化现象严重。据不完全统计，有的小贷公司逾期率从疫情前的5%上升到7%，而银行信用卡机构逾期率基本维持在2%~3%。值得注意的是，随着越来越多的客户下沉到三、四线城市，甚至农村市场，在用户层级上，下沉用户风险大大增加。总体来看，小贷公司的客群质量较差，总体抗风险能力弱，部分公司甚至面临流动性危机；大型持牌机构、电商平台次级群体多，逾期率较低，影响有限；而客群质量较高的银行逾期率较低，影响最小，大型金融机构的抗风险优势凸显。

疫情直接冲击餐饮、旅游、教育、零售等消费金融线下场景业务。刚需消费从线下向线上转移，电商生鲜、在线教育、线上医疗等优质线上场景集中爆发，预计线上消费金融将呈现增长，行业长期向好趋势不变。

春节期间，各大商超及生鲜电商的销售倍增：家乐福到家业务增长300%；永辉日均线上订单增长200%；沃尔玛到家业务的销售额同比增长400%；生鲜类电商平台如每日优鲜春节销量同比增长200%；叮咚买菜的客单价由55元提升到了90元；苏宁菜场日销量已达春节前的6~8倍；美团买菜日均订单量为春节前的2~3倍（见图4-7）。

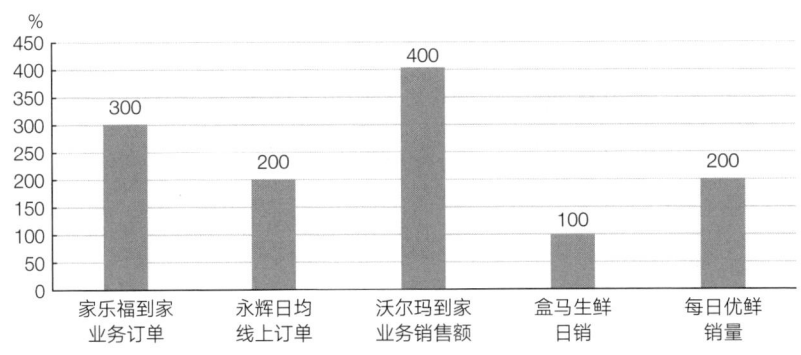

图4-7 春节期间商超及生鲜电商销售及订单同比增长情况

（数据来源：网上公开资料整理）

3.企业金融领域：小微企业融资难加剧，数字金融服务需求激增

受疫情影响，传统金融机构线下贷款申请流程受阻，无法实地调查贷款企业情况，再加上技术风控能力不足等因素，风险偏好进一步下降，金融供给体系结构失衡更加严重。在此背景下，受疫情影响最大的小微企业更难从银行获得贷款，对其他融资渠道需求激增。

疫情给小微企业造成了较大冲击，依靠自有资金，大部分小微企业难以维持超过3个月的运营。从近8000家新三板企业的统计数据看，服务和零售业中小企业受到的冲击最显著，比如餐饮企业账面现金仅能维持2.4个月的固定支出，破产倒闭风险极大，近40%的零售企业账面资金只能覆盖6个月内的固定支出，面临短期资金断裂风险。

随着数字经济时代的到来，数字金融在疫情中支持实体经济特别是小微企业方面起到重要作用。2011—2018年，中国各省数字普惠金融指数年均增长36%。数字科技为普惠金融带来新的发展引擎，数字金融利用大数据解决信息不对称问题，零距离触达长尾客户，满足传统金融机构难覆盖的"短频急"、缺乏财务报表和合格抵押物的小微企业信贷需求。同时，数字科技公司还能助力传统金融机构数字化转型，通过将数字营销、智能风控等能力，以及多样化业务场景整合输出，为金融机构提供定制化解决方案。

4. 支付领域：现金支付受挫，无接触支付需求激增

受疫情影响，线下大部分场景交易降至冰点，线下支付，如现金支付、刷脸支付等受挫。为了降低现金付款带来的病毒传染风险，世界卫生组织建议使用非接触式方式付款，线上支付、条码支付和无接触支付快速增长。

数据显示，春节期间，整体交易规模呈现上升趋势，其中，银联网络支付交易增长较快，同比增长46.79%，网联平台处理资金类网络支付交易达49.19亿笔、金额达27307.11亿元，同比分别上涨11.25%、5.76%（见图4-8）。随着复工复产的推进，"无接触支付"和"自助收银"设备既能有效缓解商超排队压力，又能减少病毒传染的风险，对其的需求将迎来新的高潮。同时,针对"戴口罩"人群的刷脸支付技术被寄予厚望,将支付技术与体温检测、疫情码等其他功能相聚合,也能较好地迎合市场需求。

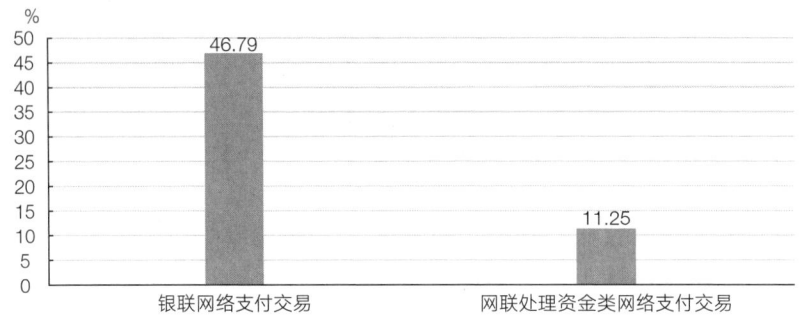

图4-8 春节期间银联、网联网络支付交易订单同比增速

(数据来源:银联、网联公开数据)

5. 财富管理领域:线下财富业务营销受阻,健康险迎来发展机遇

居民财富资产从高到低对应的核心需求分别是:安全、养老、子女教育、投资收益。此次疫情爆发威胁到了人们最核心的安全需求,人们对保险的需求将进一步激发。根据历史数据,2003年"非典"疫情推动以健康险为代表的保险业保费收入快速增长,2003年5~8月在"非典"疫情得到有效控制期间,健康险单月保费同比增速分别高达309%、265%、158%、131%。

尽管此次疫情对险企短期业绩可能带来一些影响,如线下保险业务受阻、赔付压力增加等,但长期来看,随着人们保险意识的进一步提升,保险业尤其是健康险业仍具有良好的发展前景。

6. 智能城市领域:打破现有城市运行格局,催生新技术

疫情打破了现有城市运行格局,人口聚集、社区流动、公共交通服务等都加剧了交叉传播的风险,线上、线下信息传播和舆情监控全覆盖的需求十分迫切，智能城市建设再次提上日程。根据2020年1月发布的《新型智慧城市发展报告2018—2019》，我国大量城市已经从新型智慧城市建设的准备期向起步期和成长期过渡，其中，处于起步期和成长期的城市占比从2018年的57.7%增长到80%。

但从此次疫情所反映出的情况看，部分城市运行甚至出现"瘫痪"，智能城市名过其实。智能城市不只是简单信息数据IT化，智能城市是交通、医疗、政务三位一体式的横向、纵向打通，需要提高数据交互能力，并且对城市的风险与危机进行预判，进而提升公共服务效率。从中长期看，数字孪生城市将有效提升科学决策、协同控制的能力，更好地应对突发性事件。

7. 营销领域：户外广告受损严重，线上数字化营销增长

疫情严重冲击线下服务业，会展、商超、餐饮等线下服务骤减，品牌营销渠道损失较大；线下广告价值削弱，广告主缩减预算、暂缓营销计划，传统广告营销大幅下滑。户外广告受损严重，数字化营销却呈现增长态势。

在自媒体频繁涌现、消费者线上化和多渠道整合营销的数据驱动时代下，低成本、高效率、广影响力的社群营销、直播营销、内容营销、公益营销等数字化营销模式受到青睐，线上流量的争夺将更加激烈。

8. 互联网医疗领域：线下问诊受到冲击，线上医疗日趋活跃

2020年2月以来，国家卫健委陆续发布多份关于互联网医疗的文件，支持大力开展互联网医疗服务，包括就诊医疗、健康评估等，同时将符合条件的互联网医疗服务费用纳入医保支付范围。疫情导致传统医疗线下问诊场景受阻，互联网医疗机构借势破局。医疗健康行业趋向互联网化逐渐成为共识，传统医院积极寻求与第三方机构合作，采用共建共营模式，整

合线下资源，进行IT建设、运维和开发互联网服务产品等。智慧医疗的快速发展，也进一步推动了医疗体制改革的深化。

以某电商集团为例，综合性互联网企业在疫情防控中的重要作用

同2003年的"非典"相比，我国的疫情防治、处理能力与效率大大增强。其中综合性、全能型的大型线上线下互联网企业所发挥的作用极其突出与特别。我们以某电商集团X为例，来说明互联网企业如何，交出属于自己的"战疫答卷"。

1. 抗击疫情的一线战斗

凭借着供应链和物流优势，通过全国各地救援物资特别通道，X物流累计承运了超过6000万件、总重量约3万吨的医疗应急物资；向全国消费者供应了超过29万吨的米面粮油、肉蛋菜奶等生活用品。

（1）捐赠抗疫急需的医疗物资，缓解物资短缺困局

疫情爆发以来，X集团充分发挥技术、供应链和物流方面的优势，积极捐赠抗疫急需的医疗物资。在1月28日将100万只口罩和6万件医疗物资运抵武汉，缓解武汉当地医疗物资短缺问题。

（2）为小微企业生存"雪中送炭"，助力企业抗疫复工

为帮助小微企业渡过难关，对X集团开放平台的数十万商家，特别是湖北地区的商家，X集团推出了多项补贴支持措施。此外，X集团旗下的保理、小贷等金融产品为小微企业提供展期、续贷、降低利率等一系列金融扶持计划，帮助小微企业度过疫情的寒冬。同时，整合全平台营销能力

扶持重点品类，向滞销品牌、商家倾斜更多流量资源，通过全渠道模式实现线下门店线上"云复工"。

（3）实施"人才共享计划"，减轻社会就业压力

为帮助中小企业纾困，全力支持稳就业、保民生工作，X集团宣布将采取灵活多样的用工形式，面向全社会提供数万人的就业岗位，通过余缺调剂、岗位共享等创新模式，最大程度地减少疫情在短期内对就业产生的冲击。

2. 为抗疫后方保驾护航

（1）承建湖北省政府应急物资供应链管理平台

X物流与湖北省政府展开合作，正式承建其应急物资供应链管理平台。由于抗疫物资种类较多、型号不一，以传统方式实现一线抗疫需求和物资采集的及时匹配存在一定难度，为此，X物流将抗疫物资的所有数据和信息以数字化形式进行整合，由系统性的供应链平台进行统一管理，从而为抗击疫情提供有力的后勤保障。该平台将帮助需求方、采购方、供货方三方完成采购信息、物流的高效交互，进而实现供应链前端的供需快速匹配，不仅有利于湖北全省相关物资产能、库存、调拨、分配的有效集中管控，还能实现实时数据的可视化，确保分配到各市、州的省级筹集物资第一时间公开、透明地分发到位。

（2）助力社区疫情防控

X集团内部数字科技公司开发的"战疫金盾"，通过人群流动、医疗等数据，分析人群流动轨迹、预测发展趋势，实现疫情预防、溯源和追踪，实现人、机构、物资、事件四大维度的多层打通，满足基本信息一次上报、多场景调取应用需求。这不仅方便了企业和居民自主录入，还能大

大提高一线人员数据统计、录入、报送的工作效率，为三管部门提供疫情防控数据支撑、助力经济运行调度、精准服务企业等。

此外，X集团内部数字科技公司开发了"高危人群疫情态势感知系统"，在保证数据安全的情况下，能够协助政府开展高危人群分析及疑似人群排查工作。北京市公安局、南京市公安局正是基于该系统提供的时空大数据、时空AI等技术支持，开展了高危人群分析及疑似人群排查工作：一是分析识别目标人群迁徙轨迹，并且通过轨迹挖掘，可找到与疑似人群有密切接触的人群，二是可视化看到返程人员来源地区分布、新增健康异常人数、每日返程人数、离域人员统计、乘坐交通工具情况、去往省市分析等数据，极大地提高了警方疫情防控工作的效率。

以疫情防控为契机，持续推动产业互联网发展

此次疫情也考验了各行业的危机应对能力，包括供给端—中介端—需求端的稳定体系、供应链的灵活性、行业联动性、行业抗风险能力、行业的前沿性等。科技企业要发挥技术优势，助力全社会的危机管理和中国经济的数字化转型。

一是牢牢抓住科技企业在产业数字化升级中的历史机遇。此次疫情中暴露出部分行业和企业过度依赖线下服务模式的局限性、敏感性和脆弱性，这种短板在危机应对时表现得更为突出，科技企业在数字化、网络化等方面具有天然的优势，应充分利用大数据、区块链、人工智能等技术，为危机管理提供有力的技术支撑，帮助各行各业实现数字化的转型升级。

二是构建数字供应链，提高危机管理的协同作战能力。科技行业应针对供应链上下游建立危机管理机制，具体包括危机措施储备管理、供应商帮扶计划、行业供应链调配机制、上下游沟通机制以及数字化供应

手段等，形成危机处理的供应链协同作战方案，提高整个供应链的数字化程度和抗风险能力。同时，积极参与国家应急管理信息系统和基础设施建设。

三是充分发挥数字科技在危机管理中的独特优势。疫情在一定时期内的持续发展，深刻改变了存量经济业态，在线娱乐、在线教育、在线办公、远程医疗、生鲜电商等新模式的数字经济和"非接触式"经济爆发。在疫情逐步解除和社会生产恢复正常后，数字科技有能力也应当发挥更重要的作用。教育、医疗、企业办公等庞大的在线化市场需求持续激活，有望诞生"超级应用"，并为相关领域的数字科技创新带来新机会。互联网公司应积极布局新业态，加大科技投入，为中国经济转型发展提供新动能。

以京东集团为例，疫情防控所形成的环境与要求为其在产业互联网的发展中承担更重要的作用创造了契机。

1. 持续深耕技术，强化数字供应链的优势地位

面对疫情下爆发的供给需求，能坚定保障千家万户的安定生活，其背后是京东数字化供应链的深厚"内功"。京东在成立之初就开始智能供应链建设，京东数字化的供应链具备的出色柔性、弹性在疫情中彰显出了显著优势，例如自营模式在物资调动中与供货商高效配合，甚至通过数据挖掘推动上游制造商提前复工复产，自有物流网络在春节期间和疫情严重区域也保持有序运营，有效保证口罩、药品、防护服以及米面粮油等供应缺口大的物资能够及时到达医护人员和居民的手中。

疫情的爆发促使京东加快了数字化供应链建设的步伐，京东供应链的快速反应使其在与各大品牌商沟通货源供应、自营产品入仓、保障稳定货源方面优势凸显。同时，京东还凭借多年来建立的覆盖全国的供应链

网络，在协调生产、物价监控、配送保障、平台搭建等方面及时响应，有力保障了重点防疫物资运输"生命线"。为保障"最后一公里"收寄服务的安全性和便捷性，京东物流充分发挥智能技术与多元生态的优势，提供自提柜、便民服务点、智能配送机器人等十余种"无接触"快递服务。京东基于多年积累的供应链、物流、技术能力，尤其是在持续加大技术研发后，供应链和物流体系的抗风险能力显著提升。下一步，京东将加大科技投入和引领，努力实现从供应链向数字供应链、从商品供应链向服务供应链、从自有供应链向开放供应链的升级，全面提升京东供应链的硬核实力。

2. 以疫情防控为契机，加快布局"非接触式"商业模式

疫情防控的要求迫使京东思考如何在防控风险的同时保证企业经营发展，"非接触式"经济成为其在后疫情时期的重要发力方向。

一是加快发展无人车、无人机等无人科技，实现"非接触式"服务。比如智能无人车集结了自动化、计算机、人工智能等多种高科技，代替人工不仅能进行360°环境监测，自动避让路障和行人，遇到红绿灯时立刻反应，它还可以自主停靠配送点，将取货信息发给用户，然后用户通过人脸识别、输入取货码、点击手机APP链接等方式取货。

二是加快线下零售业向线上线下结合的转型升级。一方面，借疫情契机培养并延长人们在生鲜品类之外的线上购物习惯。以生鲜为例，该"线上购物"习惯，并不是常见的"库到家"模式而是"店到家"模式，因此在配送时效上要远远超过快递。所以在疫情期间人们享受到了线上购买生鲜的方便快捷，也在潜移默化中养成了线上购买生鲜的消费习惯。此后，人们一旦要购买生鲜，便很容易联想到京东到家。另一方面，借疫情契机与更多线下零售品牌建立合作关系拓宽品类范围。疫情使线下流量骤减，

线下零售商的成本控制也愈加艰难，而即便在疫情过后重建流量，也是任重道远。因此线下零售商的当务之急，便是转向线上流量，而这也恰恰是京东到家所能提供的。另外，京东到家的品类范围也得到进一步拓宽，获取流量的点越来越多。

3. 抓住复工复产的回暖期，助力传统行业转型升级

京东并不是一家简单的互联网企业，而是一家以科技和供应链管理为基础的高科技企业，因此，与产业洞察进行有机结合，一直是京东苦苦追寻的答案。疫情发生后为帮助农业企业尽快恢复生产，保证农产品市场供给，京东数科基于AI、IoT等技术，在牧场生产管理中推出一系列智能化解决方案，有效降低人工巡检的频率、减少人员接触，以数字化助力"足不出户"式智能化养牛，大大提升了传统养殖业的数字化水平。

对产奶期的奶牛来说，它们的体况是否健康尤其重要，直接关系到奶制品的品质安全。而传统的体况评估，需要依托有经验的养牛专家到现场对牛进行近距离的触摸才能作出判断。结合AI算法，可无接触、自动化地对牛的体况进行评分。通过在牛场通道部署深度传感器与深度摄像头等智能化设备，俯拍路过的奶牛，再通过图片分割模型、3D点云分析等技术，便可智能化生成牛只体况得分情况，如此极大地简化了传统人工劳作。在每次奶牛挤完奶后，牧场工作人员都能通过智能监测站看到这头奶牛的身份ID与体重，观察到奶牛的行走步态图像，以此评估是否跛脚等，肢蹄健康对产奶量会有直接影响；与此同时，基于每天的数据生成曲线式的生长情况，帮助饲养员进行远程饲养情况分析。京东数科的智能养牛解决方案极大地提高了传统行业的养殖效率，也给出了科技企业与传统产业融合的"京东方案"。

以某电商集团为例，综合性互联网企业在抗疫中综合扶贫的独特作用

2020年3月6日，习近平总书记在决战决胜脱贫攻坚座谈会上强调，到2020年现行标准下的农村贫困人口全部脱贫，是党中央向全国人民作出的郑重承诺，必须如期实现。他同时指出，要切实解决扶贫农畜牧产品滞销问题，组织好产销对接，开展消费扶贫行动，利用互联网拓宽销售渠道，多渠道解决农产品卖难问题。

贫困地区大多地处偏远，疫情期间不少道路受阻，流通环节遇到前所未有的压力。一方面，由于农产品上行通道不畅，各地均不同程度地遭遇了农产品滞销难题；另一方面，消费者又渴求通过安全渠道便捷购买有质量保证的生鲜商品。疫情期间，为破解农产品滞销难题，X集团快速调整冷链运输线、整合平台资源，短短10余天，X集团生鲜助农专题页面销售滞销生鲜农产品达3900吨，累计帮助34386户贫困户打开滞销农产品销路。

1. 以创新模式全力帮扶贫困地区

湖北省恩施土家族苗族自治州，是湖北省深度贫困地区，扶贫工作正处于攻城拔寨的关键阶段。疫情造成的，交通受阻使扶贫攻坚面临严峻挑战，恩施州鹤峰县铁炉乡椪柑严重滞销。通过线上平台的推广活动，短短一周时间，X集团就成功帮助当地50吨优质铁炉乡椪柑打开销路，解决了350户贫困户的燃眉之急。同样是深度贫困地区，四川大凉山彝族聚居山区由于交通不便加之疫情影响，大量露天草莓滞销。紧急之下，X集团帮助当地农产品快速在扶贫馆上线，两天就销出33吨，2050户贫困户不再为

草莓销路发愁。

X集团在特殊时期依靠以下创新措施破解滞销难题：一是创新农村仓储网络建设。农产品尤其是生鲜产品的保鲜期较短，储存和运输一直都是农产品"上行"的难题。X物流在农产品原产地打造"产地仓""协同仓"等创新仓储模式，将供应链环节前置到距产地最近的地方，有效在田间地头解决"最先一公里"的难题，助力扶贫地区农产品上行。二是大力帮助品牌打造。X集团先后推动苍溪红心猕猴桃、石城莲子、饶河蜂蜜、广灵小米、凉山橄榄油、竹溪大鲵、日喀则冰川水数几十个贫困县的数百个农产品向规模化、品质化和品牌化方向发展。联手地方政府和当地龙头企业共同构建区域特色产业链，建设线上线下融合的X扶贫特产馆，持续打造贫困地区品牌，提升品牌的"溢价"能力，助农民增收。

2. 关于破解滞销难题并建立长效机制的建议

农产品滞销难题，虽有疫情及交通不便的影响，但也暴露了农村物流"最后一公里"的短板。破解滞销难题、打通末端物流，既是眼前的燃眉之急，又涉及长效机制的构建。农村远离城市中心、物流基础设施落后、农村订单需求分散、区域农产品季节性强、区域差异性大，这些问题导致了农村物流"最后一公里"配送成本高、效率低。农村居住分散、农产品种类分散、交通基础设施尚不完善、企业盈利周期过长等成为农村物流发展难点。在决胜决战脱贫攻坚之年，发挥互联网企业力量，加快破解以上难题显得更为紧迫。基于以上X集团的扶贫经验，可以有如下建议。

一是搭建全国滞销农产品信息平台。建议发挥互联网企业在消费大数据和物流大数据方面的优势，由相关政府部门指导相关互联网企业搭建信息平台，整合商流、物流、信息流方面数据并接入各地政府涉农部门，精准对接农产品滞销信息、销售信息、运输信息，为解决"卖难"提供支撑。

二是开展"产地仓+冷链专线"模式试点。国家高度重视冷链物流建设，把城乡冷链物流设施建设作为重要的补短板工程，当前急待加力。X集团此次疫情期间冷链专线的灵活调配，体现了"产地仓+冷链专线"模式对提升生鲜农产品销售品质和效益的重要作用。将供应链环节前置到离产地最近的地方，确保新鲜农产品第一时间挑选、分级和运输。建议在更多的地区开展"产地仓+冷链专线"模式试点，制定、完善生鲜农产品冷链运输的行业和国家标准，发挥物流及互联网企业创新优势，加大对冷链物流、冷链仓储的支持力度。

三是加快建立三级物流配送体系和共同配送机制。交通运输部办公厅《关于推进乡镇运输服务站建设加快完善农村物流网络节点体系的意见》对村三级农村物流网络节点体系建设作出部署。建议加快政策落地，由省级相关部门牵头，加快建设"县级物流园、乡镇配送中心、村级终端网点"的县、乡、村三级物流配送体系。同时，加快建设共同配送的信息互联互通机制，以便更好地整合资源、提升效能。

四是加快建设去中心化的省级备货仓。省级仓同时配置集中分拣分拨能力，可以快速处理并中转省内各个末端快递网点。这有利于实现省内电商购物快速高效送达，对生鲜农产品销售至为关键。建议利用重点电商集团资源和当地资源，在用地政策、税费政策等方面进行倾斜，加快整合分拣分拨端到末端站点的运输网络能力。

五是因地制宜开展无人配送和"一村一人"配送模式试点。相较于城市严格的管控政策，无人配送对于解决农村物流"最后一公里"更为有利。尤其在交通不便的偏远地区，无人配送在短距离和快速运输方面具有优势，建议在符合条件的农村地区开展相关试点。此外，由于农村需求单量少，建议探索"一村一人"终端配送模式，以集约和共享思路提升末端配送效率。

六是鼓励电商平台采用直采模式和应用区块链溯源技术。传统的农产品供应链模式存在中间环节多、信息流断裂等问题,经过层层中转,导致农户利润微薄。自营电商的产地直采与一件代发运营模式有利于实现"采、储、运、销"全程管控。同时,运用区块链防伪追溯平台技术,让农产品有码可扫、有证可寻。建议鼓励电商采用面向农村和农户的直采模式,加强各地政府部门与互联网平台的对接;对农产品区块链溯源技术及应用给予奖补支持。

七是加快提升扶贫馆和扶贫产品的线上运营水平。X集团扶贫馆对破解贫困地区农产品上行难题发挥了重要作用。但总体来看,各地扶贫馆线上运营能力仍然不足,缺乏专业的运营人才。建议政府进一步加大农村电商培训补贴力度,提升电商培训的精准度和有效性,推广农产品网上营销和直播营销等优秀实战课程,对电商企业培训农户给予奖励支持,建立互联网企业培训农户的激励机制和长效机制;加大对线上扶贫产品的政府采购力度。

后记

本书整个创作过程离不开诸多企业与领导的支持与关怀，当然本书也是整个团队在实际工作过程中的亲身感受与深入研究的结果。从构思到成文的4个月时间里，我们对数字科技公司的作用、金融新生态的演进、区块链技术的本质与应用、数据作为新时代的生产要素进行了持续的思考，形成了一点收获与成果。

5G、人工智能、物联网、大数据等重点领域的前沿应用与技术突破，为世界各国迎接数字经济的到来提供了更为多元化的选择，也为世界各国共同打造技术创新与产业变革提供了国际合作的舞台。但是人类社会正面临全球生态危机、发展不均衡不平等、右翼势力与极端民粹主义抬头等严峻挑战。数字经济的发展将成为面向未来的新动能与新方案。让人始料未及的是，新冠肺炎疫情让这一切都发生了加速的变化与不可逆的影响。

新冠肺炎疫情让全世界都深刻意识到，同处于"人类命运共同体"中，谁都不可能独善其身、置身事外。中国在数字化时代下的自主创新逐渐走出了自己的道路。我们将拭目以待，期盼着未来在数字科技形成的推动力下，以开放、创新、包容、普惠、平衡、共赢的发展与治理理念为纲，形成更加美好的数字化联结。

数字本源	科技传承	发展独特	持续进阶
信息为本	技术为辅	价值而生	科技首善
数字联结	生态金融	生产要素	挑战开元
新冠波折	股经熔断	惶恐膨胀	风险难计
隔离空窗	闭门造书	金数联结	稳中跨界
普惠供应	个消数投	联结万界	唯解数科